少即是多

去增长构建可持续的未来

[斯威士兰] 杰森·希克尔 著
(Jason Hickel)
王琰 译

LESS IS MORE
HOW DEGROWTH WILL
SAVE THE WORLD

中国科学技术出版社
·北 京·

北京市版权局著作权合同登记　图字：01-2023-0809。

图书在版编目（CIP）数据

少即是多：去增长构建可持续的未来 /（斯威）杰森·希克尔（Jason Hickel）著；王琰译．— 北京：中国科学技术出版社，2024.1

书名原文：Less Is More: How Degrowth Will Save the World

ISBN 978-7-5236-0192-1

Ⅰ．①少…　Ⅱ．①杰…　②王…　Ⅲ．①绿色经济—经济增长—研究　Ⅳ．① F062.2

中国国家版本馆 CIP 数据核字（2023）第 144657 号

策划编辑	申永刚　李　卫	**责任编辑**	申永刚
封面设计	仙境设计	**版式设计**	蚂蚁设计
责任校对	焦　宁	**责任印制**	李晓霖

出　　版	中国科学技术出版社
发　　行	中国科学技术出版社有限公司发行部
地　　址	北京市海淀区中关村南大街 16 号
邮　　编	100081
发行电话	010-62173865
传　　真	010-62173081
网　　址	http://www.cspbooks.com.cn

开　　本	880mm × 1230mm　1/32
字　　数	218 千字
印　　张	10.5
版　　次	2024 年 1 月第 1 版
印　　次	2024 年 1 月第 1 次印刷
印　　刷	大厂回族自治县彩虹印刷有限公司
书　　号	ISBN 978-7-5236-0192-1/F · 1174
定　　价	79.00 元

（凡购买本社图书，如有缺页、倒页、脱页者，本社发行部负责调换）

我们无权问自己能否成功。我们唯一可以问的是：什么才是正确的做法？如果人类想继续在地球上生存，需要做出哪些努力？

——温德尔·拜瑞（Wendell Berry）

前　言

认识人类共同的弱点，团结一致，实现人类共同的愿景。

——科菲 · 马武利 · 克鲁（Kofi Mawuli Klu）
鲁伯特 · 雷德（Rupert Read）

反抗灭绝运动因其要求有时难以实现，所以经常被诟病。但重要的是，我们要清楚地意识到，反抗灭绝运动绝不是解决人类文明问题的普遍方法。相反，它只能为人类敲响警钟。杰森 · 希克尔在这本重要的新书中阐明，反抗灭绝运动是最前沿的非暴力运动，是一种“紧急刹车”。他借此呼吁各国政府正视眼前的危机。此外，杰森 · 希克尔也呼吁我们要意识到，人类如何才能改变现状，如何创造一个更适宜人类生存、更有益于地球的社会。

反抗灭绝运动是当下危机的产物。在过去的一年里，随着新型冠状病毒感染的大流行，我们对危机有了更多的了解。疫情的肆虐使人类的处境更加艰难，因此为了保护人类、保护生命，我们必须迅速采取行动，必须做出许多艰难的决定。大多数国家都在尽力做到这一点，这也释放了一个积极的信号：只要人类能够认真对待危机，便能在一定程度上缓解危机。

人类对于新型冠状病毒感染极为重视也意识到疫情的严重性，随着疫情蔓延，环境危机也在缓慢加剧，已经对很多国家造成了严重的威胁。所以，人类共同身处一场巨大的危机之中，只是受影响的程度各异。我们也必须意识到，一些政府会利用日益恶化的环境种族主义和隐秘的生态法西斯主义应对此次危机，其核心要义是让不同的群体相互对抗（不同的生活形式相互对抗）。而疫情需要人类团结一心共同应对。人类只有在疫情中学会真正的团结，才能在危机时刻看到真正的希望。

本书能够让你从全新的视角对新型冠状病毒感染所引发的危机产生更深刻的认识，重新思考人类应该如何防止环境恶化、如何逆转愈演愈烈的第六次大灭绝，避免出现社会灾难。这本书也让我们憧憬应该如何在现有的危机中建造出更好的社会。杰森·希克尔介绍了大量以历史学、经济学、人类学、哲学、科学等学科知识为背景的观点，这些观点既相互重叠，又互相补充。人类想要快速扭转当下的危机，恰恰需要这样广博的思维。

作者在书中阐述了一些相似但意义更为深远的方法，帮助人类摆脱“增长主义”的浅薄和疯狂，即我们如何建立一个更好、更平等的社会，在这样的社会中，人类几乎不会对生态系统带来任何不利的影响，生活也会更加幸福。从某种意义上说，在这种方法论的指导下，人类依然可以拥有一切——至少是对人类真正重要的事物，只是采取一种更为简单的方法。

这本书能够给深处危机中的人类带来希望，因为书中阐明了反抗灭绝运动提出的种种要求是可以实现的，是可能发生的。所以，人类只需要坚定地相信能够携手修复地球，践行再生文化，过上更美好的生活。疫情危机告诉我们，医务人员、粮食种植者、分销商等是这个世界上最关键的群体。作者在书中充分论述了人类的生活是如何被广告扭曲的，同时也提醒我们，这就是脸书（现更名为“元宇宙”）和谷歌等行业巨头的生存之道。如果我们将社会的焦点重新放在需求上，但并不是人为创造的需求，便可以重新设定世界的秩序。

人类需要做出这样的改变，并且也已经意识到必须立刻做出改变。人类若不想受制于经济增长的巨大压力，就必须改变当前的制度。人类迫切需要改变当前的制度，并非出于任何意识形态，而仅仅是当前的形势所迫。就像第二次世界大战期间，英国等国家之所以推行食物配给制度，只是为了国家和民众的生存。但这样的做法的确使社会更加平等，人们的健康状况也得到了改善。借由本书，我们希望这样美丽的巧合能够再次发生：人类为了生存所做的事情与为了过上更好的生活所做的事情不谋而合。

在本书的前几章中，作者讲述了资本主义骇人听闻的历史。这段历史甚至令人惊骇到有人想要否认这段历史，这都是真实发生过的事情。我们需要面对真相，正视人类正在遭受的气候恶化和生态破坏，正视这背后的现实。当作者告诉我们“国内生产总值（GDP）增长只是资本主义的福利指标，而非人类的福利指标”这一硬道理时，我们需要认清这样的事实。

人类始终无法忽视的是：危机已然发生，并且发生在世界上最不应发生的地区，只是西方媒体鲜少报道。只有加强南北合作，才能摒弃“不惜一切代价追求经济增长”的发展模式。人类必须践行以非殖民化和补偿为基础的发展模式，否则一切发展都将毫无意义。

当今社会，人类越来越倾向于依靠技术创新解决当下面临的问题。但为什么人类对社会的改革没有抱有同样的渴望？相信资本主义，认为这是唯一正确的发展道路，显示了人类想象力的极度贫乏。现实恰恰相反！人类是有创造力的生物，人类的想象力也远不止于此，所以人类可以通过各种方式实现创新。本书并未解释我们应该如何创新，但清楚地说明了创新的各种可能性。只要人类做好准备去提问、去观察，有决心实践创新，就一定会实现社会的改革。

最重要的是，本书论证了人类的一切诉求并非都是不切实际的。反过来说，对于一个真正愿意面对现实的人，最不切实际的做法就是继续维持现状。作者在这本书中没有用太多的笔墨研究这样一种可怕的局面：如果我们最终失败了该怎么办？反抗灭绝运动之所以能够取得今天的成功，是因为越来越多的人终于愿意面对自身的恐惧，甚至是绝望，也意识到了失败的可能性，并因此下定决心完成一些重要的事情。你也可以尝试这一过程，更为坦诚地认识人类社会的发展轨迹，认识到人类当前的发展道路实际上是一条自我毁灭之路，继而与其他人一起共同挽救人类的命运。

如果你同意作者在本书中所描绘的愿景，那你就尽最大努力采取相应行动，坚定地实现这一愿景，不留任何退路。当然，这不可避免要让你做出一些激进的行为，以超出正常能力的方式迅速改变现状。后疫情时代可能是人类从共同的弱点中吸取经验教训，从而确立和实现一个更加平等、更加可持续的世界的最后机会。

本书入木三分地诠释了当前世界的各种现实问题。现在就加入我们，一起改变这个世界吧。

终生反抗，反抗终生。

鲁伯特 · 雷德、科菲 · 马武利 · 克鲁

2020 年 4 月写于英国

CONTENTS

目 录

PART 2 第二部分 少即是多

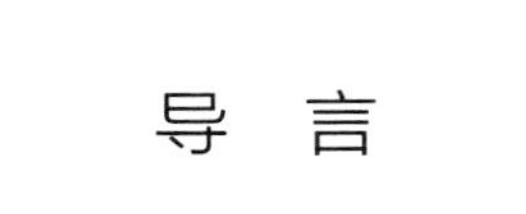

导 言

欢迎来到人类世

我的心被这无法拯救的一切所感动。既然那么多东西都被摧毁了，我不如把自己的命运交给那些虽然没有非凡力量，但年复一年地固执重建世界的人。

——艾德里安娜·里奇（Adrienne Rich）

有时候，你会突然领悟一些东西。就像一段安静的记忆悄悄地提醒你，有些事情是不对的。

我成长于斯威士兰王国（非洲南部的一个小国），家里有一辆破旧的老式丰田皮卡。20 世纪 80 年代，在斯威士兰随处都可以看到这样的皮卡。每隔一段时间，我都需要清理皮卡前格栅上堆积的昆虫尸体。有时它们堆成若干层：有蝴蝶、飞蛾、黄蜂、蚱蜢等颜色不同且大小各异的昆虫，没有数百种，也有几十种。我记得父亲告诉我，地球上所有昆虫加起来的重量，比包括人类在内的所有动物加起来还要重。我对此感到惊讶，甚至有些兴奋。当我还是个孩子的时候，我就开始担心这个世界的命运，我想很多孩子也和我一样，所以这个关于昆虫的故事让我觉得一切都会好起来的。一想到人类拥有看似用之不竭的生活资源，还是非常令人欣慰的。在炎热的夜晚，当我们坐在简陋的房子外的门廊上，吹着小风，看着飞蛾和甲虫在灯光下成群结队地飞舞，躲避时不时俯冲捕捉昆虫的蝙蝠，我脑海中就会浮现这些事情。于是，我开始对昆虫感兴趣。有一次，我手里拿着笔和小笔记本跑来跑去，试图辨认清楚我们家周围所有的昆虫。但最后，我发现这些昆虫的种类数不胜数，不得不放弃这一想法。

我爸爸仍然会时不时地分享一些关于昆虫的古老故事，并且总是以一种兴奋的语气，就好像是在描述他刚刚发现的一个新故事。但如今的现实并不如这些故事中讲述的那样美好。不知为何，我感觉情况已不同于往昔。近几年，我又回到非洲南部做研究，这辆皮卡的前格栅也干净了不少，只有几只苍蝇，和从前相比昆虫确实少了不少。或许是因为这些昆虫在我童年的记忆中显得很大，又或许是因为某些更为令人不安的事情正在发生。

* * *

2017 年年底，有科学家发布了一些令人不安且震惊的新发现。几十年来，他们一直在仔细地计算德国自然保护区里昆虫的数量。在过去，昆虫的数量之多使得这样的研究看似没有必要，很少有科学家花时间去进行此类的研究，所以大家对于这一研究的结果颇为好奇。其结果令人震惊。研究小组发现，在过去 25 年的时间里，德国自然保护区内四分之三的昆虫消失了。他们得出结论，之所以出现这样的情况，首要原因是周围的森林变成了农田，其次是人类大量使用了农用化工产品。

该研究迅速引起热议，登上世界各地的新闻头条。一位科学家说："由于人类的存在，许多土地已经变得不再适宜大多数生物生存，人类已经走上了生态世界末日的道路。……如果昆虫灭绝了，生态系统也会随之崩溃。"[1]昆虫对于授粉和植物繁殖至关重要，并且昆虫也是成千上万其他物种的食物来源。它们看起来微不足道，却是生命之网中的关键节点。为了证实人们的这些担忧，几个月后，两项研究报告指出：在法国，昆虫数量的下降导致农田上空鸟类的数量急剧减少。在短短 15 年的时间里，鸟类的平均数量下降了三分之一。像草地鹨和鹧鸪这样的鸟类，数量甚至减少了 80%。[2]同年，中国有新闻报道指出，一些昆虫的灭绝引发了授粉危机。刊登的照片显示工人流连于各个植株之间，手工为农作物授粉。

并非只有上述这些地区受到影响，世界各地都面临着昆虫数量急剧减少的问题。2019 年发布的一项全球实证研究表明，至少有 10% 的昆虫物种面临灭绝的风险，这一数字或许可能更高。[3]

昆虫灭绝甚至影响了世界上一些非常偏远的地区。2018 年，一组科学家研究了波多黎各岛屿上云盖国家森林公园热带雨林中的昆虫。尽管该地区是一个远离高速公路、农场和工厂的保护区，正如大家想象的那样偏远，但相关的研究报告依然表明：在过去的36年间，即使在热带雨林的中心地区，昆虫的数量也下降了98%。这一数据表明该地区的昆虫几近灭绝。其中一位科学家向《经济学人》杂志坦言："我们无法相信最初的结果。我记得在20世纪70年代，该地区下雨之后到处是蝴蝶。但2012年的某一天，当我们再次回到这个地区时，几乎看不到任何昆虫。"[4]更糟糕的是，昆虫数量的减少反过来又引发了以昆虫为食的各类生物数量的减少：从蜥蜴到鸟类等各类生物。整个生态系统似乎正在逐步毁灭。

为何热带雨林会发生这样的灾难？科学家将这一问题归咎于气候变化。相较于工业化之前，波多黎各热带雨林的气温升高了约2℃，是世界平均水平的两倍。温度升高2℃，足以超过许多热带昆虫所能承受的温度极限。美国昆虫学家大卫·瓦格纳（David Wagner）曾说，这项研究是他读过的令人不安的研究之一。令人不安的是，当下发生在波多黎各热带雨林中的灾难使我们得以预见，随着全球变暖的加速，世界上其他地区可能会发生什么样的灾难。迄今为止，全球平均气温已经上升了1℃。当全球平均气温上升接近2℃时，世界各地的昆虫种群可能开始灭绝。埃尔芸缺雨林里那些垂死挣扎的蝴蝶就好比是煤矿里的金丝雀①。[5]

① 金丝雀对瓦斯十分敏感，只要矿坑内稍有一丝瓦斯，它便会焦躁不安，甚至啼叫，这能让矿工们及早撤出矿坑保全性命，因此以前矿工们都会在矿坑里放金丝雀，当作早期示警的工具。——译者注

* * *

这不是一本阐述厄运的书，而是一本希望之书。这本书将告诉我们，如何摆脱以控制和榨取为中心的经济发展模式，向与生命世界互惠的模式转型。但在阐释这些内容之前，最重要的是先了解一些利害攸关的问题。人类所经历的生态危机比我们认为的更为严重。这不仅仅是一两个独立的问题，也不是在其他一切都照常进行的情况下，可以通过定向干预来解决的问题。

当下正在发生的危机是人类赖以生存且相互关联的多个系统同时崩溃、瓦解。如果你非常了解当下正在发生的事情，便可跳过这部分内容。如果你并不熟悉，请做好准备了解当下人类面临的危机。

人类正生活在大灭绝的时代

过去，将土地出让给大公司，拆掉所有的树篱、砍掉树木，全部种上某种作物，用飞机喷洒农药，最后再用大型联合收割机收割作物，这在当时似乎是一种不错的做法。从20世纪中叶开始，按照产业利润为上的逻辑，人们重新对所有景观进行改造，其主要目的是饲养家畜以及最大限度地利用耕地。这就是所谓的绿色革命，但从生态学的角度来看，这次革命并非真正意义上的“绿色”。这场革命用单一的维度衡量复杂的生态系统，而无视其他因素。没有人关注昆虫和鸟类究竟受到了哪些影响，甚至也根本无暇关注土壤的变化。

如果你曾经捧起过一把肥沃、黑色、带着泥土香气的土壤，你就会知道这捧土壤中包裹着无数的生命：蠕虫、蛴螬、昆虫、真菌和数以百万计的微生物。正是这些生命使土壤变得肥沃且具有复原能力。但在过去的半个世纪里，农业产业化极度依赖过度开垦和使用农用化工产品，迅速破坏了土壤生态系统。联合国的科学家发现，地球上 40% 的土壤现已严重退化。农业土壤的流失速度是其形成速度的 100 多倍。[6]2018 年，一位日本科学家搜集了世界各地蚯蚓种群的证据。他发现在工业化农场里，蚯蚓的数量急剧下降了 83%。随着蚯蚓的减少，土壤中的有机物含量降低了一半以上。因此，他得出结论，地球上的土壤正在退化成毫无生命力的泥土。[7]

我们至少可以说，这所引发的后果令人担忧。如今，世界上有五分之一的农田产量逐步下降。[8]科学家警告说，如果持续这样下去，地球将只能再维持 60 年的收成。[9]人类正是在这片土壤上发展出了数千年的人类文明，却在几十年不到的时间里，将这片土壤破坏到了崩溃的边缘。

地球上的海洋也面临类似的情况。在超市中购物时，我们理所当然地认为一定能找到自己喜爱的海鲜：鳕鱼、黑线鳕、鲑鱼、金枪鱼等，这些都是世界各地的人最喜欢的海鲜食品。但未来，人类将逐渐吃不到这些海鲜。最近的数据显示，全球约 85% 的鱼类资源现已开始减少或面临枯竭。黑线鳕的总量已经下降到只有之前的 1%；雄伟的“大海巨人”大比目鱼，其数量也只有黑线鳕的五分之一。世界各地的渔获量也有史以来第一次呈现下降的趋势。[10] 亚太地区预计在 2048 年出现渔业产量为零的可怕局面。[11]

最主要的原因是过度捕捞。和农业一样，渔业公司已经将捕鱼演变成一种竞争行为。有些渔业公司开始使用巨型的工业拖网渔船在海底搜寻捕捞日益稀缺的鱼类。为了捕获少数具有“市场价值”的鱼类，甚至不惜捕捞上百种其他的鱼类。但恰恰就是在这一过程中，珊瑚花园和丰富多彩的生态系统变成了毫无生气的海底平原。整个海洋景观在争夺利润的过程中被破坏殆尽。此外，农用化工产品（包含氮和磷等物质）流入河流并最终流入大海，造成藻类的大量繁殖，切断了海底生态系统的氧气供应，导致欧洲和美国工业地区的沿线海域出现了大量的“死亡地带”。曾经生机勃勃的海底世界，如今却变得出奇空旷，填满海底世界的并非鱼类生物，而是塑料垃圾。

海洋也受到气候变化的影响。全球变暖产生的 90% 以上的热量都被海洋吸收了。[12] 海洋就像一个缓冲区，使人类免于遭受废气排放所带来的最坏影响。但海洋因此正在遭到破坏：随着海水温度的升高，营养循环、食物链都被破坏，大片的海洋栖息地也逐步消失。[13] 与此同时，碳排放使海水逐渐酸化。关键在于，过去海洋酸化曾多次引发大规模的灭绝事件。海洋酸化就是 6600 万年前最后一次灭绝事件的关键原因，当时海水的氢离子浓度指数（pH）下降了 0.25。这一微小的转变足以消灭 75% 的海洋物种。根据人类目前的碳排放轨迹，我们可以推断出，到 21 世纪末，海水的氢离子浓度指数将下降 0.4。[14] 我们能够预测将发生什么，但也只能眼睁睁地看着它发生。事实上，悲剧已经开始上演：海洋动物的消失速度是陆地动物的两倍。[15] 广阔的珊瑚生态系统现在堆积着颜色暗淡的躯壳。[16] 潜水员报告说，即使是曾经充满生机的海底礁石，如今也到处都是腐烂的鱼类尸体。

* * *

人类并未完全意识到自己已经卷入地球历史上第六次大规模灭绝事件，也是第一次由人类经济活动引起的灭绝事件。如今的灭绝速度比工业革命前快了 1000 倍。

几年前，几乎没有人谈论这一话题。就好比我的父亲所讲述的昆虫故事一样，每个人都认为生命之网永远是完好无损的。但当前的形势如此严峻，以至于联合国建立了生物多样性和生态系统服务政府间科学政策平台，有专门的工作小组来监测生物的多样性。2019 年，这一平台发布了第一份综合报告，史无前例地对地球上的生物物种进行了评估。这份报告借鉴了世界各国所做的 15000 项研究，集合了数百名科学家的共识。该报告指出，自 1970 年以来，鸟类、哺乳动物、爬行动物和两栖动物的数量减少了一半以上。在未来的几十年内，约有 100 万种物种面临灭绝的风险。[17]

我一直盯着这些数字，但我始终无法理解其背后的含义。

我感觉这一切都如此离奇，就像做了一场梦，梦里感觉自己发烧了，感觉这个世界似乎很奇怪，陌生且不协调。科学政策平台主席罗伯特·沃森（Robert Watson）认为联合国的报告是一个“不祥”的预兆。他认为：“地球是我们和其他物种所依赖的生态系统，而这一生态系统的健康状况正在以前所未有的速度恶化。我们正在侵蚀全球经济、生计、粮食安全、健康和生活质量的基础。”平台执行秘书长安妮·拉瑞德里（Anne Larigauderie）更直截了当地说：“我们目前正在系统地消灭所有非人类生物。”这些科学家并非以言辞激烈而著称，他们过往的文章中大多是中立、客观的言论。但通读完这些报告，我们不禁注意到许多科学家已经被迫转变了自己的语言风格。《美国科学院院报》（*Proceedings of the National Academy of Sciences*）是一本严肃而保守的权威学术期刊。最近这本期刊所刊载的一项研究将灭绝危机描述为“生物灭绝”，并得出结论说这将是一场“对人类文明基础的沉重打击”。作者认为：“人类所知的宇宙中唯一的生命组合终将被毁灭，所以人类最终会为此付出惨痛的代价。”[18]

* * *

从根本上说，这就是生态的问题，因为世间万物都处于一个相互关联的整体之中。我们很难理解世界是如何运转的，因为我们将世界看作是各个不同的个体，从未将其看作是一个复杂的整体。事实上，人类也一直被教导将自己看作是一个单独的个体，所以我们忽略了如何关注事物之间的关系。授粉所需的昆虫、控制作物害虫的鸟类、对土壤肥力至关重要的幼虫和蠕虫、净化水源的红树林、鱼类种群赖以生存的珊瑚等，这些生命系统并非孤立地存在于自然界，与人类脱节。相反，我们的命运交织在一起。在某种意义上，它们就是我们。

还原思维诱发了生态危机的出现。所以，人类无法用相同的逻辑充分理解当前的生态危机。当涉及气候变化的问题时情况更是如此。人类更倾向于将气候变化归结于温度的问题。所以许多人并不会担心这一点，因为日常经验让我们认为温度升高几摄氏度不会真正产生太大的影响。但温度升高就像毛衣上散开的线头一样，仅仅只是开始。

即便人类无法直接感受到温度升高的影响，但温度升高依然引发了一些显而易见的后果。自 20 世纪 80 年代以来，每年发生的极端飓风的次数翻了一番。[19] 极端飓风如此频繁地发生，导致人类对于这些可怕场景的记忆也日渐麻木和模糊。你是否还记得，在 2017 年，就有数次有史以来极具破坏性的飓风袭击了美洲。飓风“哈维”把得克萨斯州的大片土地变成了废墟；飓风“厄玛”让巴布达几乎无法居住；飓风“玛丽亚”使波多黎各陷入数月的黑暗，摧毁了岛上 80% 的农作物。这些都是最严重的 5 级飓风。在过去，一代人可能只经历过一次这样的飓风，但在 2017 年，这样严重的飓风一次又一次席卷而来，造成了严重的混乱和破坏。

气温上升也引发了致命的热浪。2003 年，热浪席卷欧洲。

更令人惊讶的是，在短短几天内就夺去了 7 万人的生命。法国受到的影响最为严重，气温超过 40℃持续了一周多的时间。受干旱灾害的影响，欧洲的小麦作物减产 10%。摩尔多瓦所有作物的收成都减少了。3 年后，热浪再次来袭，气温打破了整个北欧的最高温度纪录。2015 年，印度和巴基斯坦的热浪导致气温持续超过 45℃，造成 5000 多人死亡。2017 年，葡萄牙的热浪导致森林大火肆虐全国。人们在逃跑的途中被活活烧死在车里，马路因此变成了墓地。浓浓的黑烟甚至飘到了伦敦的上空。2020 年，澳大利亚的丛林大火迫使当地的居民跑到海滩上避难，这样的场景甚至让人联想到电影里世界末日的场景。多达 10 亿只野生动物丧生于这场森林大火中，到处都是被烧焦的袋鼠和考拉。

这些事件给人们留下了真实而具体的感受，登上了各大媒体的头条。但人类却并未因此意识到气候变化带来的危险，至少现在还没有。到目前为止，平均气温比工业化之前略高 1℃。根据当前的碳排放轨迹，到 21 世纪末，平均气温预计最高升高 4℃。如果我们把各国在《巴黎协定》做出的减排承诺考虑在内，全球平均气温依然会上升 3.3℃，但《巴黎协定》只是各国本着自愿原则签订的协定，不具有约束性。相比于日后的生活来说，2003 年袭击欧洲的致命热浪只能算是普通的夏天。在未来，西班牙、意大利和希腊将变成沙漠，原本的地中海气候也会变成像撒哈拉沙漠一样的热带沙漠气候。中东将永久陷入干旱。

与此同时，海平面上升也会使世界各地变得几乎面目全非。截至目前，海平面自1900年以来已经上升了大约20厘米。即使是这种小幅上升，也使得洪水灾害更加频繁，风暴潮愈发危险。2018年飓风“迈克尔”袭击美国时，风暴潮高达14英尺（1英尺≈30.48厘米），佛罗里达州部分海滨地区的房屋纷纷倒塌，到处是折断的金属。如果人类继续这样下去，情况甚至会变得更加糟糕。事实上，即使我们实现了《巴黎协定》所预估的目标，即温度上升不超过2℃，到21世纪末，海平面预计也会再上升30~90厘米。[20] 海平面上升20厘米已经引发如此可怕的灾害，很难想象当海平面升到更高时会发生什么可怕的灾难。单单是风暴潮就能引发毁灭性的灾难。相比之下，飓风“迈克尔”造成的巨浪就显得逊色不少。如果气温上升3℃或4℃，海平面可能会上升1米，甚至可能是2米。地球上几乎所有的海滩都将被海水淹没。拥有1.64亿人口的孟加拉国大部分地区也会被海水淹没。纽约和阿姆斯特丹等城市将被永久淹没，雅加达、迈阿密、里约热内卢和大阪也逃不过被淹没的宿命。无数人将被迫逃离沿海地区。

然而，抛开这些灾难不谈，气候变化最令人类担忧的影响与人类的日常生活有关，那就是对食物的影响。亚洲一半的人口依靠喜马拉雅山脉冰川的季节性径流获取饮用水，并且满足其他家庭需求和农业用水的需要。几千年来，每年的新结的冰都会补足喜马拉雅山脉的冰川径流。但是现在冰层融化的速度快于结冰的速度。如果气温升高3℃或4℃，那么大部分冰川将在 21 世纪末之前消失，从而摧毁该地区的粮食系统，使 8 亿人陷入粮食危机。在欧洲南部地区、伊拉克、叙利亚和中东大部分地区，极端干旱和荒漠化将使整个地区不再适合农业生产。美国和中国的主要粮食种植区也将受到打击。美国国家航空航天局（NASA）指出，美国平原和西南部的干旱可能会将这些地区变成风沙侵蚀区。[21]

科学家指出，根据既往的经验法则，地球温度每升高 1℃，主要谷类作物的产量就会下降 10%。[22] 这意味着，根据当前的碳排放轨迹，到 21 世纪末，主要谷类作物将减产高达 30%。甚至有些情况会更糟：印度小麦和美国玉米的产量可能暴跌 60%。[23] 在正常情况下，某个地区如果出现粮食短缺的问题，可以依靠地球上其他地区的盈余来弥补。但气候崩溃可能会引发多个大陆同时面临粮食短缺的情况。根据政府间气候变化专门委员会（Intergovernmental Panel on Climate Change，简称 IPCC）的说法，气温升高超过 2℃可能会导致“全球粮食供应地区持续中断”。正如该报告的主要作者之一所说：“多个粮仓崩溃的潜在风险正在增加。”再加上土壤贫瘠、传粉昆虫死亡和渔业崩溃，人类面临粮食危机呈螺旋式上升的现实困境。

粮食危机也会对全球政治稳定产生严重影响。在受粮食短缺影响的地区，当地的居民为了寻找稳定的粮食供应地区会出现大规模的人口迁徙。事实上，这样的悲剧正在发生。[24] 危地马拉和索马里的许多居民逃离了危险地区，因为当地的农场已经无法满足民众的生存需要。加之国际关系日益紧张，有6500万人因战争和干旱而背井离乡，这一数字超过了第二次世界大战以来的任何时期。由于饥荒、风暴和海平面上升，加上耕地减少，流离失所的人数不断增加，人类无法预测未来又会发生哪些冲突。

* * *

生态系统是错综复杂的网络。虽然它具有一定的抗压能力，但当某些关键节点开始出现问题时，其连锁效应会影响整个生命之网。这就是过去大规模灭绝事件发生的原因。导致大规模灭绝事件发生的并非流星或火山喷发这类外部的冲击，而是一连串的内部故障。我们很难预测这类事件会引发什么样的结局。诸如临界点和反馈回路之类的不稳定因素会使一切变得更加危险，这就是气候崩溃如此令人担忧的原因。

以极地冰盖为例。冰就像一个巨大的反射器，把太阳光反射回太空，这就是所谓的反射效应。但随着冰盖的融化，隐藏在冰盖下面更黑暗的地貌和海洋露出来了，所有的太阳能都被吸收并以热量的形式辐射到大气中。即使不考虑人类的碳排放，这也足以加剧地球变暖的情况，冰川融化的速度也会因此加剧。20世纪80年代，北冰洋海冰覆盖面积约700万平方千米，而在2020年，已经下降到只有大约400万平方千米。

反馈回路也会对森林带来影响。全球变暖会使森林变得更干燥，更容易引发森林大火。如果森林发生火灾，大量的碳会被排放到大气中，这不仅会进一步加剧全球变暖，也会对降雨产生直接的影响，因为森林本身就能产生降水。例如，亚马孙河每天向大气排放约 200 亿吨的水蒸气，就像一条无形中流入天空的巨大河流。其中大部分的水蒸气最终会通过降雨回到森林中，但也会在遥远的地方产生降雨，比如整个南美洲地区，往北甚至也会在加拿大产生降雨。因此，森林对地球的循环系统至关重要，它就像是地球的巨大心脏，为世界各地输送生命之水。[25] 随着森林的消亡，不仅会干旱频发，现有的森林也更容易遭受火灾的侵袭。这一切都在以令人恐惧的速度发生着。从人类目前的碳排放轨迹来看，大多数热带雨林将在 21 世纪末之前枯萎退化成稀树草原。

在某些情况下，临界点的作用速度非常之快，以至于整个系统可能在很短的时间内崩溃。科学家特别担心一种被称为海洋冰崖不稳定性（Marine Ice Cliff Instability）的现象。过去，大多数气候模型都假设，即使全球变暖导致南极西部冰盖完全融化，融化的过程也将持续几个世纪。但在 2016 年，两位美国科学家罗伯特·迪康多（Robert DeConto）和大卫·波拉德（David Pollard）在《自然》（*Nature*）上撰文指出，冰川融化的速度可能比预计的更快。冰盖的中间比边缘更厚，所以当冰山破裂时，会露出越来越高的冰崖。这又会引发另一个问题，露出后的冰崖虽然较高，但无法支撑自己的重量，所以一旦暴露出来，它们就会开始一个接一个地弯折，形成多米诺骨牌效应，就像摩天大楼倒塌一样。这可能会导致冰盖在几十年内完全融化，并非原来预测的几个世纪，最终可能只需要 20~50 年的时间。[26]

在我们有生之年，如果这种情况发生，仅南极西部的冰盖就可能使海平面上升 1 米或更高。如果同样的事情发生在格陵兰，情况会更糟。世界上许多沿海城市将很快被淹没，几乎没有任何缓冲的时间。加尔各答、上海、孟买和伦敦等城市会连同世界上大部分的经济基础设施一起被淹没。这将是一场令人难以想象的灾难。鉴于以往发生过同样的灾难，我们预测这样的灾难可能再次发生。事实上，在上一个冰河时代的末期就发生过这样的灾难。研究冰崖动力学的科学家一直在大声批评政府，认为政府无视他们在气候模型中指明的这一风险。

所有的这些复杂性都使得人类开始怀疑自己是否真正有能力控制全球的温度。一些科学家担心我们可能无法像《巴黎协定》所假设的那样，将全球平均温度升幅控制在 2℃以下。如果全球变暖 2℃，可能会引发一系列失控的连锁反应，地球会因此永远进入“热室状态”。气温可能飙升至远高于目标阈值，并且人类对此无能为力。[27] 鉴于这些风险，唯一合理的反应是尽一切努力将全球平均温度升幅控制在 1.5℃以下。这意味着各国要比预计中更快地实现“净零”排放。

生态事实的背后

当然，你一定不是第一次听说这些内容。你之所以有兴趣读这本书，或许是因为你早已开始担心这个问题。关于人类所面临的危机，你或许已经了解了许多令人寝食难安的事实。你知道有些说法是错误的。但我并没有要说服你认同这些事实，这也不是我写这本书的目的。

哲学家蒂莫西·莫顿（Timothy Morton）将人类对生态事实的担忧比作是创伤后应激障碍（PTSD）患者所做的噩梦。在患者的梦境中，他们会反复重温自己过去的创伤，继而因为发自内心的恐惧而惊醒，一身冷汗，浑身颤抖。但出于某种原因，他们一遍又一遍地重复做着这样的噩梦。弗洛伊德认为，这是大脑试图让你回忆起创伤之前的某些时刻来缓解你的恐惧。他认为，如果你能预见创伤性事件，也许可以避免这类事件的发生，或者至少让自己做好心理准备。莫顿认为人类面临的生态事实也有类似的作用。如果无休止地重复人类面临的可怕的生态事实，人类在某种潜意识层面上试图将自己置身于崩溃发生前的虚构时刻，这样人类就能意识到崩溃即将发生，并采取相应的行动。至少人类会在这一刻到来之前，感觉自己做好了准备。[28]

从这个意义上说，生态事实传达了双重的信息。一方面，这些事实发出哀号，敦促人类立即觉醒并采取相应的行动。另一方面，它又暗示人类，危机还没有完全到来，人类还有时间避免灾难的发生。这些信息既令人担忧，又令人放心，所以人类想要了解更多与此相关的信息。这样做的危险在于，在情况变得更加极端之前，人类都将被蒙蔽其中。一旦达到了临界点，人类才会意识到，是时候该采取相应的措施了。但最终的生态事实永远不会到来，也永远不会变好。就像患者的梦境一样，生态事实永远不会发挥应有的作用。即便最终的生态事实并未发生，但人类依然会在半夜由于难以言表的恐惧和颤抖哭着醒来，因为在某种深层次上，人类知道创伤已经到来。人类已经身处其中，人类生活在一个濒临灭亡的世界。

类似的事实已经发酵了几十年。随着时间的流逝，人类更加了解这些生态事实，所以更加担忧。但出于某种原因，人类始终无法改变自己发展的方向。过去半个世纪，人类立下了无数不作为的里程碑。20 世纪 70 年代中期，人类开始就人为因素引发的气候变化达成了科学的共识。于是，第一届国际气候峰会于 1979 年举行。1988 年，美国宇航局气候科学家詹姆斯·汉森（James Hansen）向美国国会做了具有里程碑意义的报告，揭示了化石燃料的燃烧是如何导致气候崩溃的。1992 年,《联合国气候变化框架公约》正式通过，开始对温室气体排放设定非约束性限制。自 1995 年开始，为了协商减排计划，联合国缔约国每年举办一次联合国气候峰会。从 1997 年签订的《京都议定书》、2009 年签订的《哥本哈根协议》，再到 2015 年签订的《巴黎协定》，已经先后 3 次对《联合国气候变化框架公约》进行补充和扩展。然而，全球二氧化碳排放量依然继续呈逐年上升的趋势，生态系统也正以致命的速度瓦解。

近半个世纪以来，尽管我们都已经意识到人类文明正处于危险之中，但在阻止生态破坏方面却一直没有取得进展——

应该说是毫无进展。这是一个离奇的悖论。如果人类的后代回顾我们今天的预测，一定会惊叹于我们如何能够准确且事无巨细地预测未来发生的事情。但我们依然未能解决任何问题。

我们如何解释这样的惰性？有些人会把矛头指向化石燃料公司，认为这类公司牢牢掌控了有些国家的政治体系。这当然有一定的道理。早在人类公开探讨气候崩溃的问题之前，一些大型的燃料公司明知化石燃料对气候的不良影响，但依旧为那些完全否认科学或者尽一切努力阻止民众采取有意义的行动的政客提供选举资金。国际气候条约之所以没有法律约束力，很大程度上也要归咎于他们，因为他们大力游说，反对这一举措。几十年来，他们完成了一场异常成功的虚假宣传活动，削弱了公众对气候行动的支持，尤其是在美国这个有可能引领全球实现能源结构转型的国家。

面对人类所处的现实困境，化石燃料公司以及他们收买的政客负有不可推卸的重大责任。但这也并非人类对此没有作为的全部原因。之所以出现这样的情况，还有一些更深层次的原因。无论是人类对化石燃料的依赖，还是化石燃料行业的怪诞行为，实际上只是先前问题的表象。真正使人类面临当下困境的根本原因是在过去几个世纪中或多或少主宰全球经济体系的资本主义。

* * *

一提到资本主义这个词，人类就怒不可遏。每个人都对它有强烈的感觉，或好或坏，往往都有自己充分的理由。但无论我们如何看待资本主义，重要的是要清楚地了解资本主义是什么，以及它的运行机制。

我们常用大家熟悉的比如“市场”和“贸易”这样的陈词滥调来描述资本主义，但这并不完全准确。在资本主义出现之前，市场和贸易早已经存在了数千年的时间，所以不能将其归咎于市场和贸易。资本主义与历史上大多数其他经济制度的不同之处在于，它的核心要义是不断地扩张或“增长”。人类的工业开采、生产和消费水平不断提高，又通过 GDP 这一概念来衡量增长的水平。[29]资本的首要目标就是实现增长。但我们也需要意识到：资本所追求的增长并不是为了任何其他的目的，只是为了自身的利益。它蕴含了一种极权主义的逻辑：每一个行业、每一个部门、每一个国家的经济都必须无休止地一直保持增长。

我们可能很难理解其中的深意。人类往往认为增长是理所当然的，因为它听起来也很自然。事实也的确如此，所有生物都在生长。但在自然界中，生长都遵循自限性的逻辑，即生物体生长到成熟点后，就保持一种健康的平衡状态。假如身体接受了错误的编码，无法停止生长，或者细胞因为错误的指令不停地复制，人体就会罹患癌症。这种增长很快就会变成致命的危害。

在资本主义制度下，全球的生产总值需要保持每年 2%~3% 的增长水平，这一增长水平对于大公司而言，是其维持总利润上升所必需的最低要求。[30]虽然这看上去是一个很小的增量，但生产总值的增长是一条指数曲线，指数曲线的增长速度异常惊人。3% 的增长意味着全球经济规模每 23 年翻一番，然后从已经翻倍的规模上再翻一番，然后再翻一番，长此以往。如果数值完全是凭空冒出来的，这样的增长速度不会引发任何实质性的问题。但事实并非如此。整个资本主义的发展历史无不在告诉我们，生产总值的增长始终伴随着能源和资源的大量使用。两者之间虽有一些相互妥协，但妥协并不多。随着生产总值的增长，全球经济每年都会消耗更多的能源和资源，当然也会排放更多的废弃物，以至于现在它已经大大超过了科学家定义的安全地球边界，最终会给生命世界带来毁灭性的后果。[31]

但是，与人类世所倡导的观念相反的是，每个人对生态危机的贡献不一。这才是我们要理解的关键点。正如我们将在第二章中读到的那样，低收入国家，即大多数的发展中国家，仍处于其在地球边界的公平份额之内。事实上，在许多情况下，为了满足当地居民的需求，这些国家也会使用更多的能源和资源。此处的问题指的是高收入国家，这些国家的增长已经与当地居民的基本需求毫无关系，而且长期以来也已经大大超出了人类繁荣所需的增长水平。全球生态的危机几乎完全是由高收入国家的过度增长所致，尤其是那些过度积累的高度发达国家，但其所带来的后果对发展中国家和贫困国家的伤害尤为严重。[32] 归根结底，和许多其他问题一样，这依然是一场不平等的危机。

* * *

人类非常清楚需要采取哪些措施才能避免气候危机的出现。我们需要大幅减少化石燃料的使用，迅速推广可再生能源。“全球绿色新政”（Global Green New Deal）指出，全球要在10年内将碳排放量减少一半，并在2050年之前实现净零排放。但我们需要明确一点：这是全球的平均目标。高收入国家由于对历史排放负有更大的责任，因此需要更快地实现这一目标，到2030年实现净零排放。[33] 或许，你会觉得这听起来非常夸张，其实再怎么夸张也不过分，因为这是人类有史以来面临的一项最具挑战性的任务。但好消息是，人类绝对可以实现这一目标。问题在于，科学家们很清楚，如果人类希望同时保持经济增长，那就无法以足够快的速度将全球平均温度升幅保持在1.5℃甚至2℃以下。[34] 为什么？因为经济的快速增长意味着要消耗更多的能源。因此，为了满足发展的需求，人类很难在规定的短时间内产出足够多的可再生能源，准确地说是根本无法制造出这么多的可再生能源。[35]

即使能源的产量不是问题，我们也必须问自己：如果人类研发出了100%的清洁能源，又将如何利用这些能源？除非我们改变经济的运作方式，否则会继续沿用对化石燃料的应用方式，利用新能源持续进行高速的开采和生产，给生命世界施加更大的压力，因为这样做才能满足资本主义的要求。清洁能源可能有助于解决排放问题，但它在扭转森林砍伐、过度捕捞、土壤贫瘠和大规模灭绝等方面无济于事。即便更换了清洁能源，人类对于经济增长的执着依然会使我们陷入生态灾难。

更糟糕的是，我们似乎对此别无选择。资本主义从根本上依赖增长。如果经济不增长，就会陷入衰退：债务堆积、失业、流离失所、生活支离破碎。各国政府为了永远避免危机，必须拼尽全力保持工业活动的增长。所以我们才会陷入进退两难的境地。资本主义的一条铁律是：增长是维持经济稳定的必要条件。政府的意识形态对此也完全支持，左翼和右翼的政客可能会为如何分配增长的收益而争论不休，但在追求经济增长这件事上，他们异常的团结，立场非常一致。我们甚至可以这么说，增长主义是现代历史上极具霸权主义的意识形态之一。没有人会对此质疑。

正是由于对增长主义的执着，政客们发现自己无法采取任何有意义的措施来阻止生态破坏。我们有几十个想法解决这一问题，却一个都不敢实施，因为这样做可能会抑制增长。在一个依赖增长的经济体中，抑制增长是明令禁止的行为。相反，那些刊登生态危机的报纸，也在竭尽所能地歌颂每个季度的增长情况。那些为气候危机而绞尽脑汁的政客们也尽职尽责地呼吁每年实现更多的工业增长。这其中存在着惊人的认知差异。

有一部分人试图通过技术拯救我们，希望借此调和这种紧张的关系，创新地提出了“绿色”增长的概念。效率的提高使人类漠视经济增长对生态带来的影响，这样我们就可以永远保持全球经济的持续增长，而无须对资本主义做出任何改变。

如果这种方式不起作用，我们只能依靠巨大的地球工程计划在危难关头来拯救人类。

当然，这只是一个令人欣慰的幻想。事实上，我自己也曾经相信过“绿色增长”这一概念。但过滤掉那些好听的辞藻后，我意识到这只是一个幻想。多年来，我一直在与从事生态经济学研究的同事共同研究这个问题。2019 年，我们发表了对现有迹象的综述。2020 年，科学家们进行了多项荟萃分析（Meta 分析），分析了数百项研究的数据。[36] 我将在第三章中具体地阐述这些细节，但最后的结论归结为一点：“绿色增长”也无法解决人类的现实困境，更没有任何可借鉴的经验。这些发现不仅使我顿悟，也迫使我改变自己的立场。在生态危机的时代，人类不能再继续围绕幻想制定政策了。

不要误会我的意思。人类绝对有必要利用技术来遏制生态恶化，我们也需要尽可能地提高效率。但科学家很清楚，仅仅依靠技术还不足以解决问题。为什么？因为在以增长为导向的经济体制中，效率的提高本可以帮助我们减少对环境的影响，却被用来实现增长的目标，于是人类继续投入更多的自然资源完成开采和生产的循环。问题的根源不在于技术，而在于增长。

萌芽

弗雷德里克·詹姆逊（Fredric Jameson）曾经说过这样一

句名言：想象世界末日比想象资本主义的末日更容易。事实上，这并不奇怪。毕竟，人类已经非常了解资本主义。如果人类用某种方式结束了资本主义，之后会发生什么？人类会用何种经济制度代替资本主义？摒弃资本主义之后的那一天，我们会做什么？我们如何命名新的制度？我们的思维能力，甚至我们的语言，都无法逾越资本主义的范畴，所以我们认为摒弃资本主义制度也许会使人类进入一个可怕的深渊。

这未免也太奇怪了。人类奉行的是迷恋新奇、痴迷于发明和创新的文化，声称自己鼓励创新，鼓励打破常规的思维方式。当然，谈到智能手机或某件艺术品时，我们永远不会说："这是有史以来最好的发明或最好的艺术品，它们永远不会被超越，我们甚至都不用尝试！"低估人类的创造力是一种非常愚蠢的行为。但为何谈到经济制度时，我们却如此轻易地接受了资本主义是唯一可能的选择，为什么我们不能考虑设计出更好的经济制度呢？这个形成于16世纪的教条主义模式早已过时，但为何令我们如此执着？为何我们明知这一制度已不再适合人类的发展，却还固执地一直沿用下去？

资本制度的某些方面正在发生变化。2017年，在纽约市政厅召开的电视电话会议上，一位名叫特雷弗·希尔（Trevor Hill）的美国大二学生起身向当时的美国众议院议长南希·佩洛西（Nancy Pelosi）提出了一个简单的问题。在当时，佩洛西被认为是世界上最有权势的人之一。这名学生引用了哈佛大学的一项研究，该研究指出51%的18~29岁的美国人不再支持资本主义，并借此询问佩洛西所代表的民主党是否可以接受这一瞬息万变的现实。此外，他提出了自己对替代资本主义经济制度的展望。[37]

佩洛西明显大吃一惊。她说："我感谢你的问题，但很抱歉地说，我们都是资本家，事实就是如此。"

这段视频在网上疯传，引起了轩然大波，因为有人在公开场合以戏剧化的形式公开质疑资本主义制度，而这一直以来都是一个禁忌话题。特雷弗·希尔不是坚定的左翼成员。他只是普通的千禧一代中的一员，千禧一代的青年人聪明、见多识广、对世界充满好奇，并渴望成为一个更好的人。他由衷地提出了自己的问题，但佩洛西却结结巴巴地为自己辩护，无法巧妙地回答这个问题，甚至无法用令人信服的理由捍卫自己的立场。资本主义被认为是理所当然的制度，但它的支持者却不知道如何捍卫这一制度。佩洛西一句"我们理所当然要走资本主义的道路"的回答，只是想要结束这个问题，但结果却适得其反。这一回答暴露了陈旧意识形态的弱点，就好像拉开了《绿野仙踪》（*The Wizard of Oz*）的大幕。

这段视频引发了大众的思考，它表明年轻人已经愿意采取不同的思维方式，准备好质疑过去大家认为理所当然的事情。这样的年轻人并非只有特雷弗·希尔一人。即便大多数人不会声称自己反资本主义，但调查结果表明，大多数人会质疑资本主义经济学的核心原则。舆观调查网 2015 年的一项民意调查发现，64% 的英国人认为资本主义是一种不公平的经济制度。即使在美国，也有高达 55% 的人持有同样的观点。在德国，这一人群稳定的保持在 77%。2020 年，爱德曼信任度晴雨表（Edelman Trust Barometer）的一项调查显示，全球大多数人（56%）同意“资本主义弊大于利”的说法。在法国，高达 69% 人持有同样的观点。在印度，这一比例达到了惊人的 74%。[38] 除此之外，在所有主要资本主义经济体中，足足有四分之三的人表示，他们认为自己的公司存在腐败现象。[39]

而当出现的问题涉及增长时，这种抵触的情绪变得更加强烈。耶鲁大学在 2018 年进行的一项民意调查发现，超过 70% 的美国人认同“环境保护比增长更重要”的观点。共和党州、南方腹地甚至也认同这一观点。虽然俄克拉荷马州、阿肯色州和西弗吉尼亚州等地的人认同这一观点的比重最低，但绝大多数选民（64%）也认同这一立场。[40] 这完全颠覆了美国人长期以来对经济制度的看法。

2019 年，欧洲对外关系委员会（European Council on Foreign Relations）向 14 个欧盟国家的公民提出了这个问题的升级版。他们将其表述为:“您是否认同即便以牺牲经济增长为代价，也要优先考虑环境保护？”大众面临这样的取舍肯定会表示犹豫。然而，结果不出所料，12 个国家的大部分公民（55%~70%）都表示认同。只有两个国家的支持率不到 50%。在除西欧和北美之外的其他国家所做的调查中也得出了类似的结果。科学地审视这些研究的结果后不难发现，当人类不得不在环境保护和经济增长之间做出选择时，“在大多数调查中，许多国家的民众会优先考虑环境保护的问题”。[41]

在一些调查中，人们很明显愿意可持续地发展。一项针对消费者的研究发现，在全球中高收入国家中，平均约有70%的人认为，过度消费正在使我们的地球和社会处于危险之中，即便是减少消费，减少拥有的东西，也不会影响我们的快乐和幸福。[42]这些研究的结果令人震惊。无论他们持有什么样的政治观点，他们阐述的原则明显与资本主义核心逻辑背道而驰。过去，人们不曾公开地表达这些惊人的观点。而如今，世界各地的人们都在悄悄地向往一种更好的经济制度。

去增长

有时，科学证据与文明的主流世界观相冲突。当出现这种情况时，我们必须做出选择。要么我们忽视科学，要么我们改变自己的世界观。当达尔文第一次证明包括人类在内的地球上所有的物种都有共同的祖先时，众人对此不屑一顾。人类是从非人类进化而来的，而不是按照上帝的形象创造的，以及地球上的生命可以追溯到远远超过《圣经》中所说的几千年之前，这些观念在当时是完全不被世人所接受的。一些人试图通过设计古怪的替代理论来解释达尔文的理论，拼命地维持现状。但有些现象早已是不争的事实。不久之后，达尔文的研究成为科学的共识，永远改变了人类看待世界的方式。

类似的事情现在正在发生。随着越来越多的证据表明经济增长与生态破坏之间的必然联系，世界各地的科学家正在改变他们的研究方法。2018 年，238 名科学家呼吁欧盟委员会放弃经济增长，呼吁欧盟更多地关注人类的福祉和生态稳定。[43] 次年，来自 150 多个国家的 11000 多名科学家发表了一篇文章，呼吁世界各国政府“停止一味地追求经济增长和生活富裕，应关注如何维持生态系统和改善福祉”。[44] 几年前，这些言论根本无法出现在主流观点中，但如今已经惊人地成为新的共识。

去增长并不像看起来的那么疯狂。几十年来，人类一直认为需要依靠经济增长才能改善大众的生活。但事实证明并非如此。当经济增长超过了某个临界点后，就完全无法维持其增长与人类福祉之间的平衡，而事实上高收入国家早已超越了这一临界点。正如我们将在第四章中论述的那样，重要的不是增长，而是如何分配收入和资源。人类现行的分配方式极度不平等。想想看：最富有的 1% 的人（这些人都是百万富翁）每年获得约 19 万亿美元的收入，几乎占全球 GDP 的四分之一。[45] 这意味着人类四分之一的劳动力、开发的资源、排放的二氧化碳都是为了让富人变得更加富有。

一旦人类意识到不再需要经济增长，才能更理性地思考如何应对人类面临的危机。科学家们已经明确表示，人类若想扭转生态危机并将全球平均温度升幅控制在 1.5℃甚至 2℃以下，唯一可行的方法是高收入国家大幅放缓开采、生产和浪费的步伐。[46] 减少资源的使用可以消除生态系统的压力，使生命之网有机会重新组合。与此同时，减少能源的使用使我们更容易在几年而不是几十年内完成向可再生能源的快速过渡，避免引爆危险的临界点。

这就是所谓的“去增长”，即通过有计划地减少过度使用能源和资源，从而以一种安全、公正和公平的方式使经济与生命世界恢复平衡。[47] 令人兴奋的是，我们清楚地知道，人类能够在消除贫困、改善人类福祉、确保所有人繁荣生活的同时，实现去增长。[48] 事实上，这才是去增长的核心原则。

去增长在实际生活中又会有哪些具体的表现？第一步是摆脱不合理的理念，即所有经济行业都必须一直保持增长。我们不能不考虑实际的需求，盲目追求各行业的增长，而是需要决定要重点发展哪些领域，如清洁能源、公共医疗卫生、基本服务、再生农业等领域，以及哪些行业需要彻底地实现去增长，如化石燃料、私人飞机、武器、运动型多用途汽车。此外，我们还需要缩减经济制度中纯粹为了利润最大化而不是为了满足人类需求的某些环节，例如计划报废、产品使用寿命较短，或者操纵消费者情绪的广告策略，让消费者认为自己所拥有的还不够。

当人类不再需要从事不必要的劳动时，可以通过缩短每周的工作时间保持充分就业，更公平地分配收入和财富，投资全民医疗保险、教育和经济适用房等公共产品。正如我将在第五章中论述的那样，这些举措已经一次又一次地被证明可以对人类的健康和福祉产生巨大的积极影响。这些才是实现社会繁荣的关键。这样的事实才能真正地鼓舞人心。

需要强调的是，去增长并不意味着降低生产总值。当然，减缓不必要的开采和生产可能会导致经济增长放缓，或停止增长，甚至会出现下降的情况。但即便现实果真如此，也并无大碍。在正常情况下，去增长可能会引发经济衰退。假如某个依赖增长的经济体出现增长停止时，便会出现经济衰退的情况，由此会引发社会的动乱和某些灾难性的后果。我在本书中想要阐述的完全是两种不同的概念。我所说的是仅仅是向另一种经济形式转型——一种一开始不需要增长的经济形式。为了实现这一目标，我们需要重新审视诸多因素，从负债运行体系到银行系统，再到人民、企业、国家甚至创新本身，都需要从增长的必要性这一刻板的束缚中解放出来，从而能够专注于更高的目标。

当我们朝着这个方向采取实际的行动时，便会发现令人兴奋的新的可能性。我们可以创造一种以人类繁荣为中心而非以无休止的资本积累为核心要义的经济制度，换句话说，一种更公平、更公正、更体贴的后资本主义经济制度。

在过去的几十年里，这些想法就像希望的低语一样已经在各大洲盛行。生态经济学的先驱创始人赫尔曼·戴利（Herman Daly）、德内拉·梅多斯（Donella Meadows），哲学家范达娜·席娃（Vandana Shiva）、安德列·高兹（André Gorz），社会学家阿图罗·埃斯科瓦尔（Arturo Escobar）、麦尔斯（Maria Mies），经济学家谢尔盖·拉图切（Serge Latouche）、乔格斯·卡里斯（Giorgos Kallis），原住民和活动家艾尔顿·克雷纳克（Ailton Krenak）、贝尔塔·卡塞雷斯（Berta Cáceres）等都在自己的作品中表达过类似的观点。[49]突然，这些想法成为主流，并激发了科学论述的巨大转变。如今，摆在人类面前的是这样的一个选择：是为了维持我们的世界观而忽视科学，还是改变我们的世界观？这一次，人类面临的风险远远高于达尔文的时代。这一次，面临生死攸关的大事，人类不敢再选择忽视科学。

* * *

为了找到前行的道路，我们首先需要明确人类是如何受困于增长的必要性之中。我们需要深入了解资本主义的深层历史，掌握资本主义运作的内在逻辑，以及它如何将此逻辑强加于世界各地。在第一章中，我们开始论述这一历程。在此过程中，我们发现其他一些意想不到的东西也处于风险之中。基于存在论或存有论的资源开采过程对资本主义增长至关重要。事实上，这也是人类现在所面临问题的根本原因。

当今生活在资本主义社会中的人一直以来接受的教育，都是要相信人类社会与世界上其他的物种之间存在着根本的区别：人类与“自然”①是相互独立的，并且优于“自然”；人类是具有精神、思想和能动性的主体，而自然是有惰性、机械的客体。这种看待世界的方式被称为二元论。从柏拉图到笛卡

① 此处指狭义的自然，即与人类社会相区别的物质世界，或称自然界。——编者注

尔，许多思想家给人类灌输了这种思想，让我们相信，人类可以合理地利用自然并掌控自然。当然，人类并非从未质疑过这些事情。事实上，在16世纪时，那些努力为资本主义的发展铺平道路的人必须首先摧毁看待这个世界的其他方式，说服或强迫人们成为二元论者。为了实现增长，二元论哲学被用来贬低自然，因此它对人类当下面临的生态危机负有重大的责任。

但这并不是人类唯一的存在论。我从事人类学研究的同事早就指出，在人类历史的大部分时间里，人类所推崇的是一种完全不同的存在论，即我们广义上所谓的万物有灵论。在大多数情况下，人类认为自己与其他生物之间没有本质的区别。恰恰相反，人类逐渐认识到自己与河流、森林、动物和植物，甚至与地球之间有着深刻的相互依存的关系，认为这些都是和人一样有知觉的生物，也同样具有意识。在某些情况下，有些人甚至将其视为自己的亲属。

如今，我们依然可以从一些迹象中发现，有许多人极度推崇这一哲学理论，从亚马孙盆地到玻利维亚的高地，再到马来西亚的森林，当地的人们都在思考如何与非人类的物种（不论是美洲虎还是河流）共存，把它们看作自己的亲属，而不仅仅是“自然”。当你以这种方式看待世界时，便能从根本上改变自己的行为方式。如果你从一切众生和人具有同等道德地位的前提出发，便不会再一味地向自然界索取资源。将自然作为人类致富的“资源”在道德上是应受谴责的，这样的做法与奴隶制无异，甚至可以等同于同类相食。相反，本着馈赠的态度与自然形成一种互惠的关系，至少会使自己的给予和索取保持平衡。

这种具有内在生态价值的逻辑明显与资本主义的核心逻辑背道而驰，资本主义的核心逻辑是索取，甚至是索取多于回馈。事实上，正如我们看到的那样，这是增长的基本机制。

启蒙思想家曾经贬低万物有灵论的思想是落后和不科学的思想。他们认为这些思想是资本主义扩张的障碍，并不遗余力地想要消除这种思想。但如今，科学已经取得了重大的进步。生物学家发现人类不是独立的个体，人体主要由微生物组成，并且依赖这些微生物来完成消化等基本功能。精神科医生的研究发现，与植物共处对人类的心理健康至关重要，并且某些植物的确可以治愈人类复杂的心理创伤。生态学家指出，树木也是有生命的，它们之间相互交流，甚至可以通过土壤中无形的菌丝网络分享养分。量子物理学家告诉我们，看似相隔很远、彼此完全不同的单个粒子与其他粒子之间也有着千丝万缕的联系。地球系统科学家正在寻找证据证明地球本身的运行方式就像是一个有生命的超级有机体。

所有这一切都改变了人类如何看待自己在生命之网中所处的地位，并为新的存在论铺平了道路。恰恰在我们的星球陷入生态灾难的时候，人类才开始学习用一种不同的方式来看待自己与其他生命的关系。人类才开始想起早已忘记的秘密，这些秘密就像祖先的耳语一样萦绕在我们耳畔。

这些观点也完全颠覆了20世纪环保主义的陈旧比喻。环保主义者有时倾向于从“限制”、贫乏和个人清教主义的角度发表自己的观点。但这些观点颠倒了事情的始末。限制的概念从一开始就让人类走上了错误的道路。它假定自然是与人类隔绝的某种“外在”的东西，就像严厉的权威将我们困在其中。这种思维源于一开始就让我们陷入困境的二元存在论，和我在此呼吁的完全是两种不同的概念。我所强调的并非限制，而是相互联系，重现人类与其他生物的亲密关系。这也与清教主义毫无关系，而是关乎人类的快乐、欢宴和乐趣。这也不是贫乏的问题，而是关乎“扩大”的概念，即扩大人类社区的边界、语言的边界、意识的边界。[50]

人类迫切需要改变的不仅仅是经济体制，还有我们看待世界的方式，以及人类在世界中所处的位置。

未来的展望

有时候，某些新的想法会让你用不同的方式看待当下的一切。当人类摒弃过去的谬论以后，才会发现新的可能性。难题才会不攻自破，或者变得更容易解决。过去认为不可思议的事情突然变得显而易见。整个世界都会因此而改变。

我喜欢想象未来的某一天，我能再次被家乡斯威士兰的昆虫数量所吸引。那一天到来时，我已经成为一个年迈的老人。在某个晚上，我坐在门廊上，像小时候那样，充满敬畏地看着这些昆虫，听着它们的叫声。当这样的愿景实现时，世界已然发生了很多变化。高收入国家将资源和能源的使用降至可持续的水平。人类开始认真对待民主，用公平的方式分配收入和财富，贫困也已完全消除。富国和穷国之间的差距也缩小了。“亿万富翁”这个词已经从人类的话语体系中消失。工作时间从每周 40 小时或 50 小时减少到 20 小时或 30 小时，人们因此有更多时间专注于社区、关怀和生活艺术。每个人都可以享受到高质量的公共医疗卫生和教育。人们开始过上更长寿、更快乐、更有意义的生活，并且开始用不同的方式看待自己：认为人类是与世界上其他生物相互关联的，而非独立的个体。

地球也发生了一些了不起的转变。亚马孙、刚果和印度尼西亚的热带雨林重新生长出来，呈现出一片郁郁葱葱、生机盎然的景象。欧洲和加拿大重现温带森林遍布的景象。河流清澈见底，河里到处都是鱼儿游来游去。整个生态系统恢复了往日的生机。人类实现了向可再生能源的快速过渡，全球气温稳定，天气系统开始重返古老的模式。总之，一切都开始逐步向好……人类以一种意想不到的速度开始从危难中自救。虽然人类索取的东西少了，但收获更多。

本书的主题就是关于这一愿景的。在本书中，我们即将踏上一段跨越 500 年历史的旅程。我们将探索形成当前经济制度的根本原因，它如何成为最根本的经济制度，以及它的运行机制是什么。此外，本书还将探讨人类可以采取哪些具体、实际的措施来扭转生态危机，建立另一种后资本主义经济。我们将穿越各大洲，了解不同的文化和社区，了解他们与生命世界互动的方式，放飞自己的想象。

现在，这些想法可能只是最微弱的耳语。但耳语终会化作风，如暴风般席卷整个世界。

第一部分

第一章
资本主义：一个创造的故事

万物有灵论赋予万物灵魂，工业主义把灵魂变成了某种东西。

——马克斯·霍克海默（Max Horkheimer）
阿多尔诺·西奥多（Adorno Theodor）

人类已经在地球上生活了近30万年。这30万年使人类实现了完全进化，拥有了今天这般的智慧。在大约97%的时间里，我们的祖先与地球的生态系统能够相对和谐地共处。但这并不意味着早期人类没有改变生态系统，没有引发任何的生态问题。例如，我们知道早期人类对地球上一些古老的巨型动物的灭绝负有一定的责任，例如长毛象、巨型树懒和剑齿猫。但我们的祖先从未像今天的人类一样，令地球多方面同时出现生态灾难。

仅仅是在过去的几百年中，伴随着资本主义的兴起，以及20世纪50年代后工业化以惊人的速度迅猛发展，全球范围内的许多生态系统才开始失去平衡。一旦我们明确了这一点，便能改变我们对这一问题的看法。虽然我们习惯把人类时代称为人类世，但实际上这场危机与人类本身无关。它与某种经济制度占主导地位有关：这种经济制度在某个特定历史时期在特定的地区出现不久，但其在各个国家的发展程度不一。正如社会学家杰森·摩尔（Jason Moore）所认为的那样：人类并非生活在人类世，而是“资本纪”。[1]

一开始我们可能觉得难以理解。我们一直认为资本主义的存在是理所当然的，至少在资本主义的萌芽时期是这样的。毕竟，资本主义与市场有关，但市场早已存在已久。所以，这一等式并不成立。尽管市场已经存在了数千年，但市场出现的时间和地点与资本主义并不吻合，资本主义是一种相对较新的经济形式，只有大约500年的历史。[2]资本主义的独特之处不是它有市场，而在于永恒的增长是其运行的核心机制。事实上，它是历史上第一个以扩张主义为核心要义的经济体系。它将不断增加的自然资源和人类劳动卷入商品生产的循环中。此外，由于资本的目标是提取和积累剩余，所以必须用尽可能便宜的价格获得资源和劳动。换句话说，资本的运作遵循一个简单明了的公式：从自然和劳动中获取的回报高于付出。

所以，生态危机是资本主义制度的必然结果。资本主义使我们失去了与生命世界的平衡。一旦明确了这一事实，我们的脑海中也会自动浮现新的问题：为何会出现这样的情况？资本主义制度从何而起？又为何成为人类多数国家必经的经济制度？通常的说法是，自私自利且追求最大化是人类的“天性”，有些人称此为理性经济人，也就是我们在微观经济学的教科书中遇到的追求利润的自动机。人类始终被教导说，这种自然倾向逐渐突破了封建主义的束缚，结束了农奴制，才形成了我们今天所谓的资本主义。这就是所谓的资本主义起源的故事。一代又一代的人都在重复这一说法，以至于所有人都信以为真。由于人性的自私和贪婪，资本主义必然兴起，所以不可避免地会出现不平等和生态危机等问题，而且人类也无法就此做出任何的改变。虽然人类文化已经对这一故事深信不疑，甚至是根植于人类文化之中，但这一起源传说并不是真实发生的故事。资本主义不只是“出现”，也没有所谓的顺利而自然地向资本主义“过渡”，并且与人性毫无关系。历史学家想要讲述的则是一个更有趣、更黑暗的故事，这个故事揭示了与资本主义制度的实际运作方式有关的一些令人惊讶的真相。了解这个故事有助于我们掌握触发生态危机的深层原因，了解一些重要的线索，明确人类接下来应该采取哪些措施。

一场被遗忘的革命

在读书期间，我们所有人都被教导说，封建制度是一种残酷的制度，它给人类造成了巨大的苦难。事实也的确如此。地主和贵族控制着土地，生活在这片土地上的农奴被迫以租金、税收、什一税①和无偿劳动的形式向地主和贵族进贡。但与我们过去的认知相悖的是，并不是资本主义的兴起结束了封建制度的统治，而是普通革命者的长期革命最终扫除了封建制度的统治，但出于某种原因，这些革命者几乎完全被遗忘了。

早在14世纪初期，欧洲各地的平民就开始反抗封建制度。他们拒绝接受无偿劳动，拒绝地主和教会征收的税收和什一税，开始要求直接控制自己耕种的土地。除了怨声载道的普通民众之外，还出现了一些有组织的抵抗运动。有时候甚至还会演变成直接的军事冲突。1323年，佛兰德斯的农民和工人拿起武器与当地的贵族展开了一场持续了5年的斗争，但最终被当地的贵族击败。欧洲其他地方也爆发了类似的反抗，如布鲁日、根特、佛罗伦萨、列日和巴黎。[3]

这些早期的反抗基本都以失败告终，他们大多都被装备精良的军队击溃。1347年，黑死病大规模暴发，情况似乎变得更糟。黑死病消灭了欧洲三分之一的人口，引发了一场前所未有的社会和政治危机。

但在这场灾难之后，有一些意想不到的事情发生了。由于劳动力稀缺而土地充裕，农民和工人突然有了更多的议价权力。他们能够要求降低土地租金和提高劳动工资。地主发现自己开始处于不利地位，权力的天平第一次向平民倾斜。平民开始意识到他们的机会来了：他们有机会改变社会和政治

① 欧洲基督教会向居民征收的宗教捐税。——编者注

秩序的基础。于是平民变得更有希望、更有信心，反抗也愈演愈烈。[4]

约翰·鲍尔（John Ball）是一位非常激进的传教士，他曾经发出了这样著名的号召："如果你们愿意，现在是时候摆脱奴役的枷锁，恢复自由了。"瓦特·泰勒（Wat Tyler）受到他的启发，于1381年在英国发起了一场反对封建主义的农民起义。1382年，意大利柯西莫市爆发起义，平民成功接管了政府。在巴黎，代表民主的工人于1413年暂时夺取了政权。1450年，一支由英国农民和工人组成的军队在伦敦游行，这就是后来的凯德起义。起义期间，该地区所有的民众揭竿而起，团结一心，招募军队。

15世纪中叶，西欧各地的农民和地主之间爆发了战争，随着起义队伍的不断壮大，农民也提出了更多的要求。他们已经不满足于制度上的一些细微调整，只想要彻底改变。历史学家西尔维娅·费德里奇（Silvia Federici）是研究中世纪政治经济学的专家，他曾指出："起义者并不满足于要求对封建统治进行一些限制，也不只是诉求拥有更好的生活条件。他们的目的是终结地主的权力。"[5]

虽然在大多数情况下，这些个人起义最终都被镇压，比如瓦特·泰勒和约翰·鲍尔连同1500名追随者一同被处决，但这场运动最终成功地消除了整个欧洲大陆大部分地区的农奴制。1381年起义后，英国几乎完全消除了农奴制。农奴成为自由的农民，开始靠自己的土地谋生，可以自由地使用公地，自由地在牧场放牧，在森林里狩猎和使用木材，利用水道捕鱼和灌溉。他们只有想要获取额外的收入时，才会为工资而工作，但很少再受到胁迫。在德国，农民开始控制了该国 90% 的土地。即使在封建制度毫不动摇的地区，农民的生活条件也得到了显著的改善。

随着封建制度的瓦解，自由农民找了一个明确的替代封建制度的社会制度：建立一个在地方自给自足原则基础上的平等、合作的社会。从平民所获得福利的角度来看，这场革命取得了惊人的成果。工资水平达到了有史以来的最高水平，大多数地区的工资水平是以前的 2 倍，甚至是 3 倍，在某些地区甚至达到了 6 倍。[6] 租金和食物的价格都呈现下降的趋势，人民的营养水平也因此得到提高。工人们开始讨价还价，希望缩短工作时间、周末休假，以及诸如安排工作餐和按通勤距离领取交通补贴等。女性员工的工资也出现大幅增长，缩小了封建社会时巨大的性别收入差距。历史学家将 1350 年至 1500 年这段时期描述为“欧洲无产阶级的黄金时代”。[7]

这一时期也是欧洲生态的黄金时代。封建制度带来了巨大的生态灾难。地主给农民施加了巨大的压力，要求他们从土地和森林中榨取资源，却不给予任何回报。最终导致森林过度砍伐、草原过度放牧和土壤肥力逐渐下降等危机的出现。但 1350 年后爆发的政治运动扭转了这些趋势，开启了一段生态恢复的时期。一旦自由农民获得了对土地的直接控制权，就能够与自然保持更加互惠的关系：他们通过民主议会集体管理牧场和公地，并制定严谨的规则规范耕作、放牧和森林的开发。[8] 在欧洲大陆上，土壤开始恢复肥力，森林重新生长。

反弹

不用说，欧洲的精英们并不想要看到事态出现这样的转变。他们认为高工资是“可耻的”，并对平民只愿意受雇去从事有限的一些短期工作而感到恼火，一旦平民赚到了足够的收入满足自己的需求，便不愿再工作。约翰·高尔（John Gower）在《人类的镜子》（*Miroir de l'Omme*）一书中曾抱怨道：“过去的仆人现在变成了主人，而主人却成了仆人。”一位作家在 16 世纪初曾这样说过：“农民太富有了……所以他们不知道什么是服从。他们无视法律，他们希望这世界上没有贵族的存在……他们自己决定想要付给地主多少租金。”[9] 另一种说法是：“农民假装模仿自由人的生活方式，穿着自由人的衣服，把自己装扮成自由人的模样。”[10]

在 1350—1500 年的革命时期，精英们遭受了历史学家所谓的“长期去积累”的危机。[11] 随着国民收入的分配更加公平，精英们越来越难像在封建统治时期那样实现财富的积累。这是很重要的转折点。一直以来，人们都认为在封建制度瓦解之后自然而然地就形成了资本主义制度，但事实并非如此。资本主义制度的形成需要精英的积累：为大规模的投资积累剩余财富。但封建社会后期的自给自足、高工资、基层民主和资源集体管理等平等的物质环境不利于精英实现剩余财富的积累。事实上，这才是精英们抱怨的真正原因。

由此会发展出一个什么样的新社会，我们不得而知，因为这一时期的改革之火很快就被无情地扑灭了。贵族、教会和商业资产阶级联合起来，试图有组织地结束农民的自治并压低工资。鉴于过往农奴化的失败经验，他们没有通过使农民重新农奴化的方式来实现自己的目标。相反，他们利用一场遍及整个大陆的暴力驱逐运动迫使平民离开自己的土地。而那些被平民集体管理的、用于维持农村社区生计的牧场、森林和河流等公地都被圈占，被精英占用并完成私有化。简而言之，公地都变成了财产。

这一过程被称为“圈地运动”。[12] 在这场圈地运动中，成千上万的农村社区被摧毁，庄稼被销毁或焚烧，甚至整个村庄被夷为平地。平民失去了土地、森林、猎物、饲料、水、鱼等所有维持生活所必需的资源。宗教改革运动又加剧了平民被剥夺资源的困境：欧洲各地的天主教修道院被拆除，修道院的土地被贵族掠夺一空，居住在修道院的人也被赶了出去。

农民群体当然不会坐以待毙，但却鲜少能抵抗成功。1525 年，一场在德国爆发的有组织的农民起义在大屠杀中宣告失败，造成超过 10 万名平民死亡，这是世界历史上最血腥的屠杀之一。1549 年，由英国人罗伯特·凯特（Robert Kett）领导的起义一度成功控制了英国的第二大城市诺里奇，但最终也被军方镇压。3500 名起义的勇士被屠杀，起义的头领被吊死在城墙上。1607 年发生了米德兰起义，此次起义以发生在牛顿村庄的农民起义为高潮，农民再次与围剿者进行武装战斗。50 人在起义失败后被处决。

在长达 3 个世纪的时间里，英国和欧洲其他地区的大片土地被圈占，数百万名平民被从土地上赶走，引发了一场英国国内的难民危机。不夸张地说，这一时期的动荡是一场人道主义的灾难。这是历史上第一次，平民被有计划地剥夺了获得生存所需的最基本资源。人们无家可归，没有食物。我们不需要美化自给自足的生活，但足以想象圈地运动使平民的生活变得异常的糟糕，甚至比农奴制时期更加糟糕。在英国，“贫困”这个词第一次被普遍用来描述由圈地运动而出现的大量的“贫民”和“流浪者”。在此之前，这些词很少出现在英语的语言文化中。

然而，对于欧洲的资本家来说，圈地运动就像变了一场魔术。资本家能够占用以前无法使用的大量土地和资源。经济学家一直认为，资本原始积累对于资本主义制度的兴起至关重要。亚当·斯密称之为“先前的积累”，并声称产生这一现象的原因是一些人非常努力地工作并将收入存起来。这种美好的故事仍然反复出现在经济学的教科书中。但历史学家认为这样的说法非常荒谬。这绝不是单纯的存钱的过程，而是一个掠夺的过程。马克思坚持将这一过程称为“原始积累”，凸显其暴力的野蛮本质。

但这也并非资本主义制度兴起的唯一因素。资本主义的兴起需要大量的廉价劳动力，圈地很好地解决了这一问题。在自给经济遭到破坏、公地被圈占的情况下，人们别无选择，只能出卖劳动力换取工资。而在以前的制度下，出卖劳动力是为了赚取一点额外的收入，但也不是像农奴制时期一样为了满足地主的要求。当时的平民出卖劳动力只是为了生存。总之，他们变成了无产阶级。这在世界历史上是一个全新的阶级。当时，这些人被称为“自由劳动者”，但这个词具有误导性：他们的确并没有被迫做奴隶或农奴，但他们在这件事上别无选择，否则就要选择挨饿。那些控制生产资料的人只需支付最低工资便可逃脱“压迫”的恶名，但平民必须接受这样低廉的工资，因为无论得到多么微薄的工资都比失去性命要好。

* * *

所有这些都颠覆了以前我们常听到的有关资本主义制度兴起的故事。这并非自然出现的制度，而是一个完全可以避免的过程。它并非人们所认为的那样是逐步“过渡”的，当然也并非和平的过渡。资本主义是在有组织的暴力、大规模的贫困和对自给自足的经济进行系统性的破坏的基础上兴起的。它并没有结束农奴制，相反却摧毁了结束农奴制的进步革命。事实上，资本家几乎完全控制了生产资料，使农民和工人必须依赖自己才能生存，借此将农奴制推向了新的极端。当时的平民没有张开双臂欢迎这个新制度，而是不断地反抗它。从 16 世纪到 19 世纪，一直到工业革命，这段时期是世界历史上最血腥、最动荡的时期之一。

从人类的福祉这一层面看，圈地运动带来了毁灭性的后果。它使自由农民失去了曾经拥有的一切。根据经济学家亨利·菲尔普斯·布朗（Henry Phelps Brown）和希拉·霍普金斯（Sheila Hopkins）的研究，从16世纪到18世纪，实际工资下降了70%。[13]营养水平急剧下降，挨饿成为常态：16世纪时，由于自给自足的经济制度的瓦解，欧洲发生了历史上最严重的饥荒。社会结构支离破碎，以至于从1600年到1650年的50年间，西欧的总人口呈下降的趋势。从英国的公共卫生历史记录中，我们可以清楚地窥见这场灾难的印记：出生人口的平均寿命从16世纪的43岁到18世纪时下降至30岁出头。[14]

我们都知道托马斯·霍布斯的名言，"自然状态下"的人生是"孤独、贫困、污秽、野蛮而又短暂的"。霍布斯在1651年写下了这些话，描述了在资本主义制度形成之前就已经存在的悲惨状况，而这本应是资本主义应该解决的问题。但恰恰相反，他所描述的苦难本质上是由于资本主义的兴起而造成的。事实上，当时欧洲是世界上最贫穷、疾病最严重的地区之一，至少对平民来说确实如此。[15]但霍布斯当时并未预见到，未来情况会变得更糟。

英国的圈地运动推行得比欧洲其他任何国家都更加彻底。当时的君主政府一开始曾试图限制圈地，担心它会制造社会危机。但这些限制在17世纪40年代的内战和1688年的光荣革命之后便被废除，当时资产阶级控制了议会并或多或少地获得了为所欲为的权力。他们动用了国家的全部力量，出台了一连串的圈地法规，引发了有史以来最快、影响最深远的剥夺土地的浪潮。从 1760 年到 1870 年，约有 700 万英亩（1 英亩≈4046.86 平方米）的土地因为这些法律的出台而被圈占，约占英国国土总面积的六分之一。到这个时期结束时，英国几乎不再有公地存在。

破坏英国农民制度的最后一段黑暗时期恰逢当时工业革命的出现。被剥夺的农民绝望地涌入城市，成为城市里的廉价劳动力。正如威廉·布莱克（William Blake）的诗中所描述的那样，黑暗的撒旦工厂里的廉价劳动力使工厂永世长存。

工业资本主义的腾飞付出了巨大的人力代价。世界著名的历史公共卫生数据专家之一西蒙·斯瑞特（Simon Szreter）指出：在工业革命之后的一个世纪，人类的平均寿命显著下降，降至 14 世纪黑死病以来的最低水平。相较于英国其他的非工业化城市，曼彻斯特和利物浦这两大工业化高度发达的城市中，居民的平均寿命大幅下降。曼彻斯特人的平均寿命下降至只有 25 岁左右。除了英国，在其他的欧洲国家，情况也基本相似。资本主义制度兴起之后的几百年，造成了前资本主义时代闻所未闻的苦难。[16]

殖民增长

历史学家认为，资本主义的崛起依赖人们在圈地方面取得的重大进展。但他们的观点往往忽略了在欧洲海岸之外的其他地区也同时上演了资本原始积累的模式，这属于同一过程的不同部分。在南半球，自然和人被封闭到一定程度，使欧洲内部发生的事情显得相形见绌。

1492 年之后的几十年里，欧洲人开始在美洲进行殖民扩张，但他们并不像教科书说的那样，是被“探索”和“发现”的浪漫主义所驱使。殖民化缓解了欧洲农民革命造成的精英阶级瓦解的危机，可以称得上是一种“解决方案”。在精英们开始在国内圈地的同时，克里斯托弗·哥伦布开始第一次向美洲航行，自此开始在国外寻找新的领地。两个过程同时推进。1525 年，也就是德国贵族屠杀 10 万名农民的那一年，西班牙国王卡洛斯一世（Carlos Ⅰ）将王国的最高荣誉授予埃尔南·科尔特斯（Hernán Cortés），表彰他率领自己的军队入侵墨西哥，摧毁了阿兹特克人的首都特诺奇蒂特兰（Tenochtitlán），杀死了 10 万名的原住民。这两个进程并非偶然地同时发生。在资本主义兴起的几十年里，圈地和殖民化都是同一战略的一部分。

殖民扩张也侵吞了惊人的财富。从 16 世纪初到 19 世纪初，殖民者将搜刮的 1 亿千克白银从安第斯山脉运输至欧洲港口。借助下面这个思想实验，便可以理解这种财富的规模：如果按照 1800 年的历史平均利率计算，这笔白银今天的价值将达到 165 万亿美元，是全世界 GDP 的 2 倍之多。同一时期，英国的殖民者也在南美洲大量搜刮黄金。这笔意外之财在欧洲资本主义兴起的过程中发挥了关键作用。它提供了一部分最终投资于工业革命的盈余，使欧洲人能够从东方购买陆上商品，这使欧洲的人口从农业生产转向工业生产，也为军事扩张提供了资本，推动了新一轮的殖民扩张。[17]

殖民化还提供了推动工业革命的关键原材料。以棉花和糖为例。棉花是英国工业崛起中最重要的商品，是兰开夏郡（Lancashire）众多工厂的重要产品。糖成为英国工业工人摄入廉价热量的主要来源。但欧洲既不种植棉花，也不产糖。为了获取棉花和糖，欧洲人将占领的巴西大部分地区、西印度群岛和北美数百万英亩的土地用于发展种植园农业。到 1830 年，仅英国就从其新世界殖民地上侵占了相当于 2500 万英亩到 3000 万英亩的肥沃土地。[18]英国毫无节制地使用侵占的土地。殖民式的采矿、伐木和种植园的单一种植给当地的生态环境造成了史无前例的破坏。事实上，资本家之所以如此青睐殖民地的首要原因，就是为了获得该地区的土地以及奴役生活在这片土地上的人民，他们可以肆意虐待当地的人民而不用受到任何惩罚。

这些矿山和种植园又从何处获得劳动力呢？多达 500 万名美洲原住民因此被奴役，并且奴役的过程异常暴力，导致许多原住民的死亡。[19] 即使这样也不够。从 16 世纪到 18 世纪，欧洲列强国家长达 3 个世纪一直在资助人口贩卖的活动。在此过程中，又有 1500 万人从非洲被贩卖到大西洋彼岸。美国从被奴役的非洲人那里榨取了太多的劳动力，如果按照美国最低的工资标准，即便按照较低的利率换算，这些劳动力的价值总计也约等于当今的 97 万亿美元，相当于美国 GDP 的 4 倍。[20] 这只是美国，还不包括加勒比地区和巴西所奴役的黑人。奴隶贸易实际是对劳动力的圈占，从原住民和非洲社区转移到欧洲工业家的腰包。

与此同时，还存在其他更微妙的圈占劳动力的方式。在印度，英国殖民者通过对农民和工匠征税的形式榨取了巨额资金。从 1765 年到 1938 年，殖民者从印度攫取了相当于 45 万亿美元的资金，这些资金流入了英国国库。于是，英国有了充足的资金购买对国家工业化至关重要的战略物资，如铁、焦油和木材。此外，英国还用该笔资金资助在加拿大和澳大利亚等殖民地定居的白人实现工业化，为英国的福利制度买单。在 19 世纪晚期，英国国内预算的一半以上来自印度和其他殖民地侵占的财物。所以自 19 世纪 70 年代后，英国终于开始有财力解决圈地造成的苦难。[21] 即便在今天，英国政客依然经常声称英国帮助印度“发展”来为殖民主义辩护。但事实却恰恰相反：英国实际是在利用印度发展自己。

所以，我借此想要说明的是，欧洲资本主义的兴起以及工业革命都不是凭空出现的。它依赖被奴役的工人生产的商品、从被殖民人民那里侵占的土地以及雇用那些被强行剥夺土地的欧洲农民在工厂里加工商品。我们倾向于把这些过程看作一个个独立的事件，但它们都是资本主义兴起的一部分，并且以相同的底层逻辑运行。圈地是一个内部殖民的过程，而殖民是一个圈地的过程。欧洲的农民和美洲的原住民一样被剥夺了土地，但后者受到明显更差的待遇，所有权利都被剥夺，甚至被排除在人的范畴之外。如果不是圈地和对劳动力的殖民化，根本不会产生奴隶贸易。为了积累剩余的资本，劳动力和土地一样被圈占，同样被视为财产。

人们很容易将这些暴力事件轻描淡写为资本主义历史上偶然的反常现象。但事实并非这么简单。它们是资本主义制度兴起的基础。在资本主义制度下，增长总是需要扩大新的疆土来攫取无偿的价值。换句话说，它本质上就是殖民主义。

殖民干预是促成资本主义兴起的最后一项因素。欧洲的资本家创造了一个大规模生产的体系，但他们需要有地方卖出自己生产的产品。谁来为产品的输出买单？圈地提供了部分的解决方案：通过摧毁自给自足的经济，这不仅创造了大量的工人，还创造了大量的消费者，人们完全依赖资本购买食物、衣服和其他必需品。但这还不够，还需要开辟国外的新市场。问题在于，全球大部分的发展中国家，尤其是亚洲的一些国家，都有自己的手工业，并且亚洲的手工业一直被认为是世界上最好的，并且亚洲人对进口自己可以制造的东西并不感兴趣。殖民者通过不对称的贸易规则、摧毁了发展中国家的工业解决了这个问题。殖民地不仅被迫充当欧洲殖民者所需原材料的来源地，而且变成了欧洲大规模生产商品的专属市场，由此形成了一个完整的闭环，但也引发了毁灭性的后果：随着欧洲资本的增长，发展中国家在全球制造业中的份额急剧下降，从 1750 年的 77% 下降至 1900 年的 13%。[22]

人为稀缺性的悖论

在圈地运动中，欧洲的一部分农民迁移到城市，而留在农村的那部分农民，发现自己受制于新的经济体制。他们再次陷入地主的统治之下，这一次的处境甚至更加糟糕。至少在农奴制时期，他们可以安心地使用土地，但现在他们只有临时租约。并且，所谓的租约不是普通的租约，而是规定根据生产力进行土地租约的分配。因此，为了保住土地，农民不得不想办法加强生产，延长工作时间，每年从土地上获得更高的产量。在这场比赛中落后的人将失去土地的租赁权，也就意味着要面临饥饿。这一制度使农民彼此之间直接竞争，与自己的亲属和邻居竞争，曾经的集体合作制度也就因此转变为一种以不顾一切彼此竞争为核心的制度。

将此种逻辑应用于土地和农业，标志着人类历史上一次根本性的转变。这意味着人类第一次在生活中感受到提高生产力和产出最大化的紧迫性。[23] 生产不再只是满足需求，不再只是实现本地区的自给自足；相反，一切的生产都是为了利润，准确地说是为了资本的利益。这一点至关重要：我们认为经济人的动机是根植于人类的本性，但实际这是在圈地运动过程中形成的。[24]

那部分迁移到城市的农民也感受到了同样的压力。圈地运动的难民迁移到城市后，最终只能住进贫民窟，他们别无选择，只能从事薪水微薄的工作。由于难民多，工作少，所以工人之间的竞争无形中压低了劳动力的成本，破坏了以前保障熟练工匠生计的行会制度（guild system）①。面对不断被替代的威胁，工人承受着巨大的压力，在身体能负荷的基础上尽可能地提高产量，所以他们经常每天工作 16 个小时，远超过他们在圈地运动之前的工作时间。

这些强制竞争的制度导致生产力急剧上升。从 1500 年到 1900 年，每英亩土地产出的粮食总量猛增了 4 倍。这在当时被称为“进步”，正是这种“进步”为圈地找到了正当的理由。英国地主和哲学家约翰·洛克承认，圈地是一种对公地和平民的偷窃，但他认为这种偷窃在道德上是正当的，因为它实现了农业生产方式向集约化的商业化农业的转变，增加了农业的产量。[25] 他说，总产量的提升是对“更大利益”的贡献，也促进了人类的进步。同样的逻辑被用来证明殖民化的正当性，洛克也援引这一逻辑使侵占美洲原住民的土地正当化。“进步”成了侵占的借口。

今天，同样的说辞经常被用来使新一轮对土地、森林、渔业、大气的圈占和殖民合理化。过去叫“进步”，但这一次改成了所谓的“发展”或“增长”。只要能够对 GDP 增长有贡献的事情几乎都是合理的。人类坚信，增长使全人类都能受益，并且对人类的进步至关重要。即使在洛克的时代，这种说辞也明显被认为是一种骗术。虽然农业的商业化确实增加了总

① 行会制度是指同一行业的手工业者或商人，为保障本行业的利益而建立的封建性团体。——译者注

产量，但只有地主们的利润得到了提升。在产量飙升的同时，平民却遭受了长达两个世纪的饥荒。工厂的工人亦是如此。工人并未享受到劳动生产率飙升所带来的任何收益，事实上，工人在圈地期间工资反而下降了。那些拥有生产资料的人才有资格获得利润。

就此，我们需要明确的是，具有资本主义特征的生产力之所以能得到飞速提升，其先决条件在于创造和维持人为的稀缺性。稀缺性以及饥饿的威胁是资本主义增长的引擎。这种所谓的稀缺本质上是人为制造的，人类并未真正面临资源的短缺，土地、森林和水资源像往常一样依然存在，只是人们获取这些资源的途径突然受到了人为的限制。于是，在精英实现积累的过程中就产生了稀缺性的概念。稀缺性靠国家暴力强制执行，一旦农民有勇气消除隔绝在自己与土地之间的障碍，就会被屠杀。[26]

* * *

这是欧洲资本家有意采用的一种策略。据英国的历史记载显示，地主和商人大多持有这样的观点，他们认为农民在革命时期获得的公地鼓励他们变得闲暇和“傲慢”。他们将圈地视为提高大众“产业”的工具。

1695 年，贵格会教徒约翰·贝勒斯（John Bellers）曾写道：“我们的森林和广阔的公地使在其中劳作的穷人变得太像印第安人了。它们是工业的障碍，是懒惰和傲慢的温床。”1794 年什罗普郡（Shropshire）农业报告的作者约翰·比什顿（John

Bishton）勋爵认为：“公地的使用某种意义上使农奴在精神上获得了独立。”在圈地之后，他又写道，“劳动者在一年中的每一天都需要工作，他们的孩子也会早早地被赶去劳动。能够确保社会底层人民始终保持从属地位，这也是当前社会的迫切需要。”1771年，农业学家阿瑟·杨（Arthur Young）指出：“除了白痴之外，所有人都知道必须使底层百姓保持贫穷，否则他们永远不会辛勤工作。”1786年，牧师约瑟夫·汤森（Joseph Townsend）强调：“只有饥饿才能刺激和鞭策底层百姓继续劳动。法律的约束会引发太多的麻烦、暴力和噪声……相比之下，饥饿是一种平静的、无声的、无法反抗的压力，而且是底层百姓付出努力最自然的动机，能够唤起底层百姓付出最大的努力……饥饿会驯服最凶猛的动物，它使得那些最野蛮、最顽固、最堕落的人学会礼貌和文明，知道服从和克制。”

一位非常有影响力的苏格兰商人帕特里克·科洪（Patrick Colquhoun）指出，贫困是实现工业化的必要先决条件：

贫穷是一种社会状态和条件。在这种状态下，个人没有剩余的劳动力，或者，换句话说，个人没有任何财产，只有在各种职业中不断地勤奋工作才能获得生存所需的条件。因此，贫困是社会中最必要、最不可或缺的组成部分。一旦某个国家或社区摆脱了贫穷，就不可能维持文明的状态。这就是人类的命运。贫穷是财富的源泉，没有贫穷，就缺乏劳动力。对那些已经拥有财富的人来说，无法再过上富足、高雅、舒适的生活，也无法再获得任何的利益。

大卫·休谟（1752）在这些观点的基础上，明确地阐述了“稀缺性”理论：“人们总是观察到，在物资匮乏的年代，只要不是物资极度匮乏的年份，穷人劳动越多，就生活得越好。”[27] 这些论述无不体现了一个明显的悖论。资本主义的支持者们自己也认为，要想促进增长，就必须让人们陷入贫困。

在欧洲进行殖民扩张的同时，世界其他大部分地区也都采用了同样的策略。在印度，殖民者试图迫使当地的百姓从自给自足的农业生产转向种植可以出口英国的作物：罂粟、染料作物、棉花、小麦和水稻。但印度人不愿意进行这种转变。为了使当地的百姓放弃抵抗，英国官员加征的税收让农民陷入负债，因此他们别无选择，只能服从。英国东印度公司的设立和后来对印度的统治，都在试图通过打破当地百姓赖以生存的社会支持系统来加速实现这一转变。他们摧毁了当地的粮仓，将灌溉系统私有化，并圈占了百姓用于种植木材、饲料和狩猎所用的公地。他们还是秉持同样的理论，认为传统的福利制度让印度的百姓变得“懒惰”，百姓乐于轻松获得食物，喜欢休闲。一旦废除了传统的福利制度，用饥饿的威胁实现对百姓的约束，让他们彼此之间相互竞争，便能提高土地的产量。

从农业生产率的角度来看，这一方法的确起到了效果。但自给农业和公共支持系统的破坏使农民容易受到市场波动和干旱的影响。在 19 世纪的最后 25 年，也就是大英帝国的鼎盛时期，有3000万印度人死于不必要的饥荒，历史学家麦克·戴维斯（Mike Davis）称之为“维多利亚晚期的浩劫”。之所以说不必要的饥荒，是因为即使在饥荒最严重的时候，粮食也会有净盈余。事实上，在此期间，印度的谷物出口量增加了两倍多，从1875年的300万吨增加到1900年的1000万吨。饥荒都是因为人为的稀缺性被推向了新的极端，远比欧洲历史上的任何灾难都更为严重。[28]

在非洲，殖民者面临着他们公开所称的“劳工问题”，即如何支付非洲人较低的工资让他们在矿山和种植园工作。非洲人普遍偏爱自给自足的生活方式，很少有人愿意为欧洲人从事繁重的工业工作。在大多数情况下，工资的承诺不足以诱使他们从事他们认为不必要的劳动。欧洲人对这种反抗感到异常愤怒，他们要么强迫非洲的百姓离开自己的土地（南非的《原住民土地法》规定黑人人口只能占有该国13%的土地），要么强迫他们用欧洲的货币纳税。无论是哪种方式，都让非洲人别无选择，只能为了微薄的工资而出卖自己的劳动。

在欧洲的殖民扩张时期，同样的圈地和强迫无产阶级化的过程一遍又一遍地上演。除了英国之外，西班牙、葡萄牙、法国和荷兰等国殖民扩张的例子不胜枚举，都在为了资本主义扩张的目的，有意识地制造人为的稀缺性。

* * *

资本主义是一种能够具有如此庞大的物质生产能力的制度，但令人奇怪的是其发展过程却以不断创造稀缺性、毁灭性的饥荒和长达几个世纪的贫困为标志。1804 年，第八代劳德代尔伯爵詹姆斯·梅特兰（James Maitland）第一次意识到了这一著名的悖论。[29] 梅特兰指出，“私人财富”和“公共财富”或公地之间存在一种对立的关系，因此私人财富的增长只能以牺牲公共财富为代价。

梅特兰指出，“公共财富可以准确地定义为人类所渴望得到的一切对自己有用或令自己愉快的商品”。换句话说，公共财富指的是包括空气、水和食物在内的即使在资源丰富的情况下也具有内在使用价值的商品。私人财富是“人类所渴望的一切对自己有用或令自己愉快的商品，而这些商品在一定程度上是以稀缺的状态存在的”。也就是说，某样东西越稀缺，你就能从需要它的人那里敲诈到越多的钱。例如，如果你能把某种丰富的资源（比如水资源）圈占起来并实现垄断，便可以向使用水资源的人收取费用，从而增加自己的私人财富。这也会增加梅特兰所谓的“个人财富总和”，就是如今我们所谓的GDP。但个人财富总和的增长只能通过限制人们获得曾经丰富且免费的资源来实现。私人财富的增加会导致公共财富的减少，这就是著名的“劳德代尔悖论”。

梅特兰发现，早在殖民的过程中就已经发生了这样的事情。他发现当殖民者烧毁种植水果和坚果的果园后，曾经靠土地上丰富的自然资源而生活的农民将被迫工作，赚取工资、从欧洲人那里购买食物。曾经丰富的资源人为地变得稀缺。最典型的例子就是英国统治时期对印度征收的盐税。过去，盐在印度的沿海地区随处可见，只需要弯下腰去舀就能得到盐。然而，为了帮助殖民政府创造收入，英国人采取的其中一项措施便是对印度人民加征盐税。为了私人财富的积累，必须牺牲公共财富。为了实现收入的增长，公地也被蓄意破坏。

大隔离

圈地和殖民是欧洲资本主义兴起的必要前提条件。占领殖民地是为了占有廉价的资源、摧毁自给自足的经济、创造大量的廉价劳动力，并通过制造人为的稀缺性开启竞争生产力的引擎。然而，这些举措的力量虽然强大，但不足以打破精英实现原始积累的障碍。他们还需要其他一些更微妙但同样暴力的东西。所以，早期的资本家不仅想方设法迫使人们为自己工作，还必须改变人们的信仰。他们必须改变人们对生活世界的看法。所以，资本主义需要编造一个关于自然的新故事。

* * *

在人类30万年的历史长河中，人类大部分时间都与生命世界的其他生物保持着密切的关系。我们知道，在早期的人类社会，人类可能能够对成百上千种植物、昆虫、动物、河流、山脉和土壤的名称、特性如数家珍。而在当今社会，人们对演员、名人、政治家和产品品牌等最难理解的事实也有同样的了解。人类意识到，人类的存在依赖于周围其他生命系统的健康，所以密切关注这些系统的运行状况。我们认为人类与生命世界的其他生物是不可分割的一部分，其他群体也具有人类的基本特征。事实上，我们的祖先隐藏在世界各地的岩石表面上的艺术作品表明，他们相信人类和非人类之间存在某种精神上的互换性。

人类学家将这种看待世界的方式称为万物有灵论，即所有生物都是相互关联的，并具有相同的精神或本质。万物有灵论者认为人类和自然之间不存在根本上的差异，他们坚持认为所有生物在许多方面存在着潜在的联系，甚至是血缘关系。他们用严苛的道德准则来阻止人类利用其他的生命系统。如今的万物有灵论文化认为，虽然人类要捕鱼、狩猎、采集和耕作，但他们这样做的意图不是索取，而是互惠。就像人与人之间交换礼物一样，与非人类的交易也应受到尊重和礼仪程序的约束。正如我们小心翼翼地不去剥削自己的亲属一样，万物有灵论者小心翼翼地与生态系统交换，绝对不会超出生态系统可再生的能力，并通过保护和恢复土地来回馈生态系统。

近年来，人类学家逐渐开始意识到，这不仅仅是一种文化差异，而是一种更深层次的意识。这是一种完全不同的定义人类的方式，是一种不同的存在论，一种相互依存的存在论。随着帝国的兴起，这种存在论受到了攻击。帝国倾向把世界一分为二，神的精神领域独立于并高于其他生物的精神世界。在这个新秩序中，人类被赋予了特权地位：因为人按照众神的形象创造，所以拥有统治其他生物的权利。随着超验哲学和宗教在欧亚主要文明中的兴起，这种“统治”原则的观念在轴心时代变得更加牢固，比如中国的儒学、印度的印度教、波斯的琐罗亚斯德教、黎凡特的犹太教和希腊的诡辩。我们甚至在3000年前的古代美索不达米亚的文字中也能看到相关的论述。但或许《创世纪》中对此的论述最为清晰：

神说："我们要照着我们的形象，按着我们的样式造人，使他们管理海里的鱼、空中的鸟、地上的牲畜和作物，以及地上的一切昆虫。"

在公元前5世纪，柏拉图推广了这种看待世界的新方式，将自己的所有哲学理论建立在先验领域的理念之上，远离尘世领域。先验领域是抽象的真理与现实的源泉，是事物的理想本质，而物质世界只是一种拙劣的模仿，一个影子。这一想法使基督教的精神天堂观念与世俗的物质世界形成对立，因为物质世界是罪恶的、腐烂的，正在逐步消逝。事实上，教会和在整个欧洲扩张的基督教罗马帝国大力支持柏拉图式的观点。

即便出现了这些新的观点，但大多数人仍坚持关系存在论。甚至有许多哲学家异常反对这一观点。柏拉图最著名的学生亚里士多德公开反对超验主义，坚持认为事物的本质存在于事物的内部，而不是在其他虚无缥缈的地方，所有的生命都有灵魂，都有一样的精神。在亚里士多德的基础上，许多哲学家将生命世界本身视为一个富有智慧的有机体，甚至是一个神灵。公元前2世纪时，西塞罗曾写道，"世界是一个充满活力和智慧的存在”，它能够推理和感知，各部分相互依存。对于公元前 3 世纪在雅典很有影响力的斯多葛学派的学者来说，上帝和物质是同义词，所以物质本身就具有神性。古罗马哲学家塞内卡将地球视为一个有生命的有机体，泉水和河流就像血管里的血液一样流过她的身体，金属和矿物质在她的子宫中慢慢成形，晨露就像她皮肤上的汗水一样。[30]

这些想法在欧洲所谓的异教文化中占据了重要的地位，因为异教文化不承认基督教对神圣与世俗的区分。他们认为生命世界中植物、动物、山林、河流和雨水都十分迷人，充满了精神和神圣的能量。随着基督教在欧洲的盛行，基督教试图在异教思想盛行的地方压制这些思想，就像对凯尔特人德鲁伊教士的迫害一样，但从未成功地消除这些思想，它们依然在农民之间广为流传。事实上，公元 1200 年后，随着亚里士多德思想的新译本在欧洲出现，赋予农民的信仰合法性，万物有灵论的思想得到了惊人的复兴。[31] 在农民起义之后，封建主义制度在 1350 年之后逐步瓦解，平民从封建地主手中夺取了土地的控制权，这些想法才逐渐被公开地接受。

万物有灵论的起源可以一直追溯到文艺复兴时期。在那个时候，即使是主流观点也认为物质世界是有生命的，并将地球视为一个有生命的、哺育人类的母亲。15 世纪时，皮科·德拉·米兰多拉（Pico della Mirandola）写道：

世界上任何伟大的躯体都是一个充满了智慧的灵魂。上帝赋予所有躯体以内在和外在，使所有躯体都赋予生命……世界是有生命的，所有的事物都充满了生机……上帝使物品和躯体或物质都具有能量。万物皆是上帝的旨意。

* * *

但后来事情发生了转变。16世纪，面对万物有灵论思想的惊人复兴，欧洲社会的两个势力强大的派系异常地担心，便决心开始消除这种思想。

其中一个势力是教会。就神职人员而言，他们一直宣称自己是通往神性的唯一渠道，是神权的唯一合法代理人。而物质世界充满精神的观念威胁到了他们的这一主张。这一主张不仅威胁到了神职人员，也威胁到了需要依赖神职人员进行统治的国王和贵族。所以，必须铲除万物有灵论的思想，因为它们充满了颠覆性的概念。如果精神无处不在，就没有上帝的存在。如果没有上帝，就没有神职人员，也不会有国王的存在。在万物有灵论所描绘的世界里，君权神授的逻辑失去了存在的基础。[32] 当时的社会也的确发生了这样的事情。亚里士多德的思想激发了许多中世纪的农民发动起义，推翻封建主义的统治。教会谴责这些起义为异端，并用异端的罪名为自己针对农民起义所采取的野蛮暴力行为辩护。

另一个认为万物有灵论有问题的强大派系是资本家。16世纪后，开始占主导地位的新经济体系需要与土地、土壤和地表下的矿物建立新的关系。这种新的关系是建立在占有、开采、商品化和不断提高生产力的原则之上，或者，用当时的话语来说是“进步”。但是为了拥有和利用某样东西，必须首先将它视为一个物体。在一个万物皆有生命、精神或活力的世界里，所有生物都被视为享有权利的主体，这种占有性的剥削，或者换句话说“财产”的属性在伦理上是行不通的。

历史学家卡洛琳·麦茜特（Carolyn Merchant）认为，万物有灵论的思想限制了人类能够掠夺地球的程度。她写道：“地球作为一个有生命的有机体和养育人类的母亲的形象一直以来都是人类的文化约束，限制了人类的行为。一个人不会轻易杀死自己的母亲，不会为了获取黄金而挖出她的内脏、肢解她的身体……只要人类认为地球是有生命的、有意识的，任何破坏地球的行为就会被认为是违反人类道德的行为。”[33]

这并不是说人们不能开采陆地和山区的资源，而是要以一种谨慎、礼貌和尊重的方式开采。矿工、铁匠和农民祈求宽恕。他们相信自己被允许开采地球上的资源，就像每个人能够得到一份礼物一样，但索取太多或方式太过粗暴会招致灾难。1 世纪时，罗马博物学家普林尼（Pliny）曾指出，人类对地球的开采是出于贪婪而不是出于需要，所以地球用地震表达对此的愤怒：

我们找出了地球的所有脉络，但我们很惊讶地发现它会偶尔裂开或颤抖。但人类似乎并不认为这些迹象是神圣的地球母亲在表达自己的愤怒！为了寻找宝藏，人类深入她的内脏，人类似乎认为自己涉足的任何土地都不够富饶！

那些想要发展资本主义的人必须找到一种方法，既可以把一部分人赶出这片土地，又能摧毁享有如此盛名的万物有灵论思想，剥夺地球的精神，把它变成仅供人类开发的“自然资源”。

* * *

被誉为“现代科学之父”的英国人弗朗西斯·培根（Francis Bacon，1561—1626）似乎首先帮他们找到了答案。

即便是今天这个时代，学校的教科书依然在颂扬培根的精神思想，因为他对科学方法做出了重大贡献。他的故事也有相当险恶的一面，但在很大程度上已经被公众遗忘了。培根积极摧毁生命世界的观念，并用一种新的伦理取而代之，这种新的伦理不仅认可而且提倡对自然的开发。为此，他采用古老的女性主义自然观，将地球从养育人类的母亲变成了他所谓的“普通妓女”。他把自然，甚至物质本身，描绘成曲折的、无序的、未开垦的、混乱的。用他的话来说，自然是一只必须“被克制”“被束缚”“保持秩序”的野兽。

对于培根来说，科学和技术是统治的工具。培根曾写道：“科学应对地球施以酷刑，使她吐露出大自然的秘密。”有了这样的知识，“人类”将不仅是“对自然的进程施加温和的指导”，而是“有征服、驯服和动摇自然的力量”。为了人类的目的，自然被迫“负有为人类服务的义务”，并被迫成为“奴隶”，“被迫脱离自然状态并被压榨和塑造”。培根使用的酷刑的比喻很有启发意义，因为他本人作为詹姆斯一世（James Ⅰ）国王的首席检察官，对当时的农民起义者和异教徒实施了酷刑，并努力使这种做法合法化，以此作为保卫国家的一种手段。正如酷刑被用作反对农民起义的武器一样，培根将科学视为对抗自然的武器。就像农民一样，大自然抵抗统治的时间已经太长了。科学要彻底摧毁她。

培根的作品中也间接阐述了另一种观点。自然不仅是可以控制和操纵的东西，它还可以从有生命的有机体转化为无生命的物体。培根说，大自然似乎是有生命的且处于不断运动的状态之中，但它的运动应该被理解为一台机器的运动，自然只不过是一台由泵、弹簧和齿轮组成的机器。仅仅在几年之后，这种将自然视为机器的构想，被另外一位法国的思想家勒内·笛卡尔（René Descartes）发展成一种条理清晰的哲学思想。

笛卡尔意识到，培根所呼吁的对自然的统治，只有在自然是无生命的前提下才能被认为是合理的。为了论证这一点，他回顾了柏拉图的二元论，并赋予了它新的解释。他认为精神和物质之间存在根本的分歧。人类在所有生物中是独一无二的，因为人类有思想（或灵魂），这是人类与上帝保持特殊联系的标志。相比之下，其他生物只是不会思考的物质。植物和动物没有精神和活力，也没有意识和动机。它们只是像机器一样行动，按照可预测的机械定律运行，像时钟一样嘀嗒地走着

（众所周知，笛卡尔酷爱钟表）。

为了证明这一点，笛卡尔开始解剖活体动物。把它们的四肢钉在木板上，研究它们的器官和神经。这其中也有一件特别怪诞的事情，他解剖了妻子养的一只狗。他认为动物们痛苦的扭动和哀号只是疼痛的“表象”，只是一种本能的反应：肌肉和肌腱受到物理刺激后自动做出的反应。他怂恿人类不要被知觉或智慧的表象所迷惑。他认为，并不是鹿或猫头鹰本身适合做研究的对象，而是为了认识到生命的机械本质；必须深入剖析并观察肢体的某个部分，而不是从整体上观察它们。看似有生命的机体本质上只是无生命的物体。只是一种物体而已。

在笛卡尔的作品中，人类与其他生物世界之间的联系被分割成一个清晰的、不可逾越的二元对立关系。这种观点后来被称为二元论，而笛卡尔的物质观后来被称为机械论哲学。这是一次明显试图使世界摒弃万物有灵论的尝试，是对万物有灵论哲学剩余原则的直接攻击。从 17 世纪 30 年代开始，这些想法开始主宰科学。我们经常认为教会和科学是对立的关系，但事实上，科学革命的创造者也会深信宗教，并且与神职人员从事着共同的事业：使自然界剥离精神的属性。

启蒙运动时期，二元论思想有史以来第一次成为主流思想。它批准了对公有土地的圈地和私有化，因为土地被它认为是一种可以被占有的东西。反过来，正是圈地使二元论在文化上占据主导地位：只有当平民脱离了土地，脱离了森林生态系统，他们才会相信自己从根本上与其他生命世界分离开来，并把其他生物视为物体。

当然，机械论哲学的谬误并未持续太久。不到一个世纪，无生命物体的概念就被揭穿了，因为科学家们清楚地知道动植物和其他生物本质上都是有生命的。[34] 但它的确已经造成了实际的损害。二元论已在欧洲文化中占据了一席之地，并逐渐根深蒂固，因为它满足了权势群体想要将世界一分为二的需要。一旦自然变成了一个物体，人类便可以或多或少地按自己的想法利用自然。让资本主义者高兴的是，对占有和开采的任何道德约束都已不复存在。土地变成了财产，生物变成了物体，生态系统变成了资源。

西方哲学著名的哲学家之一康德在 18 世纪后期写道："人类无须对非人类的物种担负任何直接的责任。它们只是人类达到目的的手段。"

身体即是"原材料"

欧洲的精英们利用笛卡尔的二元论改变了人们对自然的看法。但他们也更进一步，试图改变人们对劳动的看法。在革命时期，从工商业者的角度看，农民工作的节奏并不规律，也没有纪律性可言：完全取决于天气和季节，取决于节日和斋日。生活也基本遵循自足和欲望的原则：工作只是为了满足基本的需要，剩下的时间用来跳舞、讲故事、喝啤酒等一切享乐的活动。正如社会学家朱丽叶·斯格尔（Juliet Schor）所说：

中世纪的日历中有许多假期。不只是圣诞节、复活节和夏至这样的“长假”，而且还有许多圣徒的节日和休息日。除了官方的庆祝活动之外，通常还有长达数周的民间庆祝活动，纪念生活中的重要事件（新娘啤酒节或守灵啤酒节）以及不太重要的事件（苏格兰啤酒、羊肉啤酒和典当啤酒）。总而言之，英国人一年有三分之一的时间都在休闲度假。但英国人明显比邻国的法国人更努力。据报道，法国的旧制度中规定了 52 个星期日、90 个休息日和 38 个假期。而旅居西班牙的人发现，西班牙每年总共有 5 个月的假期。[35]

英国著名历史学家汤普森指出，这些节日和嘉年华“在某种程度上是英国的男男女女生活的真正意义”。[36]

而 16 世纪的统治阶级需要面对由此而引发的问题。精英阶层非常痛恨农民过节，斥责他们是“放肆的行为和自由”。[37]农民的生活方式与资本积累所需的劳动相矛盾。精英阶层对劳动力的需求大大超出了实际的供给，因此劳动需要成为农民的生活方式。虽然圈地的确在一定程度上帮助解决了这个问题，让农民受制于饥饿的支配，迫使他们相互竞争。但这还不够。在圈地之后，欧洲到处都是“贫民”和“流浪者”，这些人被剥夺了土地之后，要么找不到工作，要么拒绝接受新资本主义农场和工厂的残酷条件。他们靠乞讨、叫卖和偷食物生存。

这个问题困扰了欧洲各国政府大约 3 个世纪之久。为了解决这个问题并缓解精英阶级对下层阶级日益壮大的潜在政治威胁的担忧，政府开始出台法律强制农民工作。1531 年，英国国王亨利八世通过了第一部《流浪汉法案》（*Vagabonds Act*），将“懒惰”描述为“所有罪恶的根源”，并下令对流浪者进行捆绑和鞭打，强迫其“劳动”。随后颁布了一系列关于流浪汉的法案，并且一次比一次更严酷。1547 年，爱德华六世颁布法令，第一次犯罪的流浪汉应该被打上“V”字的标记，并处以两年的强迫劳动。第二次犯罪可判处死刑。

随着这些法案的出台，相继爆发了大量政府层面对被剥夺财产的流浪汉做出的暴力行为。在英国，在亨利八世统治期间，超过 72000 名流浪汉被绞死。在 16 世纪 70 年代，大约 4 万人在 10 年间被处决。[38] 这样做的目的旨在从根本上改变人们对劳动的看法。精英阶层需要把人们鞭策成为温顺、顺从、高效的工人。在此期间，哲学家和政治理论家对身体产生了一种特殊的迷恋，开始将身体视为潜在劳动力的仓库，获得资本主义剩余价值的关键引擎。所以，问题的关键是如何最有效地提取隐藏在其中的价值。

在这一点上，笛卡尔也伸出了援助之手。二元论清楚地阐述了人与自然、主体与客体之间的区别。但是，在新的制度中，不仅仅是自然被物化了，身体也同样被物化了。因为身体被认为是自然的一部分。在《论人》（*Treatise of Man*）一书中，笛卡尔认为人分为两个不同的组成部分：非物质的思想和物质的身体。身体就像自然一样是无生命的东西，所以它的功能和机器雷同。笛卡尔开始迷恋解剖剧场，把尸体摆在公众面前进行解剖，暴露出来的仅仅是被剥离了精神的世俗肉体，就像是由绳索、皮带轮和轮子组成的机器。笛卡尔坚持说“我不是我的身体”。相反，人是由脱离了肉体的思想、智慧或理性构成的。正如他那句众所周知的名言所说：“我思故我在。”

笛卡尔不仅成功地将身心分离，而且在两者之间建立了等级关系。正如统治阶级为了生产的目的应该支配和控制自然一样，思想也应该为了同样的目的支配身体。

在 17 世纪，笛卡尔的观点被用来控制身体，消灭人的激情和欲望，并向身体强加一个规律的、有生产力的秩序。任何对快乐、玩耍、自然的想法，即身体体验的乐趣，都会被认为是潜在的不道德行为。在 18 世纪，这些想法发展成了一个明确的价值观体系：懒惰是罪，生产力是美德。在当时西方基督教盛行的加尔文主义神学中，利润成为道德成功的标志、救赎的证明。为了实现利润最大化，人们被鼓励围绕生产力来安排自己的生活。[39] 那些在生产力竞赛中落后并陷入贫困的人都会被打上罪恶的烙印。贫困不再是被剥夺的下场，而是被重新定义为个人道德沦丧的标志。

这些纪律和自律的伦理成为资本主义文化的核心。英国各地教区为接收“闲散”的穷人而建造的“济贫院”，一部分改建成工厂，一部分用作文化再教育营，旨在根除穷人们残存的抵抗精神，同时灌输生产力、时间和尊重权威的价值观。

于是在 19 世纪，工厂制定了时间表，流水线也应运而生，目的是最大限度地榨取工人的产出。20 世纪初出现了泰勒主义（Taylorism），工人身体的每一个微小动作都被简化为最有效的动作。工人逐渐失去了工作的意义、乐趣、才能和对自己的控制力。

与经济人有关的生产主义行为并非人本能的或天生的行为。经济人是 5 个世纪以来文化重构的产物。

笛卡尔的身体理论使人们把人类劳动看作像自然一样，是可以与自我分离、抽象的、可以在市场上交换的东西。就像土地和自然一样，劳动力也变成了一种纯粹的商品。一个世纪前人们绝对无法接受这样的想法。由圈地产生的难民不再被视为拥有权利的主体，而是被视为为了资本主义发展而受到管教和控制的大量劳动力。

“廉价”的自然

17 世纪也产生了一种看待自然的新方式：将自然视为“其他”的东西，与社会分离的东西，自然除了涵盖所有的土地、森林和山脉，还包括人类的身体。这种新的世界观使资本家能够物化自然并将其卷入积累的循环。但与此同时，这种世界观也使得资本家认为自然与经济并不相关。并且正是因为这种不相关性，自然资源可以变得更加廉价。

为了创造利润实现增长，资本寻求以尽可能便宜的方式掠夺自然，最好是免费掠夺。[40]精英阶级在1500年后开始掠夺欧洲的公地，就是为了大规模地、无偿地侵占自然资源。殖民化也是如此，当时欧洲人占领了发展中国家的大片土地，由此获得的土地和资源远超过欧洲大陆原有的土地和资源。他们侵占南美洲的白银和黄金，利用加勒比地区的土地种植棉花和糖，利用印度的森林制造燃料和船只。1885年之后，精英阶级开始在非洲进行殖民统治期间，掠夺了当地大量的钻石、橡胶、可可、咖啡以及无数的其他商品。这些几乎都是免费的掠夺。所谓的“免费”，不只是说他们没有为此付费，没有给予任何回报，没有以互惠的方式利用土地，更是说这是一种单方面的索取，完全是盗窃。在一个与自然不“相关”的系统中，掠夺自然的成本当然也可以忽略不计。

圈地和殖民化当然也会占用廉价的劳动力。尽管资本向欧洲的无产阶级工人（以男性为主）支付了非常微薄的工资，但它并没有向生育劳动力的妇女（以女性为主）支付工资：女人做饭，照顾因外出工作而生病的男人，并为资本家抚养了下一代的工人。事实上，圈地运动第一次产生了家庭主妇的形象，并一直延续至今。圈地运动不仅切断了女性的生计来源，也使她们无法从事有偿的劳动，将女性限制在生育的角色中。在新的资本主义制度下，精英阶层也无偿占用了大量潜在的女性劳动力。笛卡尔的二元论也被用于实现这项任务。在二元论的理论框架内，身体被限定在某个范围之内。女性被认为比男性更接近“自然”。所以她们相应地处于从属的地位，始终被控制和剥削。[41] 并且无须对其进行任何的补偿，就像所有的东西都被归入“自然”一类一样，占用女性劳动力的成本也可以因此而忽略不计。

殖民地正在上演类似的事情。在殖民时期，发展中国家的人经常被描述成“天然存在的”，认为他们是“野蛮人”“野人”，失去了人格。更引人注目的是，西班牙人将美洲原住民称为自然人。推行二元论的目的不仅是使对殖民地土地的占用合理化，也为了证明对被殖民者身体占用的合理化。欧洲的奴隶贸易显然就是利用了这一逻辑。总而言之，为了奴役某个人，首先必须否认他们作为人的属性。在欧洲人的思想中，非洲人和美洲原住民都是物体，所以应该被如此剥削。正如马提尼克（Martiniquan）的作家艾梅·塞泽尔（Aimé Césaire）所说的那样，殖民化从根本上说是一个物化的过程。[42]

但与此同时，还有其他事情正在发生。被殖民者之所以被称为“原始人”，是因为他们拒绝接受人性二元论的原则。[43] 在欧洲殖民者和传教士所写的作品中，可以窥见他们感到非常惊愕，因为他们遇到的许多人坚持认为世界是有生命的，把山川、动物、植物，甚至土地都看作有知觉、有精神的、有感情的生物。

欧洲的精英阶级将万物有灵论思想视为资本主义发展的障碍，希望像在欧洲大陆一样，在殖民地区消除这种思想。他们以“文明”的名义消除万物有灵论的思想。为了变得文明，成为完整的人（并成为资本主义世界经济的自愿参与者），原住民不得不放弃万物有灵论的原则，被迫承认自然是一个物体。

我们都知道，如果把殖民者的暴力行为视为“文明使命”的一部分，那么它就是正当的。但我们不理解的是，这项使命的主要目标之一是根除万物有灵论的思想，将被殖民者变成二元论者，不仅要对土地和身体进行殖民，还要殖民他们的思想。正如肯尼亚作家恩古吉・瓦・西翁戈（Ngũgĩ wa Thiong'o）所言：“殖民主义通过军事征服和后来的政治独裁来控制财富的社会生产。但它最重要的统治领域是被殖民者的精神世界，通过文化控制被殖民者如何看待自己以及自己与世界的关系。”[44]

延续笛卡尔的观点

如今人类所使用的关于自然的语言恰恰证明了，我们都是二元存在论的继承者。我们通常将自然描述为“自然资源”“原材料”，甚至为了强调它的从属和被奴役的地位，将它称为“生态系统服务”。人类将废物、污染和气候变化称为“外部效应”，因为人类认为发生在自然身上的事情根本不属于人类关心的范畴。我们随口就能说出这些术语，无法对涉及自然的问题做到三思而后行。二元论根深蒂固，即使我们试图认真地对待当下所面临的问题，其核心的观点也已经不知不觉地渗入了人类的语言。我们应该关心“环境”的概念，它预设了人类生活的世界只不过是一个被动的容器，一个人类故事发展的背景。

“环境”一词在西班牙语中被翻译成“ambiente”。这个看似单纯的术语被译成西班牙语后，它的奇怪之处就变得更加明显。在征服者的语言中，活生生的世界不过是情绪灯一样的东西。从万物有灵论来看，这相当于把自己的母亲和兄弟姐妹仅仅看作被钉在墙上用来装饰的肖像。这简直令人难以想象。

这些想法并未终结于培根和笛卡尔的时代，反而已经被一大批哲学家继承并完善。甚至在后现代主义思想中也出现了二元假设。后现代主义以批判“心灵”“自我”“真理”的傲慢，质疑人类进步的宏大叙事而自豪。但最终只是将二元论推向了新的极端：世界和现实并不存在，或者它的确存在，但它本身是什么并不重要，因为现实是人类创造出来的。没有什么东西是真正存在的，直到它被人类意识到，用人类的语言赋予其名称和意义，并被写入人类的象征世界。所以，人类经验之外的现实会逐渐变得微不足道。后现代主义者批评现代主义的前提条件是赞同其基本的术语。[45]

难怪人类面对越来越多的关于大灭绝危机的统计数据时，反应会如此冷漠。人类接收到这些信息时，态度也出奇地冷静，既不哭泣，也不会生气。为什么？因为我们认为人类本质上是独立于其他生物群体的，这些物种处于外部的环境中，处于与人类隔绝的状态，根本不属于人类的一部分。[46] 所以，人类做出这样的行为也实属正常，毕竟这是资本主义的核心原则：世界是没有生命的，所以当然也不是人类的亲人，只是被索取和丢弃的东西。生活在世界上的大多数人也是如此。资本主义最基本的原则就是与生命本身的战争。

笛卡尔声称科学的目的是“使人类成为自然的主人和拥有者”。400 年后，这种伦理依然在我们的文化中根深蒂固。我们不仅将生命世界视为外物，而且将其视为人类的敌人，是需要用科学和理性的力量来抗争和征服的东西。2015 年，当谷歌的高管在创建一家新的生命科学公司时，将其命名为“Verily”[①]。当被要求解释这个奇怪的名字时，Verily 的首席执行官安迪·康拉德（Andy Conrad）说：“之所以选择这个名字，是因为只有通过真相，人类才能打败大自然母亲。”

① Verily 有“真的或者确定”之意。——译者注

第二章
主宰者的崛起

资本主义不可能被“说服”限制增长，就像人不可能被“说服”停止呼吸一样。

——默里 · 布克金（Murray Bookchin）

我还记得我第一次在学校学习资本主义历史时的情景。书中描绘的是一个幸福的故事，资本主义始于 18 世纪蒸汽机的发明，并历经了一系列的技术创新，从飞梭一直到个人电脑。我记得当时我看着课本上光彩夺目的图片惊叹不已。正如这个故事所说的那样，经济增长就像是技术制造出了金钱的源泉。这是一个精彩的故事，当时给我们留下了充满希望的印象，认为人类有了正确的技术，就能够或多或少地凭空实现增长。

但是，当我们思考资本主义更为久远的历史时，就会发现这个故事很明显地遗漏了一些环节，比如圈地、殖民、剥夺、奴隶贸易……从历史上看，增长一直是一个侵占的过程：侵占自然及（某种）人的能量和工作。是的，资本主义带来了一些卓越的技术创新，这些创新又实现了惊人的增长速度。但技术对增长的重要贡献不是凭空造出了金钱，而是使资本得以扩张，加剧侵占的过程。[1]

早在蒸汽机出现之前，情况就是如此。即使在 16 世纪初期，制糖技术的创新也使种植园主能够投入更多的土地用于制糖，否则无法完成加工。同样，轧棉机的发明使生产者扩大了棉花的单一种植。新的风力泵抽干了欧洲野生湿地的水，开辟了大片用于耕作的土地。人们开发出更大的高炉，提升了炼铁的速度，这反过来又加快了采矿的速度。此外，还需要砍伐更多的树木为熔炉提供燃料，以至于为了炼铁，欧洲的大片森林都被砍伐。技术的力量一方面使资本和劳动力的生产力得到提高，有助于更快速地生产更多的产品。但另一方面，它也加速了人类对自然的侵占。

在 19 世纪和 20 世纪，人类发现了大量化石燃料（首先是煤炭，然后是石油）的储量，也研究出了提取和使用化石燃料的技术（如蒸汽机），二者共同加速了人类对自然的侵占过程。一桶原油可以完成大约 1700 千瓦·时的工作，相当于 4.5 年的单位人力劳动。从资本的角度来看，开采海洋地下的石油就像重新殖民美洲，或者进行第二次大西洋奴隶贸易一样，既可以侵占大量的财富，也加速了侵占自然资源的过程。化石燃料被用于为深度开采的巨型钻机提供动力，拖网渔船被用于深海捕鱼，拖拉机和联合收割机用于更集约化的农业生产，链锯加快了伐木的速度，轮船、卡车和飞机以惊人的速度将这些材料运往世界各地。由于技术的发展，侵占的速度和范围不断呈指数级增长和扩大。

我们可以发现，这种加速也使得过去一个世纪的 GDP 以惊人的速度增长。但如果认为化石燃料和技术是实现这一增长的根本原因，那就错了。虽然它的确得到了化石燃料和技术的推动，但我们必须问自己：推动资本主义增长的更深层动因究竟是什么？

资本的铁律

几个月前，我参加了一次电视辩论直播，面对现场观众就资本主义的未来进行辩论。我的对手站起来辩称资本主义本身并没有错。真正的问题出在贪婪的 CEO 和政客身上，是他们腐蚀了资本主义。只要我们解决掉了这些坏人，一切都会好起来的。毕竟，归根结底，资本主义就是人们在市场上买卖东西，就像当地的农贸市场，或者摩洛哥的露天市场一样。这些无辜的人靠自己的技能谋生，又有什么错呢？

这个故事很美好，而且看起来也很合理。但实际上，故事中的农贸市场和露天市场里的小店与资本主义无关。这是一个错误的类比，无法让我们更深入地理解为什么资本主义会导致生态崩溃。如果我们真的想了解资本主义的运行机制，就需要了解更深层次的因素。

第一步是要明白，在人类历史的大部分时间里，经济都是围绕“使用价值”的原则运行的。一位农民之所以会种梨，是因为他们喜欢梨的多汁和甜味，或者因为梨可以缓解自己午后的饥饿感。工匠之所以制造一把椅子，是因为椅子可以坐，可以让人坐在门廊里放松或者围坐在桌边享受一顿美餐。为了赚钱购买其他有用的东西，他们也许会选择卖掉这些东西，比如赚钱买花园里用的锄头或给女儿买一把小折刀。事实上，这就是今天我们大多数人参与经济运行的方式。我们通常会去商店里买一些对自己有用的东西，比如晚餐的食材或御寒用的夹克。所以，我们可以用以下的公式总结这种经济形式，假设 C 代表商品（比如一把椅子或一个梨），M 代表货币：

$$C_1 \rightarrow M \rightarrow C_2$$

从表面上看，这似乎恰当地描述了什么是资本主义，即个人之间可以自由交换有用的东西，几乎和农贸市场或露天市场一样，但实际上，这些与资本主义毫无关系。这一过程适用于任何经济制度，并且人类历史上的任何时间或地区都多多少少地经历过类似的过程。但资本主义的独特之处在于，资本家计算价值的方式与此完全不同。虽然资本家可能也承认椅子和梨之类的物品的使用价值，但生产这些物品并非为了有一个好地方坐着或享用美味的午后茶点，甚至不是为了交换其他有用的东西而出售这些产品。生产和销售产品的目的只有一个：赢利。在这个制度中，重要的是产品的“交换价值”，而不是它们的使用价值。[2] 我们可以将其归结为如下的公式，符号（ ' ）表示数量的增加：

$$M \rightarrow C \rightarrow M'$$

这个公式与使用价值经济完全相反。但这就是事情变得有趣的地方。在资本主义制度下，光是创造稳定的利润是不够的，目标是要将利润再投资，从而扩大生产过程并创造比上一年更多的利润。我们可以将其归结为如下的公式：

$$M \rightarrow C \rightarrow M' \rightarrow C' \rightarrow M'' \rightarrow C'' \rightarrow M''' \cdots\cdots$$

为了理解其中的原委，我们需要区分两种类型的公司。以你所在城市的餐馆为例。假设某家餐馆年底是赢利的，餐馆老板对于每年差不多相同的利润也感到满意，盈余足以支付房租，养活家人，尽管有时候还不够夏天去度假的开销。虽然这样的企业也体现了资本主义的逻辑要素（支付工资、赚取利润），但它实际却不是资本主义，因为餐馆最终的利润依然是赚取使用价值。这就是绝大多数小企业的运作方式。这样的商店在资本主义出现之前的几千年就已经存在了。

比如像埃克森石油公司、元宇宙或亚马逊这样的公司，他们不会按照餐馆所青睐的稳定模式维持运营。亚马逊的利润不仅是为了解决杰夫·贝索斯（Jeff Bezos）的生计问题，也是满足公司扩张的需要：收购竞争对手、挤垮当地的门店、打开其他国家的市场、建立更多的配送中心、大力开展营销活动让人们购买他们不需要的产品，一切都是为了每年获得比上一年更多的利润。

这就和一台不断加速的跑步机一样，是一个自我强化的循环：金钱变成了利润，变成了更多的钱，又继续转变成更多的利润。这就是我们所说的资本主义制度的特殊之处。对于资本家来说，利润最终不是用于满足某些特定需求的钱，而是变成了资本。资本的全部意义在于可以进行再投资，赚取更多的资本。这个过程永远不会结束，只会继续扩大。与餐馆的例子不同的是，餐馆的利润只是为了满足某些具体的需求，但积累交换价值的过程没有明确的终点。本质上来说，它已经与任何人类需求的概念毫无关系。

如上文的公式所示，资本明显表现出了病毒的特征。病毒是一段被设定了自我复制程序的遗传密码，但它不能自行复制：它必须感染宿主细胞并迫使宿主细胞生成自己的脱氧核糖核酸（DNA）副本，然后每个副本继续感染其他的细胞从而创建更多的副本，依此类推。病毒的唯一目的是自我复制。资本也像病毒一样设定了自我复制的代码，并试图将资本接触到的一切都变成自我复制的复制品，即创造更多的资本。于是，经济体系就好像一台被设定了无限扩张的无法停止的机器，变成了世界的主宰。

* * *

我们经常说，亚马逊或元宇宙这样的公司无情扩张的动力是出于贪婪。我们或许会认为，像马克·扎克伯格（Mark Zuckerberg）这样的CEO只是痴迷于积累金钱和权力。但事情远没有这么简单。现实情况是，这些公司以及经营这些公司的CEO都必须服从增长的结构性要求。扎克伯格之类的CEO只能心甘情愿地成为大机器上的一个小齿轮。

这就是资本主义的运作机制。假如你是一位投资者，想要每年获得 5% 的投资回报，所以你决定投资元宇宙。请记住，此处的 5% 是一个指数函数。所以，如果元宇宙年复一年地创造出相同的利润（即 0% 的增长），虽然能够偿还你的期初投资，但无法向你支付任何的利润。元宇宙若想为投资者创造足额的投资回报，唯一方法是每年创造比前一年更多的利润。这就是为什么当投资者评估一家公司的“健康状况”时，不看净利润，而是看重利润率。换句话说，就是公司的利润每年增长了多少。从资本的角度来看，利润并不重要，单看利润毫无意义，重要的是增长。

投资者，也就是那些持有累计资本的人，会在全球范围内搜寻任何有增长潜力的项目。如果元宇宙的增长出现放缓的迹象，投资者就会将资金注入埃克森美孚、烟草公司或学生贷款等任何能够实现增长的地方。这种无休止的资本流动使被投资的公司承受着巨大的压力，因此他们会不惜一切代价实现增长。就元宇宙而言，他们需要更积极地获得销售公司的广告，创造越来越令人上瘾的算法，将用户数据出售给毫无道德底线的代理商，违反隐私法，引发政治两极分化，甚至是破坏民主制度。因为如果公司无法实现增长，投资者就会撤资，公司就会倒闭。所以，所有被投资的公司都面临严峻的选择：增长还是死亡。这种扩张的动力也迫使其他公司面临压力。突然之间，没有人会满足于一种稳态的发展。如果你不努力扩张，就会被竞争对手吞并。所以，增长成为一条所有人都必须遵守的铁律。

为什么投资者要孜孜不倦地追求增长？因为当资本静止不动时，由于通货膨胀、跌价等原因，资本就会开始贬值。因此，当资本在持有者手中堆积时，就会产生巨大的增长压力。资本积累越多，压力就越大。

寻找其他的解决办法

增长是一个复合函数，所以又会因此引发新的问题。全球经济通常每年以约 3% 的速度增长。经济学家表示，这是确保大多数资本家实现正收益的必要条件。可能我们大多人认为 3% 的增长听起来并不多，那是因为我们误以为 3% 是一种线性增长。我们很难理解什么是复合增长，即资本再投资的基本结构。但它确实以一种神秘的方式悄悄接近我们。

一则关于古印度数学家的古老寓言道出了增长的超现实本质。为了表彰这位数学家的功绩，国王把他召进王宫，想要送给他一份礼物。国王说："告诉我你想要什么，只要你说得出名字的东西都会是你的。"

这位数学家谦逊地回答："国王陛下，我是一个谦虚的人，我只要求你赏赐给我一点大米。"接着，他拿出了一个棋盘，继续说："第一格放一粒，第二格放两粒，第三格放四粒，每个方格都放上加倍的大米，直到放满整个棋盘。这样我就很满意了。"国王虽然认为他的要求非常奇怪，但欣然同意了，觉得他没有要求更奢侈的东西。

放完第一排时，棋盘上只有不到 200 粒大米，甚至还不够吃一顿饭。但后来，事情变得非同寻常。到第 32 格时，才刚刚进行到一半，国王就必须放 20 亿粒大米，王国因此会破产。如果继续摆下去，国王需要在第 64 格上放置约 900 万兆粒大米，足够用一米厚的大米铺满整个印度。

这一神奇的机制就是经济扩张的过程。1772 年数学家理查德·普莱斯（Richard Price）发现了这一趋势。他指出："虽然复合增长最开始呈现缓慢增长的趋势，但随着增长的速度不断加快，在某个时间节点后，其增长速度会超出所有人的预料。"

以 2000 年为例，当时的全球经济和往常一样按照每年 3% 的速度增长。即使按照目前这个听起来较为保守的增长速度，全球的经济产出每 23 年也将翻一番，这意味着在 21 世纪中叶之前，也就是一个人一半的寿命里，经济总产值是 2000 年的 4 倍。如果经济继续以同样的速度增长，到 21 世纪末，经济规模将扩大 20 倍，也就是说比 2000 年经济蓬勃发展时的规模扩大 20 倍。再过 100 年，经济规模将扩大 370 倍。再过 100 年，扩大 7000 倍，依此类推。结果难以想象。

有些人将这种激进的增长归功于资本主义的快速创新。这当然有一定的道理，但资本主义也导致了极端暴力行为的出现。每当资本遇到积累的障碍（比如饱和的市场、最低工资法或环境保护问题）时，它就会像一只巨大的吸血乌贼一样，拼命地翻滚，试图扫清这些障碍并将触角伸入新的增长领域。[3]这就是所谓的“解决方案”。[4]圈地运动、殖民化、大西洋奴隶贸易、对中国的鸦片战争、美国的西部扩张等都是其解决方案。但所有的这些解决方案都是暴力的，都开辟了可控侵占和积累的新领域，都是为了满足资本增长的必要性。

在19世纪，按今天的货币计算，全球经济价值略高于1万亿美元。这意味着每年需要300亿美元的资金来寻找新的投资，这是一笔不小的数目。这需要资本方的巨大努力，所以殖民扩张就成了19世纪经济的主要特征。而如今，全球经济价值超过80万亿美元，为了保持可接受的增长率，资本需要为明年近2.5万亿美元的新投资寻找出路。2.5万亿美元相当于整个英国经济的规模，世界上最大的经济体之一。在现有的基础上，人类必须以某种方式在明年实现等同于英国的经济规模的增长，然后在下一年继续实现更多的增长，以此类推。

到底哪些领域可以实现这些增量？这是一个严峻的问题。这导致美国的制药公司催生了阿片类药物危机、牛肉产业的发展导致亚马孙雨林出现森林大火、军火公司游说反对枪支管制、石油公司资助气候变化否定论，以及零售公司用越来越复杂的广告技术侵入我们的生活，让消费者购买自己实际上并不想要的产品。所有这些事件背后的根本原因就是人类面临着巨大的增长压力。但表面上看，它们都不是“坏苹果”，因为它们遵守了资本的铁律。

在过去的5个世纪中，为了促进资本的扩张，资本家已经创建了一系列完整的基础设施：有限责任、企业人格、股票市场、股东价值规则、部分准备金银行制度、信用评级等。这一切使资本积累越发地成为人类生活世界的中心。

从个人的需求到大众的痴迷

但理解资本的内在动力只是阐述了增长的必要性的部分原因。若想真正了解究竟是哪些压力迫使资本如此痴迷地追求增长，我们还必须关注一些政府的行为。当然，政府一直也在从推进资本主义扩张的过程中获益。毕竟，圈地和殖民最终都获得了国家力量的支持。但从 20 世纪 30 年代初开始，在大萧条期间发生的一些事情起到了推波助澜的作用。

大萧条摧毁了美国和西欧的经济，各国政府都在争先恐后地寻找对策。美国政府的官员联系了白俄罗斯的一位名叫西蒙·库兹涅茨（Simon Kuznets）的年轻经济学家，请他开发一种会计系统，能够计算出美国每年生产的所有商品和服务的货币价值。美国政府的想法是，如果能更清楚地了解和把握经济的运行状态，就可以找出哪里出了问题并更有效地进行干预。于是，库兹涅茨创建了一个被称为国民生产总值（GNP）的指标，为我们如今使用的 GDP 指标提供了基础。

但库兹涅茨谨慎地强调 GDP 也存在一定的缺陷。它只是统计了货币化的经济活动，但并没有反映出这种活动是有用的还是有害的。即便你为了生产木材而砍伐森林，GDP 依然会上升。延长工作时间、推迟退休年龄也会促使 GDP 上升。如果污染导致就医人数增加，GDP 也会因此上升。但需要指出的是，GDP 不包括成本核算。它并未考虑森林作为野生动物栖息地或排放碳汇的损失。没有说明过多的工作和污染对人们的身心造成的损害。它不仅遗漏了不好的东西，还忽略了很多好的东西：GDP 并不计算非货币化的经济活动，即使它们对人类的生活和福祉至关重要。如果你自己种植食物，自己打扫房子或照顾年迈的父母，并不会对 GDP 有任何影响。只有当你付钱请公司替你做这些事情时，才会在 GDP 中有所体现。

库兹涅茨警告说，我们永远不应该把 GDP 作为衡量经济发展的关键标准。他认为应该改进 GDP 的标准，把增长的社会成本考虑在内，这样政府才会考量人类的福祉，追求更平衡的目标。但随后第二次世界大战爆发了。随着纳粹威胁的加剧，库兹涅茨对福祉的担忧也逐渐被遗忘。政府需要计算所有经济活动，当然也包括负面的经济活动，这样才能确定有多少钱和生产力可以用于战争之中。这种更激进的对于 GDP 的理解最终占据了主导地位。在 1944 年的布雷顿森林会议上，当世界领导人坐下来商定战后管理世界经济的规则时，GDP 被奉为经济进步的关键指标，而这正是库兹涅茨所警告的内容。

当然，衡量某些因素而忽略其他的一些因素，这样的做法本身并没有错。无论采取哪种衡量方式，GDP 本身对现实世界没有任何影响。但是，GDP 的增长的确会对现实世界产生重大的影响。一旦我们开始关注 GDP 的增长，我们绝不会只是发展 GDP 衡量的因素，而是不计成本地推动这些因素无限增长。最初，经济学家只是用 GDP 来衡量经济产出的“水平”。水平太高会导致生产过剩和供应过剩，水平太低会导致人们无法获得所需的商品。在大萧条期间，经济产出水平明显过低。因此，为了摆脱困境，西方政府在基础设施项目上投入了巨额的资金，创造了大量高薪的工作，将资金间接投入民众的口袋，从而刺激需求，恢复经济秩序。这样的做法的确奏效了，GDP 的确呈现上升的趋势。但增长本身并不是目标。这恰恰是富兰克林·罗斯福总统的高明之处。历史上第一次，增长的目标只是为了提高产出水平，从而改善民生并取得进步的社会成果，这与过去 400 年的增长目标完全不同。换句话说，早期的进步，政府只是把增长看成一种任务。

但这种良好的势头并没有持续太久。经济合作与发展组织（OECD）于 1960 年成立时，其章程的最高目标是（并且现在依然是）“推行旨在实现最高经济可持续增长率的政策”。突然之间，增长不仅是为了某些特定目的而追求更高水平的经济产出，而且是为了自身的利益而无限期地追求最高的产出水平。英国政府紧随其后，设定了在 10 年内增长 50% 的目标，这是一个非同寻常的增长速度，并且是人类首次将增长本身作为国家政策的目标。[5]

这个想法不胫而走。冷战期间，西方与苏联之间的激烈竞争主要原因就在于经济增长速度：哪种社会制度可以实现 GDP 的最快增长？当然，在这场竞赛中，增长不仅具有强大的象征意义。在某种程度上，政府开始投资建设自己的军事能力，增长逐渐开始转化为真正的地缘政治优势。

这种增长主义的新模式，即为了自身利益而关注 GDP 增长，永远地改变了西方政府管理经济的方式。大萧条后用来改善社会状况的进步政策，如提高工资、工会以及对公共卫生和教育的投资，突然变得令人怀疑。虽然这些政策提高了福利水平，但也使得劳动力过于“昂贵”，使资本无法维持较高的利润率。在此期间推出的环境法规也是如此，这些法规限制了资本对自然的开发。美国环境保护署于 1970 年成立。20 世纪 70 年代后期，西方经济体的增长开始放缓，资本回报率开始下降。于是，各国政府因此面临一定的压力，迫使它们采取相应的措施，为资本创造一个“解决方案”。为了降低工资成本，政府开始打击工会、破坏劳动法。此外，为了给私人投资者创造有利可图的机会，政府取消了关键的环境保护措施，并将矿山、铁路、能源、水、医疗保健、电信等公共资产私有化，这些行业以前都是禁止资本投资的行业。在 20 世纪 80 年代，当时的美国总统罗纳德·里根和英国首相玛格丽特·撒切尔极其热衷于推行这一战略，开创了今天我们称之为新自由主义的方法。[6]

有些人倾向于认为新自由主义是一个错误，是一种过于极端的资本主义形式，我们应该拒绝推行这一制度，支持过去盛行了几十年的更人性化的资本主义制度。但是向新自由主义转型并不是一个错误。经济增长的必要性推动社会向新自由主义转变。为了提高利润率、维持资本主义的运转，政府不得不放弃社会目标（使用价值），专注于改善资本积累的条件（交换价值）。资本的利益开始被国家内部化，以至于在当今社会，增长和资本积累几乎可以画等号。如今，政府的目标是打破赚取利润的壁垒，实现增长，即让劳动力和自然变得更廉价。

西方政府也在发展中国家推进这项议程，作为解决方案的一部分：为资本开辟新的疆域。20 世纪 50 年代殖民主义结束后，许多新独立的政府一直在向新的经济方向发展。这些政府相继推出了重建国家的进步政策，利用关税和补贴来保护国内的产业，提高劳工标准和工人工资，投资公共医疗卫生和教育。所有的这些措施，都是为了扭转殖民主义的掠夺政策、改善大众的福利，这些措施也的确起到了一定的作用。在 20 世纪 60 至 70 年代，全球发展中国家的平均收入以每年 3.2% 的速度增长。更重要的是，这些国家大多并未把增长本身作为发展的目标，而是像大萧条之后的那几年西方国家所采取的政策，将增长视为恢复、独立和发展的一种手段。

但西方列强对此并不满意，因为这意味着他们失去了在殖民主义时期享有的廉价劳动力、原材料和垄断市场。于是他们插手干预。在 20 世纪 80 年代的债务危机期间，他们利用债权人的权力以及对世界银行和国际货币基金组织的控制，在拉丁美洲、非洲和亚洲部分地区（除了中国和其他几个东亚国家）实施"结构调整方案"。结构调整迫使发展中国家实现经济"自由化"，取消保护性关税和资本管制、降低工资、削弱环境法、削减社会支出、将公共产品私有化。所有这些结构调整，都是在为外国资本开辟有利可图的新疆域，恢复对廉价劳动力和资源的侵占。[7]

结构调整从根本上重塑了发展中国家的经济。各国政府被迫放弃对人类福利和经济独立的关注，继续专注于为资本积累创造可能的最佳条件。虽然这一切都是以增长的名义进行，却给发展中国家带来了灾难性的后果。新自由主义政策的实施引发了一场持续20年的危机，导致贫困、不平等和失业等情况的加剧。发展中国家的总体收入增长率在20世纪80年代至90年代出现了急剧下降，在这20年间，收入增长率下降至平均0.7%。[8]但对资本而言，却起到了药到病除的作用：跨国公司在这一时期获得的利润创历史新高，并使最富有的1%的人收入飙升。[9]西方经济增长率得以恢复，这才是结构调整的真正目标（才是真正的解决方案！），却以牺牲发展中国家人民的利益为代价。在过去的几十年里，这种干预导致全球不平等现象加剧。如今，发达国家和发展中国家的实际人均收入差距是殖民主义结束时的4倍。[10]

紧箍咒

当今世界，各国政府，无论贫富，都一心只关注GDP的增长，这早已不再是一个选择题。在全球化的世界里，只需点击鼠标，资本就可以自由地实现跨境流动。因此，为了吸引外国投资，各国被迫相互竞争。政府面临着削减工人权利、减少对环境的保护、向开发商开放公共土地、将公共服务私有化等压力。在全球自愿的结构调整的热潮中，各国都在不惜一切代价取悦国际资本巨头。[11]所有这一切都是打着“增长”的旗号。

世界各国政府都必须遵守一条新规则：追求增长不是为了提高工资和建立社会服务而提高产出水平，而是为了自身的利益。经济生产的具体使用价值（满足人类需求）需要为追求抽象的交换价值（GDP 增长）服务。但各国政府对此却辩解称：GDP 的增长是减少贫困、创造就业机会和改善人民生活的唯一途径。事实上，增长已经成了人类福祉的代名词，甚至可以等同于进步。这言过其实，GDP 只是衡量经济活动的其中一项指标。说到底，GDP 增长只是资本主义福利的一项指标。如果我们都开始认为这是人类福祉的代名词，这实际上反映了一种意识形态的巨大转变。

当然，在某些方面或许事实真是如此。在资本主义经济中，民生与 GDP 增长息息相关。我们都需要工作和工资才能生存，但这也恰恰是出现问题的地方。在资本主义制度下，企业为了降低生产成本，不断寻找提高劳动生产率的方法。一旦劳动生产率有所提高，企业便不再需要雇这么多工人。于是，一部分人下岗，失业率上升，贫困和无家可归的情况加剧。若想解决这一问题，政府不得不想方设法地推动经济增长，从而创造新的就业机会。但危机永远不会消失，只是年复一年地不断重复。这被称为“生产力陷阱”。[12]人类处于一种荒谬的境地，为了避免社会崩溃，必须持续创造增长。

除此之外，政府还陷入了其他的陷阱。首先，如果政府想投资公共医疗卫生和教育，就必须找到（或创造）所需的资金。一种方法是对富人和企业增税，但在有些国家，利益集团有能力影响政治，这种做法可能会引发强烈的反对。面对这种风险，即使是进步的政党也处于两难境地。政府如何获得改善普通人生活的资源，又不会让有权势的富人反对政府？答案就是增长。

其次是债务陷阱，这也是政府寻求增长的最迫切的动力之一。政府主要通过出售债券为政府活动融资，这是一种借贷的方式。但是债券是有利息的，利息也是一个复合函数。为了支付债券利息，政府必须创造收入，也就是说政府要追求增长。当经济放缓导致政府无法偿还债务时，很可能会迅速引发一场失控的危机：债券失去价值，为了出售债券，政府必须允诺更高的利率，这就导致政府进一步陷入债务的困境。摆脱这种危机的唯一方法是逐步扫清实现增长的所有“障碍”——劳动法、环境保护、资本管制等，想尽办法增强投资者继续购买债券的“信心”。政府就像公司一样面临着一个严峻的选择：是发展经济，还是宣告政府破产。

政府追求增长最重要的原因在于 GDP 是国际政治权力的货币。这一点在军事方面最为明显：一个国家的 GDP 越高，能购买的坦克、导弹、航空母舰和核武器就越多。在经济方面亦是如此。例如，一个国家在世界贸易组织的议价能力取决于这个国家 GDP 的规模。最大的经济体能够推动出台符合自身利益的贸易协议，并且能够利用制裁作为武器，迫使较小的经济体服从自己的意志。政府在一场绝望的、自相残杀的竞争中拔得头筹，只是为了避免被其他国家摆布。地缘政治的压力已成为推动增长的强大动力。

增长深深植根于我们的经济和政治中。如果无法实现增长，经济和政治系统便失去了存在的基础。如果增长停止，公司破产，政府便没有资金提供社会服务，民众失去工作，贫困加剧，政局难以维持稳定。在资本主义制度下，增长不仅仅是人类社会组织的一个选择性的特征，而是所有人都受制其中的命令。如果经济不增长，一切都会土崩瓦解。人类早就勒上了增长的紧箍咒。因此，也就不难理解为何各国政府为了持续不断地创造积累，投入国家的全部力量。

自 1945 年以来，所有这些因素共同推动了 GDP 的极速增长。从生态学的角度来看，这恰恰是问题的开始。

被吞噬的世界

这并不是说增长本身就是坏的，我也不赞同这样的观点。问题不在于增长，而在于增长主义：为了自己的利益或资本积累而追求增长，并非为了满足人类某些具体的需求和社会目标。当我们反思自 20 世纪 80 年代以来增长主义对地球所产生的影响时可以发现，相比之下，圈地和殖民时期对地球的影响显得微乎其微。虽然殖民者在多个大陆上掠夺侵占土地和资源，并将其卷入资本的循环，但与增长主义对地球的影响相比，就相形见绌了。

原材料消耗的统计数据可以证明这一点。原材料消耗的指标计算了人类每年开采和消耗的所有物质的总重量，包括生物质、金属、矿物、化石燃料和建筑材料。这些数字反映了一个惊人的现实。在 20 世纪上半叶，材料的使用量稳步上升，从每年 70 亿吨翻了一番，达到每年 140 亿吨。在 1945 年之后的几十年里，真正令人不安的事情发生了。随着 GDP 增长成为全球各国核心的政治目标以及经济扩张的加速，材料使用量呈爆炸式增长：1980 年材料使用量达到 350 亿吨，2000 年达到 500 亿吨。而到了 2017 年，材料使用量高达 920 亿吨，令人大为吃惊。[13]

图 2–1 中的数据也着实令人感到震惊。当然，其中一些增长代表了人类生活必需品（即使用价值）的显著改善，特别是在世界上一些较贫穷的地区，我们应该为此庆祝。但绝大部分物质足迹的增长并非出于这种原因。科学家估计，地球本身每年可以处理高达约 500 亿吨的物质足迹。[14] 这被认为是地球最大的安全边界。而如今，人类已经两次逾越了这一安全边际。而且，正如我们将看到的，这两次超限几乎都是由高收入国家的过度消费导致的，这里所谓的消费与使用价值无关，却与交换价值紧密相关。

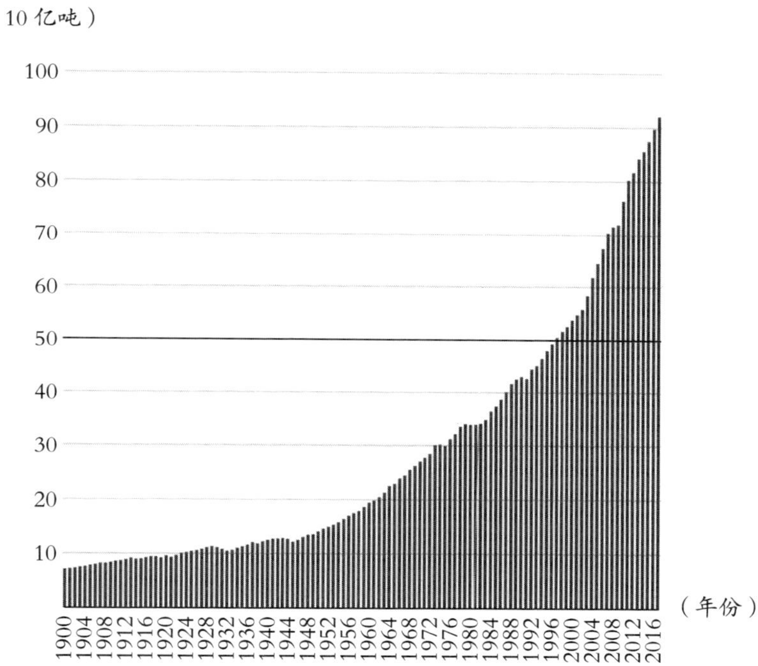

图 2-1　全球物质足迹（1900—2017 年）

注：图中水平的黑线表示科学家认为的最大可持续阈值（Bringezu 2015）。
资料来源：克劳斯曼等人，2009，materialflows.net。

人类需要始终铭记的是，从地球上开采的每一吨物质都会对地球的生命系统产生影响。加大生物量的提取意味着砍伐森林、排干湿地，也意味着破坏栖息地、增加碳汇、使土壤枯竭、海洋死区的出现、过度捕捞。加快化石燃料的开采意味着更多的碳排放、气候恶化以及海洋酸化的加剧。这意味着人类加大采矿和海上钻井的力度，加大力度利用水力压裂和焦油砂。增加矿石和建筑材料的开采意味着加大露天采矿的规模，随之引发下游的污染。与此同时，这也意味着汽车、船舶和建筑物的增多，需要更多的能源。最终，这些都会导致更多的浪费：农村出现了更多的垃圾填埋场，河流中的毒素增加，海洋中出现了更多的塑料垃圾。联合国的一项数据表明，全球生物多样性的减少 80% 都是由物质提取所造成的。[15] 事实上，科学家经常使用物质足迹作为测算生态影响的指标。[16]

科学家将 1945 年之后物质足迹陡增的现象称为大加速，以此来描述最激进、最具破坏性的资本纪时期。结果显示，几乎所有的测算生态影响指标都呈爆炸式增长。

全球物质足迹的增长轨迹与 GDP 的增长轨迹几乎完全吻合。两种指标步调一致，同步增长。GDP 每增长一个单位，几乎就等同于增加一个单位的物质开采。有些时候，比如在 20 世纪 90 年代，GDP 增速略高于物质足迹的增速。这使得一部分人希望人类能够实现 GDP 与物质足迹的完全脱钩。但在此后的几十年里，这些希望都破灭了，现实恰恰相反。自 2000 年以来，物质足迹的增长已经超过了 GDP 的增长。全球经济增长并没有逐渐实现去物质化，经济增长物质化的现象愈发严重（图 2–2）。

或许最令人不安的是，这种趋势并没有任何放缓的迹象。按照人类目前的发展轨迹，如果不做出任何改变，到 21 世纪中叶，人类预计每年将使用超过 2000 亿吨的材料。虽然 2000 亿吨只是目前的两倍，但已经是安全边界的 4 倍之多。很难说在这个过程中我们可能会遇到什么样的生态临界点。

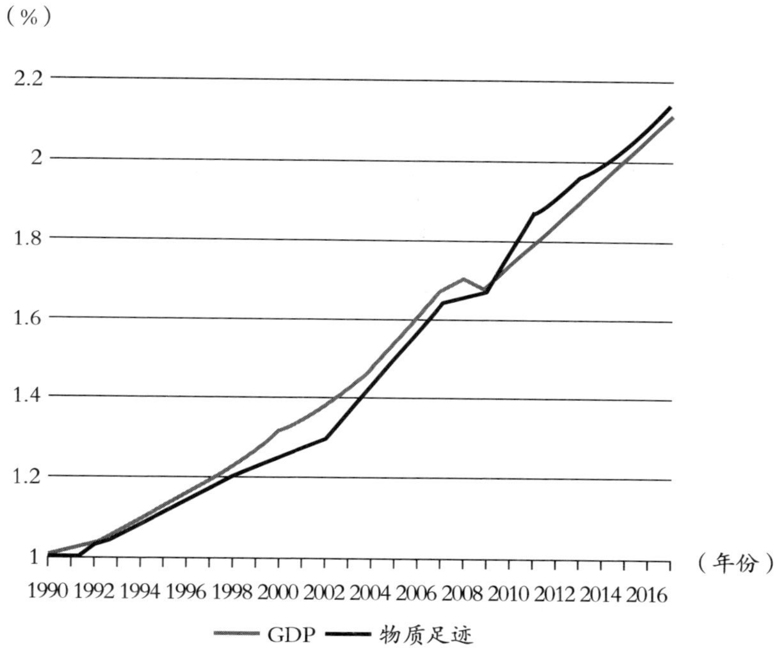

图 2-2 全球 GDP 与物质足迹增长（1990—2016 年）

数据来源：materialflows.net，世界银行。

* * *

在气候变化方面，情况也是如此。我们通常认为气候变化是由化石燃料的排放导致。这当然是气候变化的真实原因，但其实我们一直忽略了导致气候变化的深层原因。首先，人类为什么要燃烧这么多化石燃料？当然是因为经济增长需要能源。在整个资本主义的历史进程中，增长始终都会导致能源使用量的上升。[17]

这点并不足为奇。毕竟，开采、加工和运输维持全球经济增长消耗的所有物质需要使用大量的能源。自1945年以来，全球化石燃料的使用呈现急剧加速的趋势，与GDP和材料使用的增长保持一致。碳排放量也随之上升。在20世纪上半叶，年排放量翻了一番多，从每年20亿吨增加到每年50亿吨。而20世纪下半叶则增长了4倍，到2000年时，年排放量已经达到250亿吨。此后，尽管国际社会召开了一系列国际气候峰会，但碳排放量依旧持续上升，在2019年时达到每年370亿吨。

当然，能源使用和二氧化碳排放之间没有内在的联系。二氧化碳排放量如此之高，完全是由人类使用的能源的类型导致。煤炭是迄今为止碳密集度最高的化石燃料。由于每单位石油排放的二氧化碳更少，自1945年以来石油使用量的增长速度远快于煤炭。天然气的使用量依然较低。[18]随着全球经济越来越依赖这些污染较少的燃料，或许有人会认为排放量会开始呈现下降的趋势。一些高收入国家的碳排放量已经开始呈现下降的趋势，但全球的碳排放量并未下降。如何解释其中的原因？随着GDP的快速增长，人类对能源的总需求量也随之飞速增长，所以新燃料并没有完全替代旧燃料，而是在使用旧燃料的基础上同时同步使用新燃料。石油和天然气的使用并未实现能源转型，而只是作为补充能源。

可再生能源如今也面临类似的情况。在过去的几十年里，值得庆祝的是可再生能源产能有了惊人的增长。在一些国家，可再生能源已经开始逐步取代化石燃料。但在全球范围内，能源需求的增长使可再生能源的增长显得微不足道。所有这些新的清洁能源并没有取代污染能源，而是出现了同步使用的局面。[19] 我们应该停止这样的状态。人类的确需要尽可能多的可再生能源，但如果全球经济继续以现有速度增长，可再生能源便无法起到应有的作用。全球经济发展得越快，需要消耗的能源就越多，就越难使清洁能源替代污染能源。

* * *

所有这些因素都改变了人类对 GDP 增长的看法。人类被教育将指数级增长的 GDP 视为人类进步的指标。但事实并没有那么简单。我们需要扭转自己看待 GDP 的方式。举个例子，在你观察那些看似普通的二维图案时，如果你改变眼睛的焦点，更深入地观察这些图案，一个新的三维图像就会突然映入你的眼帘。我们需要采取一种更全面地的方式看待“增长”，将其视为生命世界的新陈代谢速度。新陈代谢本身不是问题，但超过了某个极点，就会变得极具破坏性。正如我们将看到的那样，一些发达国家早已超越了这个限度。在资本主义制度下，增长率使自然和人类生活被商品化并纳入资本积累循环。人类已经开始将其视为人类进步的重要指标，这表明人类从资本角度而不是从生活角度看待世界的程度。事实上，我们已经被说服使用“增长”一词来描述当下以崩溃为主基调的社会进程，这多少有些苦涩的讽刺意味。

殖民主义 2.0

我一直说的“我们”一词，似乎不太准确。虽然我们承认资本主义正在导致生态危机的出现，但措辞上依然倾向于用集体名词，就好像所有人都负有同等的责任。人类世的意识形态正以某种方式慢慢回到我们的话语中。但这一概念蒙蔽了我们的双眼，使我们对真正发生的事情视而不见。所以，“人类世”这个词是错误的，不仅因为以前的经济体系并不像如今资本主义那样会对全球生态构成威胁，还在于，即便在今天，也不应该是所有人对生态危机负有相同的责任。

一旦我们理解了 GDP 增长与生态影响之间的关系，就能明显得出这样的结论：人均 GDP 越高的国家，对生态的影响就越大，反之亦然。事实也的确如此。现有的所有数据表明：几乎各类能源的消耗数据中都体现了这种差异。以肉类为例，我们知道它会留下明显的生态足迹。在印度，人均肉类消耗量为每年 4 千克。在肯尼亚，人均每年消耗 17 千克。在美国，这一数字十分惊人，高达 120 千克之多。平均每个美国人每年消耗的肉类和 30 个印度人一样多。[20] 再看看塑料的例子，塑料是另一个危害生态的重要因素。在中东和非洲，平均每人每年使用 16 千克的塑料，这已经是一个不小的数字了。但在西欧，这一数字几乎是前者的 9 倍：每人每年消耗 136 千克的塑料。[21]

在物质材料足迹方面，也反映出了同样的情况。低收入国家每人每年仅消耗约 2 吨物质材料。中低收入国家人均消费量约为 4 吨，中高收入国家人均消费量约为 12 吨。至于高收入国家，他们的消费量是这个数字的好几倍：平均每人每年大约 28 吨（图 2–3）。在美国，人均物质材料消耗量为 35 吨。生态学家说，从长远的角度看，可持续的物质足迹水平大约是人均 8 吨。高收入国家超过这一界限达 3 倍之多。[22]

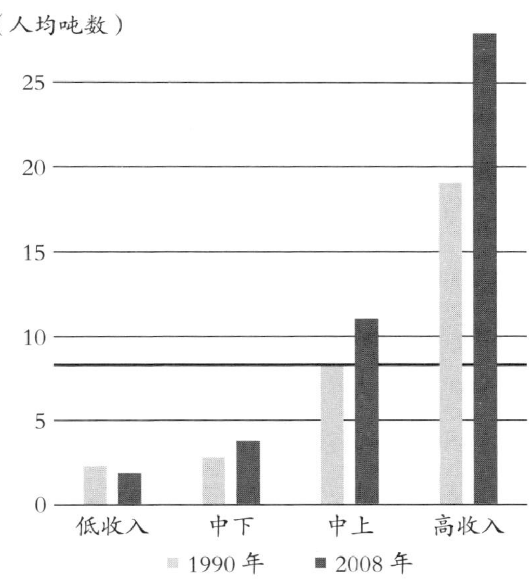

图 2–3　1990 年和 2008 年各国物质足迹

注：图中水平的黑线表示人均可持续阈值（参考 Bringezu 2015）[23]。
资料来源：materialflows.net。

无须数学家计算，我们就能明白谁应该为人类所面临的生态危机负责。思考一下：如果高收入国家的消费水平降至世界其他地区的平均水平，根本不会出现超越安全边界的现象。人类的发展速度将大致保持在地球的生物承载力范围之内，无须面对生态危机。相比之下，如果世界上每个人的消费水平都达到高收入国家的水平，人类需要 4 个地球的生物承载量才能维持人类的正常生活。至关重要的是，这不仅是因为高收入国家的居民消耗的物质更多，还因为高收入国家的物质供应系统是高度密集型的。如果你买一罐在遥远的工厂里生产的品客薯片（Pringles），工厂就需要用飞机和卡车把薯片运往世界各地，储存在巨大的仓库里，这一过程会消耗大量的塑料和纸质包装，要比从你当地农贸市场的摊位上买薯片消耗更多的物质。一个经济体对企业供应链的依赖程度越高，物质使用就越密集。

随着时间的推移，这些不平等现象愈发严重。自 1990 年以来，发达国家和发展中国家之间的消费差距一直在扩大。这一时期人均物质使用量的增长，81% 都是由于发达国家的消费增加导致的。如果我们想建立一个更加人性化和生态化的经济体系，则需要反其道行之：缩小消费差距。我们将在本书的第二部分着重论述相关的内容，大多数发展中国家为了满足居民的需求，需要使用更多的资源。但高收入国家需要大幅减少资源的使用，从而恢复到可持续的水平。

当然，我们还必须考虑人口带来的影响。全球人口增长得越多，这一挑战就越困难。当我们处理这个问题时，重点是要一如既往地关注潜在的结构性驱动因素。世界各地的许多妇女对自己的身体和生孩子的数量没有决定权。即使在自由国家，女性也面临着与生育相关的巨大社会压力，那些选择少生或不生孩子的女性往往会受到审问和侮辱。而贫困大大加剧了这些问题。当然，资本主义本身也给人口增长施加了一定的压力：更多的人就意味着更多的劳动力、更便宜的劳动力和更多的消费者。这些压力渗透到人类的文化中，甚至演变成了一些国家的政策：法国和日本等国家出台了相应的激励措施，为了保持经济增长，鼓励女性生育更多的孩子。

人类必须稳定人口规模。好消息是我们知道如何做到这一点：正如经济学家凯特·拉沃斯（Kate Raworth）曾经说的那样，“这是一条全世界都知道如何放缓其增长速度的曲线，所以这条曲线不会让我夜不能寐。”如何才能让一个国家的出生率保持平稳？政府要向儿童投资，使父母对孩子的生存充满信心；为妇女的健康和生殖权利投资，使妇女能够更好地控制自己的身体和家庭规模；为女童的教育投资，赋予她们更多的选择和机会。随着这些政策的实施，短短的一代人之内，就会实现生育率的稳定。[24] 性别公平是实现所有生态经济目标的核心。

但全球人口规模的稳定不会使被破坏的生态自动趋于稳定。即便在消费者的数量没有增长的情况下，资本也会想方设法让现有的消费者消耗更多物质。事实上，过去的几百年一直在上演这样的故事：物质使用的增长率总是大大超过人口的增长率。因此，不论人口呈现稳定或下降的态势，物质使用量都会呈现不断增长的趋势。在资本主义制度下，历史上任何一个人口稳定的时期，情况皆是如此。

物质消费的数据显示，高收入国家是生态破坏的最大驱动因素。但我们还需要关注这一等式的另外一边，即我们需要反思生态破坏发生在世界上的哪些地区。高收入国家在很大程度上依赖发展中国家进行物质资源的开采。事实上，它们消耗的全部物质资源中有一大半是从较为贫穷的国家开采的，而且通常是基于不平等和剥削的条件。智能手机中的钶钽铁矿石基本开采自刚果的矿山，电动汽车的电池中所用的锂开采自玻利维亚的山区，制作床单所用的棉花来自埃及的种植园，而且这种依赖关系永远不会反转。发展中国家消费的绝大多数物质材料，即便在全球价值链中循环，归根结底都来自发展中国家本身。[25]

换言之，大量的资源，其中包括每年约 100 亿吨的原材料，都从贫穷国家流向富裕国家。以殖民化为特征的开采模式今天仍然行之有效。但这一次，发达国家并非用武力攫取发展中国家的资源，资源正在被依赖外国投资并受制于资本主义增长需求的政府以低廉的价格进行开采和出售。

* * *

我们发现，类似的不平等模式也表现在气候问题上。不过，你永远无法从主流的叙事中窥探到这一点。媒体倾向于关注每个国家目前的领土排放量。按照这个标准，中国是最大的排放者。中国每年排放 10.3 万亿吨二氧化碳，几乎是美国的两倍，美国是第二大排放者。欧盟第三，印度紧随其后，其排放量超过俄罗斯和日本等主要工业国家。

按照这样的角度分析数据，我们可能会得出这样的结论：发展中国家和发达国家几乎对气候危机负有相同的责任。但是这种分析问题的方法存在诸多问题。首先，它并未考虑各国的人口规模。如果按人均的标准计算，就会得出完全不同的结论。印度每人仅排放 1.9 吨二氧化碳，中国人均排放 8 吨。相比之下，美国的人均排放超过 16 吨，是中国的两倍，高于印度的 8 倍。此外，我们还必须考虑到这样的一个事实。自 20 世纪 80 年代以来，高收入国家已将其大部分工业生产外包给较贫穷的发展中国家，利用当地的廉价劳动力和资源，借此转移了大部分的排放量。如果我们想要更准确地划定各国应当担负的责任，不仅需要关注领土排放，也要计算基于消费的排放。

但当谈到气候危机时，媒体叙述的最大问题在于将大气中的二氧化碳储量论述为重要的指标，而不是年流量。因此，我们需要计算每个国家的历史排放量。当我们从这个角度思考这一问题时，很明显，高度工业化的发达国家，特别是美国和西欧等国应当承担绝大多数的责任。

从“大气公地”的原则出发，便可合理地将各国的历史排放量计算在内。大气公地的原则认为大气是一种有限的资源，所有人都有权在科学家定义的安全的地球边界内平等享有同等的排放份额，安全边界是指大气中的二氧化碳浓度为 350ppm。根据这一原则，我们可以衡量各国超出或“超过”其安全公平份额的程度，以及对气候危机应当承担多少责任。图 2–4 描述了自 1850 年以来各国历史排放量的计算结果，该图的计算过程尽可能地使用基于消费的排放量。

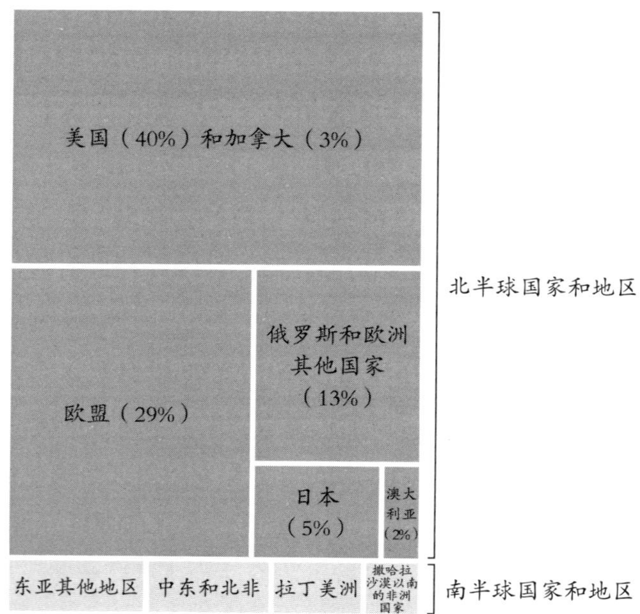

图 2-4 气候崩溃的责任

注：这幅图描述了超过了国家公平份额（350ppm①）的历史排放量（1850—1969 年按照领土排放量计算，1970—2015 年按照基于消费的排放量计算）。

资料来源：Hickel 2020。胡扎法·祖穆卡瓦拉（Huzaifa zoomkawala）所做的数据管理。[26]

这些数字令人触目惊心。美国靠一己之力需要对全球排放量超出安全边界的份额承担 40% 的责任，欧盟承担 29% 的责任。再加上包括欧洲其他国家以及加拿大、日本和澳大利

① ppm 即百万分率。——编者注

亚等在内的发达国家，虽然人口仅占全球的19%，却贡献了92%的超标排放量。这意味着他们要为气候崩溃承担92%的责任。相比之下，整个拉丁美洲、非洲和中东地区以及其他东亚地区一共只贡献了8%的碳排放。并且这8%的碳排放只是由于这些地区的少数国家造成的。[27]

事实上，从历史上看，绝大多数的发展中国家的排放量都不高，所以这些国家仍享受安全地球边界的公平份额。印度还有900亿吨的公平份额，尼日利亚有110亿吨，印度尼西亚有140亿吨。中国也依然处于其公平份额之内，足足还有290亿吨的份额。但考虑到目前的排放规模，中国在不久的将来也会超出公平份额。换句话说，高收入国家消耗完了自己的公平份额之后，还吞噬了其他国家的公平份额，可以说它们对世界其他地区欠下了气候债务。这一过程被认为是大气殖民化的过程：少数高收入国家占用了绝大部分安全的大气公地，并贡献了绝大多数超出地球安全边界的排放量。

这种大气殖民化过程与早期的殖民化过程并非毫无关系。众所周知，发达国家工业崛起的基础是通过殖民侵占发展中国家的土地、资源和劳动力。我们现在所掌握的历史排放数据表明，发达国家之所以能够实现工业化也是建立在对大气公地侵占的基础之上，我们可以称之为大气盗窃。这和殖民化的第一阶段对发展中国家的生态和人民造成的破坏如出一辙。但具有讽刺意味的是，发展中国家没有做出任何导致气候危机的行为，却依然遭受气候崩溃引发的一系列影响。

我们都知道发达国家经历过严重的气候灾害。袭击美国的飓风、每年冬天淹没英国的洪水、席卷欧洲的热浪，以及肆虐澳大利亚的野火。这些令人震惊的故事占据了新闻的头版头条，记者都如实进行了报道。但与发展中国家遭受的灾难相比，却相形见绌。摧毁了加勒比地区和东南亚大部分地区的风暴，以及在中美洲、东非和中东爆发的饥荒，使当地的居民被迫逃离家园。当这些灾难发生时，只是在电视的屏幕上一闪而过。相比之下，北美、欧洲和澳大利亚是受气候变化影响最小的国家。真正具有破坏性的灾难正在席卷非洲、亚洲和拉丁美洲，并且是以令人恐惧的规模席卷这些地区。

这种不平等性也体现在了货币损失的方面。气候脆弱性监测组织（Climate Vulnerability Monitor）的数据表明，发展中国家承担了 82% 的气候破坏的总成本。2010 年，干旱、洪水、山体滑坡、风暴和荒野等对发展中国家造成的损失总计达 5710 亿美元。[28]

研究人员预测，这些损失也将继续上升。到 2030 年，发展中国家预计将承担全球总损失的 92%，高达 9540 亿美元。

因气候变化导致的死亡人数在发展中国家的形势也更加严峻。2010 年的数据表明，当年约有 40 万人死于饥饿和传染病等因气候崩溃而引发的灾难。其中超过 98% 的死亡人数分布在发展中国家。这其中，绝大多数（83%）的死亡人数分布在世界上碳排放量最低的国家。到 2030 年，预计每年将有 53 万人死于由气候引发的灾难，但几乎所有这些人都分布在发展中国家。在发达国家，仅有 1% 的人口死于与气候相关的灾难。

为什么气候变化的影响呈现如此大的差异？首先，气候变化正在导致降雨模式向北移动。因此，在发展中国家干旱频发的地区，水资源会更加短缺。由此会给该地区的农业带来毁灭性的后果，预计该地区农作物产量的下降速度将超过世界平均水平。另一个重要因素是疾病。气温上升导致更多的人患上疟疾、脑膜炎、登革热和寨卡病毒等热带疾病。但这也是因为发展中国家的许多地区在经历了长期的殖民化和结构调整后，没有能力应对气候崩溃。对于最贫穷的人来说尤其如此，他们大多生活在易受干旱和洪水侵袭的边缘地区，没有足够的积蓄度过灾难，也不能轻易搬迁或找到新的谋生方式，更无法捍卫自己的人权。少数富裕国家的超额排放将损害贫穷国家数十亿人口的利益，我们应该清楚认识到这是一种反人类的罪行。正如联合国极端贫困与人权问题特别报告员菲利普·奥尔斯顿（Philip Alston）所说："气候变化是对穷人最肆无忌惮的攻击。"[29]

这种攻击已经持续已久。以非洲之角的一个小国索马里兰为例，在过去的几年里，一系列连续的干旱导致该国 70% 的牲畜死亡，农村社区遭受毁灭性的重创，数以万计的家庭被迫逃离家园。环境部部长舒克里·伊斯梅尔·班代尔（Shukri Ismail Bandare）在接受英国《金融时报》（*Financial Times*）的采访时说："我们以前也经历过干旱，也曾经给每次发生的干旱命名。但过去每隔 10~15 年才会发生一次干旱，不像现在这么频繁，所以大家不知如何应对。你可以感受到索马里兰的气候的确发生了变化。”[30]

请记住，这只是全球变暖1℃所引发的灾难。如果全球变暖2℃，发展中国家的大部分地区几乎要遭受灭顶之灾。人们之所以认为2℃以下是全球平均气温升幅的合理范围，唯一原因是美国和其他强国的气候谈判代表不顾来自发展中国家，尤其是非洲的同行的强烈反对，确定了这一范围。当2009年哥本哈根气候大会宣布2℃的范围时，七十七国集团的苏丹首席谈判代表卢蒙巴·迪阿平（Lumumba di-Aping）说：“我们被迫要求签署一份自杀协议。不幸的是，我们已经与西方国家打了500多年的交道，但直到今天依然被他们认为是‘可以任意处理的废物’。”或许，他真正想要表达的是：“我所在的国家依然被认为是廉价自然资源的掠夺地。”

气候崩溃对发展中国家造成的创伤与殖民化的伤害有直接的相似之处。发展中国家已经遭受了两次严重的打击：过去是为了推动发达国家工业的崛起，被迫贡献了大量的资源和劳动力；现在则是发达国家工业排放对大气公地的占用。如果我们未从殖民的角度对气候危机进行分析，便会错过这一重点。

在21世纪视角下如何理解“极限”

可问题是，增长听上去是一个毫无坏处的概念。有一个比喻可以强有力地说明，这一观点已经深深植根于人类对自然过程的理解：孩子在成长，庄稼在生长……因此，经济也应该增长。但这种理解建立在了一个错误的类比之上。成长的自然过程总是有限的，比如我们希望我们的孩子长高，但不希望他们长到 9 英尺（约 2.74 米）那么高的地步。我们当然不希望他们按照指数曲线无休止地长高；相反，我们希望孩子们成长到成熟期后，保持健康的平衡。我们希望庄稼生长、长熟之后，就能收割并再次在收割后的土地上种植新的作物。这才是增长在生活世界中正确的运作方式，即呈现平稳的增长态势。

资本主义经济的增长与此截然不同。资本的增长势在必行，没有终点。换句话说，经济学家和政治家无法描绘出在未来的某个时间点上，人类得到了足够的钱或足够的东西。在资本主义制度下，增长是没有尽头的，这个词具有双重的意义：没有成熟期，也没有目的。增长可以而且应该永远持续下去是一条毋庸置疑的真理。当你思考这个问题时，你会惊讶地发现，经济学的主流观点认为：无论一个国家变得多么富有，其 GDP 都应该年复一年地持续增长，并且没有明确的终点。这是一条多么荒谬的定义。虽然我们有时候的确能看到这种模式在自然界中曾发挥过作用，但它只会带来毁灭性的后果：癌细胞被设定了为了复制而复制的程序后，势必会对生命系统造成致命的影响。

人类可以持续不断地发展全球经济的观点实际是在明确地否认地球的生态极限。1972 年，当麻省理工学院（MIT）的一个科学家团队史无前例地发表了一份题为《增长的极限》

（*Limits to Growth*）的报告，人们才开始重视地球的生态极限。该报告概述了该团队所做的一系列尖端研究。该团队利用名为 World3 的强大计算机模型分析 1900—1970 年复杂的生态、社会和经济数据，试图预测在 21 世纪末我们的世界在 12 种不同的情景下会发生什么。

其结果是惊人的。“一切如常”的情景表明，如果经济继续以往常的速度增长，在 2030—2040 年的某个时间，人类将陷入一场危机。在增长函数的复合性质的驱动下，可再生资源将开始达到其可再生性的极限，不可再生资源将开始枯竭，污染水平也将开始超过地球的吸收能力。各国将不得不花费更多的资金来尝试解决这些问题，从而减少用于持续增长所需的再投资。于是，经济产出将开始下降，粮食供应将停滞不前，生活水平开始下降，人口规模逐步萎缩。研究团队用略显悲观的措辞预测：“最可能的结果是人口规模和工业生产能力突然出现无法控制的下降。”

这一报告也触动了大众的神经。《增长的极限》一炮而红，成为历史上环保主题最畅销的书籍之一，它也迎合了 1968 年美国青年运动后盛行的反主流文化的思潮。

但随后，该报告遭到了强烈的抨击。《经济学人》《外交事务》《福布斯》《纽约时报》等杂志刊文谴责这一报告，知名经济学家也纷纷站出来反驳其中的观点。他们认为这个模型太过简单，因为报告中没有提到资本主义所能创造的看似无限的创新。现有的不可再生资源储量的确可能会耗尽，但新技术将使人类能够发现新的能源储备或使用替代能源。的确，用于种植食物等可再生资源的土地数量的确有限，但人类总是能开发出更好的肥料和更高产的作物品种，或者在仓库里种植食物。

牛津大学教授威尔弗雷德·贝克曼（Wilfred Beckerman）甚至说，由于技术进步的奇迹，“没有理由认为经济增长无法持续2500年”。罗纳德·里根在与时任总统吉米·卡特（Jimmy Carter）的大选竞争中，抨击了卡特作为环境保护论者对限制的定义，并将对无限增长的推崇与美国梦的精神联系起来。他说：“增长是没有极限的，因为人类的想象力是没有极限的。”这是一种成功的言论，美国人也非常推崇这一观点。于是，里根以压倒性优势击败了卡特。

在随后的10年中，随着1991年苏联的解体和美式消费主义观念席卷全球，《增长的极限》被人们或多或少地遗忘了。报告中的警示也被人们抛在了脑后，取而代之的是弗朗西斯·福山（Francis Fukuyama）在1992年《历史的终结》（*The End of History*）一书中描述的人类的共识：自由市场资本主义是唯一的选择，全世界都认为它将永远持续下去。

* * *

但随后发生了一些变化。随着2008年全球金融危机的爆发，这一派的观点失去了存在的基础。人们已不再相信自由市场的无限魔力和美国梦的无限承诺。各大银行纷纷倒闭，全世界数百万人失去了自己的家园和工作。为了恢复经济增长，许多政府不顾一切地救助银行，为富人减免税收，大幅减少劳动法的束缚，并通过严厉的紧缩措施削减社会支出。这引发了一波又一波的大众社会运动，如占领华尔街、西班牙的“愤怒者”、“阿拉伯之春”等，人们对资本优先于人的制度感到愤怒。风暴、火灾、干旱和洪水定期成为新闻的头条，当世界各地的人开始意识到气候变化的现实，随之而来也引发了一次又一次的社会运动。

在系统性危机的背景下，人们开始质疑普遍的经济共识，生态约束的问题再次浮出水面。然而，这一次，旧的“增长的极限”的思维模式已被一种全新的极限思维方式所取代。

《增长的极限》这一报告的问题在于，它只关注我们保持经济运行所需资源的有限性。如果我们能找到新的储备，或者用新资源替代旧资源，如果我们开发出提高可再生资源产量的方法，就不必担心资源的有限性。在持有这些观点的人面前，有限性的思维方式就显得不够全面。当然，有人会质疑：这种替代和提高产量的过程能走多远？或许在某个时刻，人类会达到一个绝对极限，但就我们目前所知，这可能还有很长的路要走。

但这并不是生态的实际运作方式。经济增长的问题不只是人类可能会在某个时候耗尽所有的资源，而是在于它逐渐破坏了生态系统的完整性。如果陆上石油储备枯竭，我们可以继续使用海洋石油储备，但这都会导致气候崩溃。我们也许可以用一种金属代替另一种金属，但加快任何金属的开采都会污染河流、破坏栖息地。我们也许可以通过向土地中注入大量化学物质来加大对土地的使用力度，但势必也会导致土壤枯竭和植物传粉媒介的灭绝。无论是寻找替代能源，还是加大资源开发的力度，都只能让人类暂时摆脱资源限制的危机，但依然会导致生态崩溃。这才是问题的关键。

近年来，生态学家找到了一种新的、更科学的方式来思考极限。2009年，由斯德哥尔摩应变中心（Stockholm Resilience Center）的约翰·罗克斯特伦（Johan Rockström）、美国气候学家詹姆斯·汉森（James Hansen）以及提出“人类世”这一观念的保罗·克鲁岑（Paul Crutzen）领导的团队发表了一篇开创性的文章，提出了他们称为“地球边界”的新概念。[31] 地球的生物圈是一个可以承受巨大压力的综合系统，但过了某个临界点，就会引发巨大的灾难。分析了地球系统科学的数据之后，他们指出，如果人类想要保持地球生态系统的稳定，必须使以下9个潜在的不稳定因素处于人类控制的范围之内：气候变化、生物多样性减少、海洋酸化、土地利用变化、氮和磷负荷、淡水使用、大气气溶胶负荷、化学污染和臭氧消耗。

科学家们预估了每一项过程的“边界”。例如，如果气候要保持稳定，大气中的碳浓度不应超过350ppm，但已经在1990年越过了这个界限，并在2020年达到415ppm。每年的物种灭绝速度不应超过百万分之十；林地的转换不应超过地球陆地表面的25%，等等。从严格意义上讲，这些界限并不是

“硬”界限。超越这些临界点并不意味着地球生态系统将立即崩溃。但这确实意味着对地球生态系统的破坏进入了一个危险区域，人类有可能触发临界点，最终导致不可逆转的灾难。

生态学似乎提供了一种更连贯的思考极限的方式。地球是一个资源丰富的地方，它每年都会产生丰富的森林、鱼类和农作物。它也有很强的复原能力，因为它不仅在我们使用这些资源的时候再生这些资源，还能吸收和处理人类的废弃物，即人类的排放物、化学径流等。但为了让地球保持复原和再生的能力，人类只能利用生态系统可以再生的量，并且所排放的污染不超过大气、河流和土壤可以安全吸收的量。如果我们越过这些界限，生态系统就会开始崩溃，生命之网就会开始瓦解。而这些事情现在正在逐步发生。最新的数据显示，人类已经超越了 4 个地球边界：气候变化、生物多样性丧失、土地利用变化（森林砍伐）和氮和磷的过度污染。此外，海洋酸化的程度也正在逼近临界点。

那么这一切对经济增长意味着什么呢？达到或跨越地球边界并不意味着经济增长会突然停止。虽然我们已经不知不觉地越过了危险的临界点，但增长丝毫没有结束的迹象。事实上，可以预见的是，即使社会和生态系统开始崩溃，GDP 也依然会继续保持增长。资本将涌入新的增长领域，如海堤、边境军事化、极地采矿和海水淡化厂。事实上，世界上许多最强大的政府和企业已经做好了准备，充分利用可能发生的灾难。如果人类一如既往地按照既往的增长模式，他们非常清楚未来会发生什么。

当然，这些作为维持 GDP 总量增长的策略，只能起到一时的效果。随着生态崩溃触发临界点、农业产量下降、大规模流离失所破坏政治稳定、海平面上升破坏城市，支撑增长——从根本上说是支撑组织文明——的环境、社会和物质基础设施必定会分崩离析。

试图预测我们何时可能会遇到增长的极限是一种完全错误的思考方式。我们会发现，在逼近增长极限之前，地球已经陷入了生态崩溃。一旦我们意识到这一点，就会彻底改变我们思考极限问题的方式。正如政治生态学家乔格斯·卡里斯（Giorgos Kallis）所说，问题不在于短期内增长会受到限制，而在于没有限制。如果我们想要在人类世中幸存，就不能只是坐等增长超过某种外部的极限，必须选择自己限制增长。所以，我们需要重组经济结构，使其在地球的安全边界之内运行，从而维持我们赖以生存的地球生命支持系统。[32]

第三章
科技能否拯救人类

气候变化是一个工程问题，而且有工程化的方案来解决。

——埃克森美孚前首席执行官雷克斯·蒂勒森（Rex Tillerson）

尽管不断有证据表明经济增长和生态破坏之间的联系，增长主义仍然根深蒂固，仍然受到宗教和意识形态的支持。当然，这不足为奇：我们的经济体系在结构上依赖于增长。增长服务于社会中最强大派系的利益，增长主义起源于大约500年前根深蒂固的统治权和二元论的观点。这座大厦不会轻易倒塌，面对科学也依然不会屈服。

当我反思科学与增长主义之间的冲突时，我不禁想起查尔斯·达尔文。正如我在引言中提到的，达尔文关于进化论的发现对当时的主流世界观提出了非常激进的挑战，以至于当时的人们几乎不可能接受他的观点。要将人类视为非人类的后裔，需要彻底地扭转人们的思维方式。类似的事情现在也正在发生。生态科学要求我们认识到，人类经济并非与生态毫无关系，二者是紧密相关的。这对占主导地位的世界观和资本主义本身构成了根本性的挑战。然而，那些试图维护现行制度的人并不认可这些证据，也没有因此改变自己的世界观，反而设计出了更复杂的替代理论，借此阐明人类不需要改变发展的方向：我们可以无限期地保持全球经济增长，一切都会变好。

在很大程度，这种观点成立的前提条件在于技术能够以某种方式拯救人类。对一些人来说，全球经济转向依赖可再生能源或个人只使用电动汽车是一件简单的事情。一旦做到这一点，就没有理由不能永远保持增长。毕竟，太阳能和风能的价格一直在下降，而埃隆·马斯克（Elon Musk）已经证明了快速地大规模生产蓄电池的可能性。对于其他人来说，这是一个从大气中抽取碳的"负排放技术"。还有一些人寄希望于巨大的地球工程计划：从阻挡阳光到改变海洋的化学成分等种种措施。当然，即使这些解决方案成功地阻止了气候变化，持续增长也依然会导致物资的持续过度使用和生态的持续破坏。但也有人坚持认为这些都不是问题。效率的提高和循环技术将使我们能够实现"绿色"增长。

世界上一些最富有、最有权势的人，包括总统和亿万富翁，一直都在鼓吹这些希望。他们说，生态危机并不是质疑经济制度的理由。这是一个令人欣慰的故事，过去我自己也曾深信不疑。但是，我对这些观点的研究越多，就越清楚地意识到，秉持这样的观点需要承担巨大的风险。我们可以选择继续保持指数增长曲线，使人类越来越接近生态崩溃的不可逆转的临界点，并寄希望于技术能够拯救我们。但万一由于某种原因，技术无法拯救我们，那么我们便会陷入巨大的麻烦。这就好比从悬崖上跳下来，寄希望悬崖下面的人能够在你摔落到岩石上之前发明一种装置，将你接住，但他们不需要确保自己是否真的能成功。他们可能会成功，但一旦失败，你的生命就此结束。一旦你孤注一掷地跳了，就没有缓冲的余地。

我们最好找到了坚如磐石的证据后再决定采用这样的方法。最好确保它一定会成功。

巴黎的博弈

在那天晚上，世界各国政府终于就气候变化问题达成一致，大家都松了一口气。2015 年的冬天，尽管巴黎 12 月的深夜漆黑寒冷，但这座城市却充满了光明和希望。埃菲尔铁塔上，巨大的发光字体写着“1.5℃”的字样。这是一个令人振奋的时刻，也是一个可喜的迹象，表明各国的领导人在经历了数十年的失败之后，终于愿意采取必要的艰难措施来避免气候灾难。在那个激动人心的 12 月的夜晚之后，近几年我们很容易轻信人类或多或少走上了正轨。

《巴黎协定》的运行机制如下。每个国家都许下一份承诺，保证自己每年将减少多少的排放量。这种承诺被称为“国家自主贡献”，与实现全球平均气温升幅控制在 1.5℃以内的目标一致。但是，如果把所有签署国截至 2020 年承诺的减排量加起来，你会发现一些相当奇怪的事情：所谓的这些承诺根本没有让平均气温升幅保持在 1.5℃以下，事实上，甚至根本无法保持在 2℃以内。即使世界上所有的国家都履行自己的承诺，全球排放量也将继续上升，更何况这些自愿的承诺根本不具有任何约束力，所以根本无法保证排放量的减少。到 21 世纪末，全球平均气温升幅将达到 3.3℃。换句话说，即使各国签署了《巴黎协定》，人类也会走向灾难。

这究竟是怎么回事？为何各国签署了减少排放的计划，排放量依然继续上升？为什么没有人对此感到担忧？

我们先来了解一下其中的背景故事。在 21 世纪初，IPCC 的分析人员指出，控制气候变化所需的减排量会对经济的持续增长构成威胁。全球经济的增长意味着能源需求的增长，而能源需求的增长使得各地更难完成向清洁能源过渡的任务。只要能源需求持续上升，就无法在短时间内产出足够的清洁能源来满足人类对于能源的需求。众所周知，实现减排目标唯一可行的方法是积极减缓工业生产。只有减少全球能源的使用规模，才能更容易实现向可再生能源的快速过渡。

但政策制定者知道这一结论不会被接受，也担心在国际谈判中很难说服别人。像美国这样的大国势必不会支持在经济增长和气候行动之间进行取舍的想法，各国政府因此也无法就气候变化问题达成一致的国际协议。其中的风险太高了。各国也围绕消除全球贫困的目标紧密地团结起来，各国的领导人都纷纷表示，加快全球经济增长是消除贫困唯一有效的方法。任何国家都不可能接受因为气候问题而减缓经济增长的想法。于是，增长成了一个不能触碰的“高压线”：一旦触碰，就会被电击身亡。增长还将持续下去。

幸运的是，他们找到了解决方案。或者说，看上去找到了解决方案。

* * *

2001 年，一位名叫迈克尔·奥伯斯坦（Michael Obersteiner）的奥地利学者发表了一篇论文，介绍了一项出色的新技术：一种不仅可以实现碳中和并且可以主动把碳从大气中抽出的能源系统。[1] 虽然这篇文章提出了美好的设想，但依旧令人担忧。首先，该提案要求在世界各地建立大规模的树木种植园。树木在生长过程中会吸收大气中的二氧化碳。然后砍伐成熟的树木，将其切割成小块，在发电厂中燃烧并产出能量，继而在烟囱中捕集燃烧木块排放出的碳并将其全部封存在地下，永远不会产生碳排放。瞧，这是一个“负排放”的全球能源系统。

这项技术被称为 BECCS（生物质能和碳捕集与封存）。奥伯斯坦发表这篇论文时，没有任何证据表明该计划一定能够实施，只是一种猜想。但是，这种可能性吸引了那些寻找政治上可接受的方法将平均气温升幅控制在 2℃以内的政客们。他们抱有这样的想法：只要设法启动并运行 BECCS，既能减少二氧化碳的排放量，也不会对经济增长构成任何重大的威胁。即便超出碳预算也没关系，BECCS 将在 21 世纪的后期将超标排放的碳从大气中抽出，人类将重回地球的安全边界之内。现在排放，日后清理。

虽然所有人都意识到这是一场疯狂的赌博，但这个想法依然像野火一样蔓延开来。它提供了一种诱人的可能性，即我们能在实现气候目标的同时保持资本主义制度不变，又能让在气候谈判中拥有巨大权力的富裕国家继续维持高水平的消费。所以这一想法的吸引力是惊人的，就好像给了乐观主义者一张免于牢狱之苦的卡片，让他们真正对“绿色增长”抱有希望。

自这篇论文发表后的几年时间里，尽管仍然没有证据表明 BECCS 的现实可行性，IPCC 依然将此作为自己的官方模型。并且在 2014 年，这个想法成为各国关注的焦点：BECCS 出现在 IPCC 的第五次评估报告（简称 AR5）中。这次报告一共列举了 116 种使全球平均气温升幅保持在 2℃以下的场景，BECCS 不是一个次要的假设，而是作为一种主要假设贯穿于其中的 101 种场景。AR5 是起草《巴黎协定》的基础。各国政府正以是 AR5 报告为指导，决定自己以多快的速度减少排放。这就不难解释为什么各国的实际排放量大幅度超过了 2℃的碳预算：正是因为每个国家都认为 BECCS 模式会拯救人类。

换句话说，尽管大多数人甚至从未听说过 BECCS 这项能源系统，它依然是我们拯救世界的宏伟计划的核心。记者从未报道过它，政客也从未谈及过它，不是因为他们试图隐藏这项计划，也不是因为它太过复杂而无法解释。是因为他们中的大多数人甚至不知道它的存在，单纯地只是遵循这一假设。地球的生物圈和人类文明的未来，竟然取决于一个很少有人知道、也没有人同意的假设。

跳下悬崖

但是有一个问题。气候科学家从 BECCS 被提出的第一天起，就对此敲响了警钟，并且反对的声音一年比一年大。这个想法存在以下 4 个主要的问题，并且每个都是致命的问题。

首先，从未有研究表明 BECCS 可以被推广。要使其发挥作用，首先需要建立一个能够每年吸收约 150 亿吨二氧化碳的全球碳捕获和封存系统（CCS）。目前，我们每年只有能力处理约 0.28 亿吨的碳排放，因此其中只能捕获和封存一小部分的碳排放。鉴于一项常规的 CCS 项目只能处理大约 100 万吨碳排放，因此需要在世界各地建造大约 15000 个新项目。[2] 开发规模如此巨大的项目，将是人类基础设施建设史上最大的壮举之一。但我们无法预知是否能够及时完成这么庞大的基础设施建设，也不知道未来是否具备商业可行性，但至少目前仍不具备商业可行性。只有当世界各国政府同意将碳排放的价格至少提高到目前欧盟价格的 10 倍时，该计划才会可行。[3]

其次，这不是一个不可逾越的障碍，即便它确实提升了“现在超标排放，日后清理”这一策略的风险。如果我们把赌注押在 BECCS 上，选择短期内不减排，未来就没有任何回旋的余地了。如果 BECCS 失败，人类未来将陷入极端全球变暖的现实。当你拿人类文明的命运，甚至是生命之网做赌注时，风险实在太高了。

2014 年，也就是巴黎气候峰会的前一年，15 名科学家在著名的学术期刊《自然气候变化》上发表了一封针对 BECCS 的警告信。他们认为，BECCS 在气候模型中的广泛使用“可能会危险地分散”人们对减排必要性的关注。[4] 除此之外，次年，又有 40 名科学家认为，依赖像 BECCS 这样的负排放技术是“极其危险的”。[5] 曼彻斯特大学的凯文·安德森（Kevin Anderson）教授是世界顶尖的气候科学家之一，他一直特别直言不讳地反对 BECCS。他 2016 年发表在《科学》杂志上的一篇文章中指出:《巴黎协定》对 BECCS 的依赖是“一场不公平的高风险的赌博”。[6] 其他数十名科学家也得出了同样的结论。

再次，即使我们设法克服了技术和经济障碍，也会直接面临其他的危机。为了使 BECCS 能够像 IPCC 所设想的那样吸收空气中的碳，我们需要建立生物燃料种植园，其面积是印度的 2~3 倍，这将吞噬地球上大约三分之二的可耕地。现在种植粮食的部分耕地将被用来种植生物燃料。到 21 世纪中叶，世界人口有望超过 90 亿人，我们需要养活的人口在逐步增加，占用耕地的确是一个问题。换句话说，大规模依赖 BECCS 可能会导致严重的粮食短缺，甚至可能引发饥荒。不难想象这会引发什么样的冲突。不要认为实力较强的国家会心甘情愿地在本国的土地上种植生物燃料，他们极有可能掠夺其他国家的土地，引发新的气候殖民主义。过去曾经因为获取石油而引发战争的地区，或许会因为种植生物燃料的土地而发生新的战争。

最重要的是，BECCS 本身就是一场生态灾难。由德国科学家维拉·埃克（Vera Heck）领导的一组研究人员估计，大规模推广生物燃料种植园将产生一系列毁灭性的后果。为此，大片森林将被摧毁，全球森林覆盖率在本已岌岌可危的水平上继续减少 10%。继而引发生物多样性额外减少 7%，进一步加快大灭绝的速度。[7] 为了单一作物的种植，化肥的使用也会达到前所未有的规模，势必将导致昆虫数量大量减少，污染供水系统，加剧土壤枯竭，并使海洋死区恶化。[8] 此外，BECCS 种植园对于水的需求是现有农业用水量的两倍，这将使世界各地的社区和生态系统承受巨大的压力。[9]

换句话说，在 BECCS 可能会帮助人类应对气候变化问题的同时，它也会把人类推向许多其他的致命问题。如果全球变暖是人类面临的唯一危机，选择冒这么大的风险似乎是合理的。但鉴于全球变暖只是人类面临的众多生态危机的其中一项，所以冒这样的风险着实没有任何意义，这单纯是一种自杀式的策略。

而且，即使出现了奇迹，我们成功地避免了这些并发问题并使 BECCS 顺利运行，我们也会遇到很多麻烦。超出碳预算意味着触发可能的临界点和反馈回路，或许会使温度完全超出我们能控制的范围。一旦发生这种情况，所有的努力将功亏一篑。或许在未来某个时刻，技术的进步能够将碳从大气中抽出，但我们依然无法扭转气候临界点。[10]

* * *

但令人担忧的是，世界上许多国家一直在围绕这种危险且尚不成熟的技术制定气候战略。事实上，BECCS 这一概念的提出者奥伯斯坦本人也已经表达了对应用这一技术的担忧。他指出，BECCS 纯粹是一种“风险管理策略”，或者说是一种“后备技术”，以防气候反馈循环比我们预期的更糟糕。他认为 BECCS 只是帮助人类在紧急情况下实现排放目标的措施，只是分析人员“滥用”了这个想法，将其应用于使全球平均气温升幅保持在 1.5℃或 2℃以下的常规情境中。但由于担心被要求实现更大幅度的减排，政策制定者一直以 BECCS 为借口继续维持现状。早期支持 BECCS 的其他一些关键人物也提出了同样的问题，认为该技术只适用于小范围。他们从一开始就警告说，大规模应用 BECCS 将是一场社会和生态灾难。但无论如何，分析人员已经在应用这一技术了。[11]

然而，有充分的证据支持反对 BECCS 的科学共识。欧洲科学院科学咨询理事会（European Academies Science Advisory Council）集合了欧盟所有国家的国家科学院作为其理事会的成员。2018 年年初，该组织发表了一份报告，谴责了对 BECCS 和其他负排放技术的依赖。在科学界，很难得出比这更有力的结论。该报告敦促人类停止对技术幻想的投机，积极地大幅减少碳排放。但这并不是说 BECCS 在我们应对与气候崩溃的危机中起不到任何作用，它应该成为众多应对气候危机措施的一部分，我们为此应该加大对研究和测试的投资。但我们需要承认这样一个事实，BECCS 不应该按照分析人员所建议的规模继续推广。最新的评估表明，在尊重地球边界且保障人类粮食系统的情况下，安全使用 BECCS 将最多减少 1% 的全球排放。可以肯定的是，这是一项重要的贡献。但与人们曾经鼓吹的救世主一般的技术相去甚远。[12]

为 1.5℃而战

IPCC 一直在关注这些批评，并于 2018 年 10 月专门就此发布了一份报告。这份报告概述了如果人类承认不能合理地依赖负排放技术，继而应该采取哪些措施才能将全球平均气温升幅控制在 1.5℃以下。这份报告像重磅炸弹一样轰动了全世界的媒体。所有媒体都在自己的头版头条上刊登这份报告的调查结果：如果人类想要将全球平均气温升幅保持在 1.5℃以下，必须在 2030 年之前将全球排放量减少一半，并在 2050 年之前实现净零排放。

怎么夸大事态发展的戏剧性都不为过。对于当前人类文明的发展方向来说，这无疑是一个急速而戏剧性的转变。在过去 250 年的时间里，我们已经建立覆盖全球的化石燃料的基础设施，但如今却必须在 30 年内对其进行彻底改造。必须在几十年内完成所有的改变。但需要明确的是，世界各国都需要做出改变。鉴于各国对气候崩溃的历史贡献规模，富裕国家必须更快地减少排放，而较贫穷的国家可以较慢地减少排放。斯德哥尔摩环境研究所的科学家计算出，富裕国家需要在 2030 年之前实现净零排放。[13]

IPCC 报告起到了鼓舞人心的作用，激励了各国公民纷纷采取行动。在欧洲和北美洲，学生们举行了气候罢工。在伦敦，反抗灭绝运动组织封锁了泰晤士河上的五座桥梁，要求英国政府立即采取行动实现快速减排。民意调查显示，绝大多数英国公众支持该运动的目标。在接下来的几个月里，官方的态度也发生了出乎所有人意料的变化。议会宣布进入气候紧急状态，并接受了具有法律约束力的目标，即到 2050 年实现净零排放。尽管这一目标未能满足对富裕国家较早实现脱碳的要求，但也的确是一个重大的进步。

与此同时，类似的运动正在美国蔓延开来。2019 年 2 月，国会女议员亚历山德里娅·奥卡西奥 – 科尔特斯（Alexandria Ocasio-Cortez）和众议员爱德华·马基（Edward Markey）发布了一项“绿色新政”的决议，呼吁进行为期 10 年的全国动员，目标是使美国 100% 使用清洁能源。这个想法引起了轰动。民主党的进步派支持这一决议，民意调查显示，超过半数的美国人都对这一决议表示支持。共和党领导人强烈抨击了该计划，保守媒体也对此进行了无情的攻击。但这是美国第一次就气候政策进行公开严肃的对话，对于一个长期否认气候变化的国家来说，这似乎是难以想象的。

绿色增长

所有这些改变都带领人类进入了新的政治领域，也让人类就此达成了新的共识。虽然几十年来我们一直依靠市场机制以某种方式神奇地解决了气候危机，但现在这种方法很明显已经行不通了。市场机制能发挥作用的唯一方法是依靠政府大规模的协调行动。绿色新政的支持者说得对：我们需要以史无前例的速度将公共投资用于建设可再生能源的基础设施，这不禁让人想起使同盟国赢得第二次世界大战的工业重组。

但是，一些权威媒体理解和包装这个想法的方式令人感到有些不安。他们声称：向清洁能源的过渡将使资本主义摆脱对任何生态问题的担忧，也将为“绿色增长”铺平道路，我们可以永远保持经济增长。这是一个非常吸引人的故事。尽管这个观点听起来如此明显和直接，但毫无疑问，它迎合了正统经济学家和政治家的想象力。但这种说法存在许多严重的缺陷。事实上，科学家们甚至认为对绿色增长抱有希望是没有任何经验依据的。

我们需要关注的关键问题在于，虽然有可能完全实现向可再生能源的转型，但全球经济如果继续以现有的速度增长，我们就无法以足够快的速度将全球平均气温升幅保持在 1.5℃或 2℃以下。需要再次强调的是：更多的增长意味着更多的能源需求，而更多的能源需求使得我们根本无法在所剩不多的时间里，生产出足够的可再生能源来满足人类对能源的需求。

但也不要曲解我的意思。令人欣喜的消息是，在过去的几十年里，人类在可再生能源的产能方面取得了非凡的成就。如今，全世界每年生产的清洁能源比 2000 年多 80 亿兆瓦时。这已经足够满足俄罗斯需要的电能。但与此同时，经济增长导致能源需求增加了 480 亿兆瓦时。换句话说，我们生产出的所有清洁能源只满足新需求的一小部分。这就像把沙子铲进一个越来越大的坑里一样于事无补。即使我们将清洁能源的产量增加 1~3 倍，也无法实现全球的净零排放。增长一直大大超出了我们为脱碳所做的最大努力。

换个角度思考。如果全球经济继续按照当前的速度增长，到 21 世纪中叶，经济规模将是现在的两倍。这就意味着开采量、生产量和消费量是目前的两倍，也就意味着对于终端能源的消耗也是现在的两倍。[14] 在我们所剩不多的时间里，面对两倍的能源消耗，若想使全球经济脱碳将面临难以想象的困难。所以说，即便是为了使全球平均气温升幅控制在较为危险的 2℃以下的水平，我们也需要以每年 7% 的速度脱碳。若是希望全球平均气温升幅控制在 1.5℃以下，则必须以每年 14% 的速度脱碳。这比科学家所预测的最理想情况下的脱碳速度还要快 2~3 倍。[15] 正如某个研究小组所说，它“远远超出了目前认为可以实现的目标”。[16]

人类对永续增长的坚持让我们的任务变得比现实的要求更加困难。就好像我们蒙着眼睛，双手反绑在背后去打这场异常艰苦而又生死攸关的战斗。我们故意让自己处于不利的局势。

这一结论得到了科学家的广泛认同，也包括那些顶尖的科学家。甚至 IPCC 自己也承认，如果没有 BECCS 和其他投机技术，只要能源需求持续上涨，就无法以足够快的速度生产出清洁能源，更无法在 2050 年前实现净零排放。[17] 如果我们想要成功，必须反其道而行之：必须减少能源的使用。

* * *

即使这不是问题，我们也必须面对清洁能源自身存在的另一个问题。当我们听到“清洁能源”这个词时，它通常会让人想起温暖的阳光和清新的风这样快乐、质朴的画面。虽然阳光和风听上去明显是清洁能源，但我们捕集阳光和风的基础设施却和清洁能源一点关系都没有。向可再生能源过渡需要大幅增加金属和稀土矿物的开采量，需要付出真正的生态和社会成本。

2017 年，世界银行发布了一份报告，首次全面审视了这个问题。[18] 研究人员模拟出了如果想在 2050 年达到约 7 太瓦的年发电量，建造相应的太阳能和风能设施需要增加多少材料的提取。7 太瓦足以支撑全球经济发展所需的一半的电。若将世界银行公布的数据翻倍，我们可以估算出实现净零排放所需的条件（最重要的是，已经排除了水电、地热和核能的消耗），其结果令人震惊：我们需要 3400 万吨铜、4000 万吨铅、5000 万吨锌、1.62 亿吨铝和至少 48 亿吨铁。

在某些情况下，向可再生能源过渡需要大幅提升现有的材料提取水平。以风力涡轮机中的一个基本元素钕为例，钕的提取量要在现有水平的基础上提高 35%。世界银行发布的高端报告估计，这个数字可能要翻一番。银也是如此，银是太阳能电池板的关键原材料。白银提取量将增加 38%，甚至产量是现在的 105%。铟是太阳能技术另一个必不可少的原材料，对于铟的需求将增长两倍多，最终的需求量可能飙升至 920%。

此外，电需要存储于电池之中。在没有阳光和风的情况下，为了保持电力的流动，需要电网级别的巨型电池。这意味着我们需要 4000 万吨的锂，比目前的提取量增加了 2700%，令人瞠目结舌。这还只是为了电力供应，我们还需要考虑车辆对电的需求。2019 年，英国的一组顶尖科学家向英国气候变化委员会（UK' s Committee on Climate Change）提交了一封信，概述了他们对电动汽车所产生的生态影响的担忧。[19] 他们非常同意停止销售和使用内燃机为动力系统的汽车，尽快改用电动汽车。但他们也指出，全球预计需要更换 20 亿辆汽车，会引发采矿业呈爆炸式增长：从现在到 2050 年的这 30 年间，全球钕和镝的年开采量将增长 70%，铜的年开采量将增加一倍以上，钴的年开采量将增加近 4 倍。我们的确需要向电动汽车过渡，但最终还是需要从根本上减少使用汽车的数量。

问题的关键不在于人类未来会耗尽某些重要的矿物质，尽管这可能确实会成为一个问题。真正的问题在于，这将继续恶化过度开采的危机。采矿业已经成为全球森林砍伐、生态系统崩溃和生物多样性减少的一项重要原因。如果我们不够谨慎，对可再生能源不断增长的需求将使这场危机严重恶化。

以银为例。墨西哥潘纳斯奎托（Peñasquito）矿是世界上最大的银矿之一，占地近 103 平方千米。银的开采规模之大令人瞠目结舌：一个庞大的露天综合体把矿山撕裂开，两侧各有一个约 1.6 千米长的垃圾场，以及一个满是有毒污泥的尾矿坝，被一堵约 11 千米长、50 层楼高的墙挡住。这一银矿将在未来的 10 年内生产 11000 吨白银，届时这个世界上储量最大的银矿也将被消耗殆尽。[20] 要将全球经济向依赖可再生能源过渡，我们还需要再投产 130 个像潘纳斯奎托这样规模的矿山，还只是为了满足对银的需求。

此外，锂也会引发生态灾难。生产一吨锂需要消耗 500000 加仑（1 加仑≈ 3.785 升）的水。即使是按照目前的提取水平，也会引发不小的生态问题。在世界上锂资源最集中的安第斯山脉，采矿公司加剧了地下水位的下降，使农民无法灌溉庄稼。许多农民别无选择，只能完全放弃自己的土地。与此同时，开采锂矿的化学物质泄漏污染了智利、阿根廷、美国内华达州的河流，完全破坏了整个淡水生态系统。锂的热潮才刚刚开始，就已经引发了一场巨大的灾难。[21]

而所有这些都只是为了在 2050 年推动全球经济的发展。如果我们考虑未来的增长需要，情况会变得更加极端。随着能源需求的持续增长，可再生能源材料的提取将变得更加激进。

人类实现的增长越多，情况就会变得越糟。即使是全面地完成了能源转型，要保持全球经济以预期速度增长，也意味着全球太阳能电池板、风力涡轮机和电池的总存量每隔 30 年或 40 年就会翻一番，直至永远。

但更重要的一点是，我们需要意识到：能源转型所需的大多数关键材料都位于发展中国家。拉丁美洲、非洲和亚洲的部分地区可能会成为新一轮资源争夺的目标，一些国家可能成为新的殖民形式的受害者。早在 16—18 世纪就曾发生过类似的事件。当时的人们从南美洲地区掠夺金银。再比如 19 世纪加勒比地区的棉花和甘蔗种植园。在 20 世纪，为了掠夺南非的钻石、刚果民主共和国的钴和中东的石油，也曾发生过类似的事件。不难想象，对可再生能源的争夺可能会变得同样惨烈。

如果我们不采取预防措施，清洁能源公司可能会具有和化石燃料公司一样的破坏性——收买政客、破坏生态系统、游说反对环境法规甚至暗杀阻碍他们发展的社会活动家，但悲剧正在上演。[22] 这点很重要。提倡绿色新政或快速实现能源转型的进步人士也倾向于促进社会正义和生态正义的价值观。如果我们希望合理地实现过渡，就需要认识到人类不能无限期地增加可再生能源的使用。

一些人寄希望于核能能够帮助我们解决这些问题。毫无疑问，核能一定是解决方案其中的一部分。但核能有其自身的限制。其主要问题在于，启动和运行新的核能发电厂需要耗费很长的时间，所以它对在21世纪中叶实现净零排放的目标只能发挥很小的作用。即使从长远来看，一些科学家也担心核能的发电量无法突破1太瓦。[23] 此外，如果出于某种原因，我们无法实现气候稳定（可能性的确非常大），核电站将很容易受到严重的风暴、海平面上升和其他灾害的影响，因此而变成辐射炸弹。随着气候崩溃对人类的威胁越来越大，过度依赖核能可能会演变成一场危险的赌博。

至于聚变能，有一个广为流传的笑话是：工程师们一直说再过10年就能研发出聚变能，但现在已经过去了60年。虽然我们已经成功地创造了聚变反应，但问题是这个过程需要的能量比它产出的能量还要多。法国目前正在进行的一项大型核聚变实验可能会接近解决这个问题（有很大可能），即使是最乐观的预测也表明，未来10年依然无法解决这个问题。即便解决了这个大问题，还需要10年的时间才能将聚变发电接入电网，再需要几十年的时间才能扩大规模。因此，尽管前景令人期待，但迄今为止的进展并不乐观，而且无论如何时间线都太长了。人类可能在21世纪的某个时候使用聚变能，但依然不能依靠它来将碳预算保持在安全的范围内。如果没有奇迹般的技术突破，能源转型还是只能主要围绕太阳能和风能展开。

这并不是说人类不应该追求向可再生能源的快速过渡。人类必须向可再生能源过渡，而且非常迫切。但是，如果我们希望转型在技术上可行、与生态协调，又不损害社会公正，就不要再继续幻想以现有的方法满足不断增长的能源总需求。我们必须采取不同的方法。

重造星球

以这些证据为基础，那些坚持持续增长的人开始衍生出一些越来越古怪的想法。除了 BECCS 之外，他们构想出越来越多的基于大规模地球工程的科幻技术解决方案。大多数这些方案实施起来都非常困难且成本高昂，还不如直接负担减少排放的实际成本。但是有一个方案从中脱颖而出，并引起了极大的关注。这就是所谓的太阳辐射管理。

这个想法是用一队喷气式飞机将气溶胶注入平流层，在地球周围形成一层巨大的遮蔽物，把来自太阳的热量散射，从而使地球降温。相对而言，这个方案成本较低且易于操作。事实上，正是因为这一方法非常容易操作，以至于科学家们担心有一个不受管制的个体，比如一个爱管闲事的亿万富翁或一个即被淹没的绝望岛国，垄断相关的业务。许多政府正在试图委托他人对太阳辐射管理进行研究，这一想法受到化石燃料公司高管的欢迎，认为这是保护自己商业模式的一种方式。

但这种模式并非没有风险。现有的模型表明，这样的做法最终可能会破坏臭氧层，减缓光合作用，导致作物产量下降，并不可逆转地改变全球降雨模式和天气系统，给发展中国家带来非常不利的影响。研究太阳辐射管理的科学家乔纳森·普罗克特（Jonathan Proctor）说："治疗的副作用与原始疾病一样严重。"该领域的另一位专家哈诺斯·帕兹托（Janos Pasztor）指出：最终的后果可能比我们能够预测的还要糟糕，"全球大气系统异常复杂难懂。即便我们有先进的超级计算机建模，但我们仍然不知道如何建模。"[24]

不过，或许最大的问题在于气溶胶在平流层很快就会消散，因此若想起到给地球降温的作用，需要喷气式飞机机队连续作业。不管出于什么原因，一旦机队无法继续工作，人类将陷入真正的麻烦：全球气温会再次迅速上升，甚至在 10 年内上升几摄氏度。各国几乎没有时间适应这种被称为"终端激波"的突然升温。生态系统将承受巨大压力，大量物种将因此而灭绝。[25] 科学家认为这种方法实施起来风险太大，并且与所有地球工程计划一样，都会分散人们对快速减排这一目标的关注，后果非常危险。

因此，我们有必要停下来稍作反思，人们为何对地球工程愈发地迷恋。有趣的是，它所反映出的逻辑与最初使人类陷入生态危机的逻辑是一致的：这颗充满生命的星球，之所以只是被解读为"自然"，只不过是一系列可以被制服、被征服、被控制的材料。对地球工程的着迷表明二元论惊人地走向了新的极端，这是培根和笛卡尔没有料想到的。在这种极端的情况下，地球必须服从人类的意志，这样资本主义的增长才能无限期地持续下去。但地球工程的致命缺陷在于，它寻求解决生态危机的想法与导致生态危机出现的想法完全相同，同样的狂妄自大。但也许更直接的是，地球工程的问题在于并不合乎生态学的逻辑。太阳辐射管理只是部分回应了人类所面临的危机，它不会减缓海洋酸化、森林砍伐、土壤枯竭或物种大规模灭绝的速度。于是，这就引出了我要论述的下一个问题。

刚出油锅，又入火海

为了便于讨论，让我们假设这一切都不是问题。暂时搁置证据，想象一下，未来人类以某种方式设法实现了向清洁能源的快速过渡，与此同时全球经济依然保持增长，并且我们可以无限制地扩大对能源的需求，不必担心需要开采多少材料，也不必担心给开采这些材料的地区所带来的压力。假设明天聚变能得以问世，并在 10 年内得到推广，这样的情景一定符合绿色增长的要求，没错吧？

这一愿景的问题在于它错过了一个关键的、不可避免的要点：排放只是危机的一部分。由于人类不断加大对地球的开采，除了气候危机之外，我们还逾越了其他几个安全的地球边界。问题不是我们使用的能源类型，而是我们利用这些能源做了什么。

假如我们有一个 100% 的清洁能源系统，我们会用它做什么？和我们利用化石燃料的方式一模一样：砍伐更多的森林、捕捞更多的鱼、开采更多的矿山、修建更多的道路、扩大工业化农业以及将更多的废弃物运往垃圾填埋场——所有这些都将对地球产生无法承受的生态后果。我们之所以这样做，是因为我们的经济体系要求我们以指数速度实现生产和消费的增长。事实上，使用清洁能源推动“绿色增长”的机制，其深层的全部诉求在于可以继续保持物质生产和消费的不断增长。否则，我们的能源需求为何要持续保持增长？

改用清洁能源不会减缓所有其他形式的生态破坏。如果我们最终依然要跳入生态崩溃的火海之中，逃离气候灾难的油锅对我们没有太大的帮助。

* * *

然而，绿色增长的支持者迅速做出反应。他们坚持认为，我们要做的只是将 GDP 增长与资源使用“脱钩”。我们不能仅仅使经济活动非物质化，并在资源使用回落到可持续水平的情况下依然保持 GDP 的增长。当然，绿色增长的支持者也承认，从历史上看，资源使用一直与 GDP 同步增长。但这是在全球范围内的普遍现象。如果我们看看某些高收入国家正在发生的事情，这些国家的技术越来越先进，迅速从制造业向服务业转型，我们便能预测未来会发生什么。

当这个想法第一次被提出时，似乎确实有一些有趣的证据支持它。绿色增长支持者指出，尽管 GDP 持续增长，但英国、日本和其他一些富裕国家的“国内物质消费”（DMC）至少自 1990 年以来一直在下降。即使在美国，DMC 的增长在过去的几十年里也或多或少地趋于平缓。新闻记者迅速捕捉到了这些数据，并借此宣扬富裕国家已经达到“顶峰”并且正在

“去物质化”，认为这充分证明了我们可以永远保持 GDP 增长而不必担心对生态的影响。

但生态学家长期以来一直不赞同这些观点。国内物质消费的问题在于它忽略了这个难题中的关键部分：虽然它反映了一个国家所消耗的进口商品，但并未包括生产这些进口商品所消耗的资源。因为富裕国家已将其大部分生产外包给其他发展中国家，顺利地将这部分的资源消耗从其自身的环境负债表中转嫁了出去。为了解释这一点，科学家们更倾向于使用一种称为“材料足迹”的标准来衡量，这一标准包括一个国家进口商品在内所消耗的总资源。

一旦使用这种更全面的衡量标准，很快就会发现富裕国家的物质消费根本没有下降。事实上，近几十年来一直在急剧增长，甚至超过了其 GDP 增长的速度。GDP 增长与资源使用没有脱钩。他们只不过是利用了一种错误的计算方式。[26]

事实证明，就富裕国家的资源消费的强度而言，向服务业转变虽令人广泛称赞，但并没有带来任何实际的改善。自 20 世纪 90 年代开始去工业化以来，服务业增长迅速，占高收入国家 GDP 的 74%，但高收入国家的物质使用速度超过了 GDP 的增长速度。事实上，在高收入国家，虽然服务业对 GDP 的贡献份额最高，但它的人均物质足迹也同样最高。截至目前，在全球范围内依然是如此。世界银行的数据显示，服务业占 GDP 的比重从 1997 年的 63% 增长到 2015 年的 69%。然而在同一时期，全球材料的使用也在加速。换句话说，即使是已经向服务业转型，我们发现全球经济也会呈现再物质化的趋势。

如何来解释这个怪异的结果？首先，人们在服务经济中获得的收入导致人们养成了购买物质商品的习惯。比如，某个人把在油管（YouTube）上赚的钱花在购买家具和汽车等东西上。其次，服务业本身也是资源密集型产业。以旅游业为例。旅游业被归类为服务产业，但它需要庞大的物质基础设施才能得以运营——机场、飞机、公共汽车、游轮、度假村、酒店、游泳池和主题公园（所有这些本身也是服务业）。

鉴于目前掌握的数据，我们没有理由相信向服务业转型会奇迹般地减少资源的使用。是时候摒弃这样的错误迷思了。

还有一些其他的原因。随着时间的流逝，从地球上提取相同数量的材料变得比以前更加困难。所有靠近地面且容易开采的资源都已经被抢夺一空。当人类耗尽了容易获得的矿产和金属储量时，就必须更加深入、更猛烈地开采，才能获得更多的资源。我们知道，石油公司为了开采剩余的石油储量，被迫转向水力压裂、深海钻探和其他“难度更高的技术”，消耗更多的能源和材料才能获得相同数量的燃料。采矿也是如此。根据联合国环境规划署（UNEP）的数据，如今开采每单位金属材料需要耗费的材料已经是一个世纪前的3倍。[27]另一部分原因在于，金属矿石质量的下降，仅在过去10年就下降了25%，这意味着我们需要开采和加工更多的矿石才能得到同样数量的成品。[28]换句话说，尽管采矿技术有了显著的改进，但矿石的材料强度却越来越差，而不是越来越好。联合国的科学家表示，这种令人不安的趋势会一直持续下去。

面对这些数据，绿色增长的支持者更加坚定。他们说，那都是过去的情况。过去没有实现并不意味着未来不可能实现。我们仍然可以改变未来的方向，只需要研发出正确的技术、制定出正确的政策。政府可以对资源开采征税，同时加大对提高资源使用效率的相关投资，将消费模式转向资源密集度较低的商品。例如，人们会把钱花在电影和戏剧上，或者花在瑜伽、餐馆和新的电脑软件上。因此，在资源使用下降的同时，GDP 将继续增长。

这是一个令人欣慰的想法，听起来也很合理。幸运的是，我们现在有证据来测试这一观点是否站得住脚。在过去的几年里，科学家们开发了许多模型，以此来确定政策变化和技术创新对材料使用的影响。结果着实令人非常震惊。

* * *

第一项研究的结果发表于 2012 年，德国研究人员莫妮卡·迪特里希（Monika Dittrich）领导的一个科学家团队进行了相关的研究。[29] 该小组运行了一个复杂的计算机模型，该模型显示，如果经济继续按照目前 2%~3% 的速度增长，全球的资源使用会发生什么变化。科学家们发现，人类对材料的消耗将以与 GDP 完全相同的速度增长。根据现有的数据，这意味着到 2050 年材料使用量将达到每年 2000 亿吨以上，超过安全边界 3 倍。简直是一场灾难。

随后，该团队重新运行该模型，看看如果世界上每个国家都立即采用有效资源利用的最佳实践会发生什么，当然这是一个极其乐观的假设。结果有所改善：资源消耗的增速放缓，但依然呈现上涨的趋势。当资源使用的增长速度慢于 GDP 的增长速度时，就是所谓的相对脱钩。但这与我们所需要的充分的绝对脱钩相去甚远。所以，绿色增长是一个伪命题。

2016 年，第二组科学家测试了一种不同的情景：世界各国都同意超越现有的最佳实践。[30] 在最乐观的情况下，他们假设税收将碳的价格提高至每吨 236 美元（这反过来又提高了材料提取和运输的成本），并设想技术创新可以使我们使用资源的效率翻倍。结果与迪特里希的研究结果几乎完全相同。即使在这些严格的条件下，资源使用量也仍在不断增加。没有绝对的脱钩，也没有实现绿色增长。

最后，在 2017 年年底，曾经大力推崇绿色增长理论的联合国环境规划署加入了这场辩论。[31] 它试验了这样的一个场景：将碳价格提高至每吨 573 美元，征收资源开采税，并假设在政府的大力支持下快速实现了技术的创新。结果如何？资源使用仍在上升，到 21 世纪中叶，资源使用量几乎翻了一番。随着这些结果逐渐浮出水面，联合国环境规划署别无选择，只能改变立场，承认绿色增长只是一个白日梦：在全球范围内根本不可能实现 GDP 增长和物质使用的绝对脱钩。

这究竟是怎么回事？如何解释这些出人意料的结果？

技术原因

早在1865年工业革命期间，英国经济学家威廉·斯坦利·杰文斯（William Stanley Jevons）就注意到了一件相当奇怪的事情。詹姆斯·瓦特（James Watt）刚刚发明了蒸汽机。相比于以前的蒸汽机，热效率成倍提高，煤耗大大下降。所有人都认为蒸汽机的发明会大大减少煤炭的消耗总量。但奇怪的是，结果却恰恰相反：英国的煤炭消耗总量激增。杰文斯发现，其原因在于效率的提高节省了大量的资金，资本家将节省的资金进行再投资从而扩大生产。这势必会促进经济的增长，但随着经济的增长，也必定会消耗更多的煤炭。

这一奇怪的结果就是我们所熟知的杰文斯悖论（Jevons Paradox）。在现代经济学中，这种现象被称为K–B假说（Khazzoom–Brookes Postulate）。两位经济学家于20世纪80年代提出了这一假说，并按照自己的名字进行命名。这一假说不仅适用于分析能源的使用，也适用于分析物质资源的使用。当我们创新性地研发出更有效地利用能源和资源的方法后，我们认为能源和资源的使用可能会暂时下降，却反弹到更高的水平。为什么？因为企业为了提高产量，利用节省下来的资金进行再投资。最终，即便效率的提升令人赞叹，但增长的巨大规模效应甚至会让人忽视效率的提升。[32]

杰文斯用“悖论”一次来描述这一现象。但如果你仔细思考，这样的现象也不足为奇。在资本主义制度下，以增长为导向的公司采用更高效的新技术不只是为了好玩，而是利用新技术促进增长。在整个经济层面上也是如此。如果你问任何一位经济学家，他们都会告诉你：提高效率是好事，因为它们能刺激经济增长。这就是为什么你会发现，尽管效率不断提高，但在整个资本主义的历史进程中，能源和资源的总使用量一直在不断攀升。所以，这并非一个悖论，这正是经济学家所预期发生的事情。尽管效率有所提高，但吞吐量的提高并非因为效率提高。这是有一个重要的教训。认为持续提高效率会神奇地导致绝对脱钩的观念在经验和理论上都是没有根据的。

但还有其他的原因。技术创新对增长的贡献如此之大，并非因为技术的进步使我们减少了对自然资源的使用，恰恰是因为技术的创新使我们能够更多地利用自然资源。

以电锯为例。电锯是一项了不起的发明，它使伐木工砍伐树木的速度比手工砍伐快了 10 倍。但是给工人配备电锯的伐木公司不会因为工人提前完成工作让他们休息，反而会让他们砍伐比以前多 10 倍的树木。由于迫切地需要实现经济增长，技术不是用来在更短的时间内完成同样多的任务，而是用来在相同的时间内完成更多的任务。

蒸汽机、轧棉机、拖网渔船等对经济增长的贡献如此之大，不是因为这些设备会自动产生金钱，而是因为它们能借助资本的推动，加大自然资源投入生产的力度。集装箱化和空运等创新有助于增长，因为它们使货物能够更快地从采掘地或生产地运输到消费地。这甚至适用于元宇宙的算法等看似非物质的创新，这些创新使得广告商能够说服消费者购买他们原本不会消费的产品来实现增长。元宇宙之所以发展成为一家市值数千亿美元的公司，不是因为它给网民提供了一个互相分享图片的平台，而是因为它扩大了生产和消费的过程。

一旦我们理解了深层次的原因，就不奇怪为什么几个世纪以来虽然技术实现了非凡的创新，但能源和资源的使用量仍然不断上升。在一个利用技术创新来扩大开采和生产的系统中，希望更多的技术创新会以某种方式神奇地减少能源和资源的使用是毫无意义的。

还有最后一个问题。科学家们开始意识到，我们使用资源的效率存在物理限制。当然，我们也许能够更高效地生产汽车、苹果手机，抑或更高效地建设摩天大楼，但我们不能凭空生产出它们。我们可能会将经济发展的重心转向瑜伽和电影等服务行业，即使是健身工作室和电影院也需要物质投入。产品的“轻量”程度总是有限制的。一旦我们接近这个极限，持续的增长势必会导致资源使用再次开始上升。

最近，澳大利亚籍科学家詹姆斯·沃德（James Ward）领导的团队对这个问题进行了详细的研究。他们运行了一系列技术创新速度极其乐观的模型，创新的速度远远超出了科学家认为可行的范围，甚至比绿色增长支持者所提出的任何模型都要快。他们发现，虽然在短期内资源使用量呈现下降的趋势，但从长远来看，资源使用量会再次上升，与增长率相匹配。

沃德的团队表示，他们的发现“有力地反驳了绝对脱钩的主张”。他们团队得出的结论在生态经济学领域得到了广泛的认可，值得详细引述：

> 我们的结论是：无论GDP增长与资源使用是相对脱钩还是绝对脱钩，充其量都只是暂时的。对于基本的、不可替代的资源而言，不可能实现永久脱钩（不论绝对或相对），因为效率的提高最终取决于物理的极限。归根结底，GDP的增长无法与材料和能源使用的增长脱钩，也就意味着GDP的增长明显不可能无限期地持续下去。因此，围绕可能脱钩的预期制定以增长为导向的政策具有一定的误导性。

* * *

需要明确的是：技术创新对战胜未来的生态危机极其重要——事实上，是具有生死攸关的重要性。我们需要尽一切努力实现所能实现的创新和效率的提升，从而大幅降低经济中资源和碳的密集程度。但我们面临的问题与技术无关，与增长有关。我们一次又一次地发现，增长的必要性抹杀了最先进的技术带来的所有效益。

我们倾向于认为资本主义是一种激励创新的制度。事实也确实如此。荒谬的是，创新的潜在生态效益受制于资本本身的逻辑，但其实不必如此。如果我们转变经济的发展模式，不再以增长为中心，技术创新或许有机会发挥我们预期的作用。在后增长经济中，效率的提高实际上会减少人类对地球的影响。一旦我们从增长的迫切需要中解放出来，便可以自由地为改善人类和生态福利实现各种不同类型的创新，不再只是为了加快开采和生产速度而创新。

循环经济是否可行

我们还需要正视另一个常见的与循环利用有关的谬误。作为应对生态危机的对策，“循环经济”的理念最近在政界获得了广泛的关注。而如今似乎每个人都愿意接纳这一观点。循环经济的理念表明，如果我们能够提升循环利用率，就可以无限期地保持 GDP 的增长，并且不用担心资源消耗对生态的影响。欧盟将此视为拯救资本主义的计划，希望循环经济能够“促进经济的可持续增长”。

没错，我们当然应该大力发展循环经济。但寄希望于通过循环经济拯救资本主义的想法根本站不住脚。首先，我们使用的大部分材料都无法循环再利用。其中 44% 是粮食和能源的投入，粮食和能源在使用完毕后会不可逆转地退化。[33] 27% 是建筑和基础设施存量的净增量。另一大部分是采矿产生的废物。[34] 最后，我们总的材料使用中只有一小部分具有循环潜力。即使我们循环利用了所有的资源，经济增长也会使资源消耗的总量继续上升。无论如何，我们正朝着错误的方向前进：随着时间的推移，循环再利用率将持续下降，绝不会提高。2018 年，全球经济实现了 9.1% 的循环利用率。两年后，这一比例就降至 8.6%。这并不是因为我们的循环系统越来越差，而是因为物质材料总需求的增长超过了循环再利用的实际收益。需要再次强调的是，问题不在于技术，而在于增长。[35]

但是，“绿色增长”循环经济的理念还存在一个更根本的问题。即使我们能够 100% 循环利用所使用的材料，也会对 GDP 的增长前景构成问题。增长往往需要一个外部环境，即一个可以免费或尽可能免费地攫取价值的外部来源。在循环经济中，材料成本是内部的。从生态的角度来看，这是好事，但从资本积累的角度来，却是坏事。循环利用需要花钱，而循环利用材料的成本使得维持盈余的增长变得更加困难。随着时间的推移，压力会越来越大：材料每循环利用一次，都会退化。因此，为了维持材料的质量，需要不断地增加能源的投入，成本也会不断增加。

有人认为：为了解决生态危机，我们所需要做的就是给自然“定价”，这样就能保持资本主义的完整。如果我们可以对“生态系统服务”（比如蚯蚓、蜜蜂和红树林增加的价值）收费，市场就会做出相应的反应，我们就可以摆脱困境。这是一个很好的想法，认识到自然的价值肯定是朝着正确方向前进了一步。但请记住，增长需要“外部环境”。定价的本质是将生产成本内部化，这就削弱了增长的前景。正是出于这个原因，没有任何一个资本主义政府同意实施这项计划。事实上，这也正是人类为什么这么久也未能给碳制定出一个合理的价格，因为这实际上是在给自然定价。成本内部化虽然很重要，但它不符合资本主义的逻辑。

其中的底线在于：我们绝对应该寻求建立一个尽可能循环的经济！但增长的必要性使这个梦想变得难以实现。在后增长的经济体中，提升经济的循环性会更为容易。

绿色增长的异位之处

表明绿色增长站不住脚的证据已经堆积如山。然而面对这些证据，绿色增长的支持者开始寄希望于通过童话故事阐明绿色增长的合理性。他们认为，也许绿色增长在经验上不切实际，但在理论上一定有其合理性。我们只是受限于自己的想象力！我们没有理由不能在每年物质消耗量减少的情况下，依然维持收入的增加。

他们是对的。在一个神奇而另类的世界里，没有什么先天的原因表明，绿色增长缺乏成立的理论基础。但是，当我们开始兜售童话故事时，始终存在一定的道德风险。这些通话故事告诉人们不要担心，因为最终，GDP 将以某种方式与资源使用脱钩，人类就能摆脱困境。在气候危机和物种大规模灭绝的时代，我们没有时间推测虚构的可能性。没有时间等待对生态的强大破坏力突然停止，并且所有的证据表明这种破坏力不会突然停止。这是不科学的，是拿人类生命，甚至是拿地球上所有的生命去做一场极度不负责任的赌博。

有一个简单的方法可以解决这个问题。几十年来，生态经济学家提出，我们可以通过简单而优雅的干预一劳永逸地结束这场争论：对每年的资源使用和浪费设定上限，并逐年收紧，直到回到正常的地球边界内。[36] 如果绿色增长的支持者相信在材料使用量迅速减少的情况下，GDP 依然能永远保持增长，那么他们对此应该毫不担心。反过来，他们应该欢迎这样的举动。这将使他们有机会一劳永逸地向世界证明他们的观点是对的。事实上，对资源使用和浪费进行严格限制，将有助于激励转型，推动 GDP 向非物质化增长的转变。

但每次我们向绿色增长者提出这项政策时，他们都十分抗拒。事实上，据我所知，没有一个绿色增长的支持者愿意接受这样的观点。为什么不呢？我怀疑，尽管有近似童话故事般的包装，但在某些深层意义上，他们意识到这不是资本主义的实际运作方式。500 年来，资本主义的发展一直都依赖于对自然的攫取。它总是需要一个在自身之外的“外部环境”，从那里免费地掠夺价值，而不需要付出等价的回报。这才是推动增长的动力。限制材料提取和浪费就会有效地杀死这只下金蛋的鹅。

* * *

如果我们假装他们同意，想象一下会是什么情景。如果我们限制资源使用，将其缩减到每年 500 亿吨的可持续水平，并始终保持在这一水平。假如绿色增长的支持者是正确的，GDP 以每年 3% 的速度永远增长。请记住，这是一个指数函数，所以不到 200 年，全球 GDP 的总值将大约是现在的 1000

倍。这个假设的场景会是什么样子呢？当资本不再被允许通过掠夺自然来推动增长时，我们必须反问自己：它又会设计出什么样的新剥削形式？

首先会遭殃的就是劳动力。不难想象，如果资本无法剥削自然，势必会加倍剥削人。增长的必要性已经给世界各地的政治家施加了巨大的压力，要求他们削减工资、无视劳动法规。我们显然能够预见：在资源被限制使用的情况下，这种压力会显著加剧。增长将会演变成一场寻找更廉价的劳动力来源的竞赛。

但是，让我们暂且相信绿色增长的支持者，假设他们足够进步，不仅会遵守劳动法规，甚至还试图健全和完善劳动法规。假设所有国家采用相同的国际最低工资标准，将劳动力剥削的硬性下限与对物质剥削的硬性上限相匹配。在这种情况下，资本将面临巨大的压力，需要寻找新的领域来实现剩余价值的积累。它需要在其他的领域找到“解决办法”，比如可供掠夺的新资源、新的投资渠道和新的销售市场。如果既不能从自然中免费攫取（因为资源上限）剩余价值，也不能从人类身上免费榨取（因为工资底线）剩余价值，那么该从哪里创造剩余价值？[37]

一些经济学家表示，可以从更好的产品中积累剩余价值，比如更耐用、质量更好的产品。产品会“更好”几乎都是因为它们体现了更多的劳动时间、更多的技能或更先进的技术，因此尽管它们使用更少的材料，但价值反而更高。但这也恰恰是问题所在。是的，我们绝对应该努力建设一种重质而不重量的经济。但仅靠这一机制推动3%的增长，所有产品必须平均每年“提质”3%，到2200年所有产品的质量需要提高1000倍，而任何的质量提升都一定是建立在成本提升的基础上。出于这些原因，绿色增长似乎不够可行。

首先，思考一下我们过上好的生活需要哪些必要的物品。但我们很难想象，如果所有东西的质量都提升了1000倍，我们能如何从中受益。即便我们能想象癌症的治疗效果好1000倍给人类带来的收益，但如果是一张桌子的质量提升了1000倍呢？一件连帽衫的质量提升了1000倍呢？事实上，事情开始变得荒谬。其次，如果产品因为更耐用或更有效而变得“更好”，很可能不利于增长。之所以不利于增长，是因为营业额会降低。如果桌子和连帽衫的使用寿命延长1000倍，就意味着我们的购买需求减少了1000倍。再次，如果质量的提升需要付出更多的劳动力（例如，需要手工编织连帽衫而不能继续大批量生产连帽衫），那么便会出现人们的工作时间要延长1000倍的问题，这有悖于改善人类生活的目标。最后，为了将“质量的提升”转化为更高的价格，必须将“质量的提升”商品化（或圈占）。在某些情况下或许无可厚非，但在有些情况下，我们可能并不希望这种质量的提升完全商品化。例如，如果我们开发出更好的癌症治疗方法或其他挽救生命的药物，我们可能并不希望购买这些药物的费用提升1000倍。

如果我们认为资本对不断扩张的需求只会制造出更好的产品，那可就太天真了。过去，当资本触及利润增长的极限时，便会寻求其他的解决方法，诸如殖民化、结构调整计划、战争、限制性专利法、邪恶的债务工具、土地掠夺、私有化以及圈占水和种子等公用资源等。为什么这次会有所不同？事实上，生态经济学家贝斯·斯特拉特福德（Beth Stratford）的一项研究发现，当资本面临资源限制时，就会转向激进的寻租行为。[38] 资本会试图在任何可能的地方攫取现有价值，并通过巧妙的机制将收入和财富从公共领域吸收到私人手中，加剧穷人和富人之间的不平等问题。

如今，有些人可能会争辩说，从理论上讲，资本主义可以在完全非物质的商品中找到增长的机会。这个观点表面上听起来不错。但问题在于，非物质商品往往已经很丰富并且可以免费获得，或者很容易分享。在所有新价值都必须是非物质的背景下，为了保持利润的不断增长，资本很可能圈占目前丰富且免费的非物质公用资源，使它们人为地变得稀缺并迫使人们为其付费。可以想象这样一种经济体制：不仅水和种子被私有化、商品化，被卖给人们以换取金钱，知识、歌曲和绿地也可能会被人们为了换取金钱而私有化；甚至连养育子女和拥抱，或者空气都会被私有化。至于普通大众，他们将不得不从事更多的工作，生产潜在的非物质产品来出售，只是为了赚取足够的工资来购买自己过去可以免费获得的非物质的东西。

这里的重点是，摒弃从自然中攫取这一过去必要的解决方案，会迫使资本寻找其他的解决方案。这就是增长暴力的一面。在我们有 500 年的数据表明现实可能并非如此时，假装这些其他解决方案会神奇地不产生任何危害，简直是一种异常天真的想法。

毋庸置疑的假设

但一切的惊人之处在于，人们依然愿意不遗余力地证明持续追求经济增长的合理性。每当生态与增长之间出现冲突时，经济学家和政治家就会选择后者，并尝试更多创造性的方法来让现实顺应增长。政客们愿意将一切都押在投机性技术上，从而避免面临彻底减排的紧迫性。绿色增长的支持者试图通过古怪的虚构场景和巧妙的会计技巧，让我们错误地相信可以继续维持现状。他们愿意冒一切风险，实际上也的确是一切的风险，只是为了保持 GDP 的增长。

然而，值得注意的是，这些人都没有费心去证明他们的核心前提——我们需要年复一年地永远保持经济增长的假设。它只是被视为一种信仰，大多数人不会停下来质疑这一假设是否成立。在某些圈子里，这样做的确会被认为是某种异端邪说。但如果这个假设是错误的呢？如果高收入国家不需要增长怎么办？如果我们可以在根本不需要扩大经济规模的情况下改善人类福祉怎么办？如果我们能够产生快速过渡到可再生能源所需的所有创新，而无须增加一美元的 GDP，又会如何？如果我们不用如此拼命地试图将 GDP 的增长与资源和能源使用脱钩，而是将人类进步与 GDP 脱钩，会怎样？如果我们能找到一种方法，让人类文明和地球摆脱增长的必要性的压力，又会怎样？

既然我们愿意幻想用投机的科幻童话故事来维持现有经济的发展，为什么不能想象一种完全不同的经济体制呢？

第二部分

第四章
美好生活的秘诀

雁群在高天出现，
它们凌空掠过，蔽日遮天。
爱情和睡梦中的率性，
使大雁们团结着前行，
它们古老的信念清晰无比：
我们所需要的就是这里。
我们祈祷，
不企求一片新天地，
但求心灵和清澈目光的静谧。
我们所需要的就是这里。

——温德尔·拜瑞（Wendell Berry），《我们所需要的就是这里》

如何解释增长主义对人类政治想象力的束缚？我们都认为，无论一个国家变得多么富裕，它的经济都必须不计成本地无限期地保持增长。即使越来越多的关于生态崩溃的证据涌现在人们面前，经济学家和政策制定者也坚持增长主义的立场。

当面临压力时，他们会给出一个非常简单的解释：在过去的几个世纪里，人类福祉的提升和寿命的大幅延长，都是因为增长。我们需要保持增长才能不断改善人类的生活，放弃增长本质上就是放弃人类的进步。

这个刺耳的叙述看上去非常正确。现如今，人们比过去过上了明显更好的生活，所以我们似乎有理由相信，这一切都归功于增长。但科学家和历史学家却表达了对这一观点的质疑。我们发现，这样一个在人类社会中如此根深蒂固的主张，其潜在的经验基础却如此薄弱。事实证明，增长与人类进步之间的关系并不像我们过去想象得那么紧密。增长本身并不重要，重要的是人类生产的是什么产品，是否能够获得生活必需的商品和服务。人类社会发展到某个阶段后，根本不需要创造更高的 GDP 来改善人类的福祉。

进步从何而来

早在 20 世纪 70 年代初期，一位名叫托马斯·麦基翁（Thomas McKeown）的英国学者提出了有关增长的理论。几十年来，他的理论塑造了公众对增长的看法。麦基翁对平均寿命的历史趋势很感兴趣。在分析英国的数据时，他发现自 19 世纪 80 年代之后，人类的平均寿命显著延长，这是历史记录中从未有过的进步。和当时的其他学者一样，他很想知道究竟是什么原因使人类寿命不可思议地延长了这么多。这似乎是一个谜。大多数人认为这与现代医学的创新有关，这种说法听上去似乎也很合理。但麦基翁找不到太多证据证明这种说法。当他研究其他的理论时，发现了一个看似合理的解释：一定是由于平均收入的增加。毕竟，当时工业革命正在进行，GDP 逐步上涨，经济增长使社会变得更加富裕。这无疑是改善健康的驱动因素。

麦基翁的说法颠覆了传统观念，立即引起了轰动。与此同时，美国人口学家塞缪尔·普雷斯顿（Samuel Preston）发表的另一证据，似乎也支持了麦基翁的观点。人均 GDP 较高的国家，人的平均寿命也往往较长。生活在贫穷国家的人一般寿命较短，而富裕国家的人一般寿命较长。于是，我们势必会得出这样一个显而易见的结论：GDP 增长是推动人类福祉指标取得进步的关键驱动力。

麦基翁的观点和普雷斯顿曲线逐渐被大众所熟知，也引起了经济学家和政策制定者的注意。当时，增长主义的意识形态刚刚开始站稳脚跟，又恰逢冷战的高潮时期，美国政府正向全世界兜售美式资本主义是通向发展和进步的门票。麦基翁的观点为这样的论述提供了有力的证据，于是人们开始普遍信奉增长主义。世界银行和国际货币基金组织的团队走遍了各个发展中国家，他们宣称：如果政府想要降低婴儿死亡率、提高平均寿命等社会指标，根本不需要花大力气建立公共卫生系统（许多国家在殖民统治结束后一直试图建立公共卫生系统），只需要专注于为增长铺平道路。各国应不惜一切代价减少环境保护、劳动法对发展的限制，削减医疗和教育支出、减少对富人征税。虽然这听上去似乎是一种倒退，在短期内可能会造成些许不良的影响，但最终这是真正改善人们生活的唯一方法。

那是令人兴奋的日子。在20世纪80年代至90年代，即新自由主义时代的前20年，这种观点占据了至高无上的地位。这也是在80年代的债务危机之后，全球大多数发展中国家激进地实施结构调整计划的关键原因。但此后几十年的研究普遍提出了一些严肃的问题，即增长是否能够等同于人类进步。

但问题是，麦基翁表达自己的观点时，并没有考虑长期的数据。如果他对历史记录进行更深入的分析，便会得出截然不同的结论。正如我们在第一章中看到的，从1500年一直到工业革命，资本主义的长期崛起给它的所到之处都造成了严重的社会混乱。欧洲的圈地运动、原住民种族灭绝、大西洋的奴隶贸易、欧洲的殖民扩张、印度饥荒等，你甚至可以清楚地估算出所有这些社会动荡对世界各地的人类福祉造成了多少的损失。在公共卫生记录中，过去的伤痕依然清晰可见。在资本主义历史的大部分时间里，增长并没有改善普通民众的生活，实际上却适得其反。[1]牢记一点：资本主义扩张是建立在人为稀缺性的基础之上。资本家圈占了公用资源，即土地、森林、牧场和人们所赖以生存的其他资源，摧毁了自给自足的经济，强行将普通大众推向劳动力市场。饥饿的威胁被用作提升竞争生产力的武器。即便GDP一直在增长，人为的稀缺性也经常导致普通民众民不聊生，福利更是无从谈起。

直到近400年后，英国的平均寿命才终于开始延长，呈现麦基翁所观察到的上升趋势。没过多久，欧洲其他国家人们的平均寿命也开始延长。但在被殖民的国家中，直到20世纪，人们的平均寿命才开始延长。因此，如果增长本身与平均寿命和人类福祉没有必然的联系，那么又该如何解释这种趋势呢？

如今，历史学家指出，之所以呈现出这样的趋势，是因为对卫生的干预措施非常易于实现，而麦基翁却忽略了这一点。[2] 在19世纪中期，公共卫生研究人员发现，可以通过采取简单的卫生措施来改善大众的健康状况，例如将污水与饮用水分离。只需要建设一些公共管道便可实现这一点。但公共管道需要公共工程和公共资金，所以，为了建设公共水泵和公共浴室等设施，必须要占用私人土地。并且，为了将公寓和工厂与公共设施系统连接，必须占用大众的私有财产。这就是问题的根源。几十年来，资产阶级并没有意图支持和推动公共卫生目标的实现，而是阻碍这一进程的推进。具有自由主义思想的地主拒绝让官员使用自己的财产，并拒绝支付实现这一目标所需的税款。

只有在普通民众赢得投票权、工人成立工会后，这些精英阶层的阻碍才被打破。在接下来的几十年里，这些运动利用国家干预资产阶级，比如在英国最早由宪章派和市政社会主义者发起了一系列运动。他们为了一个新的愿景而奋斗：城市的管理应该是保障城市所有人的利益，而不只是少数人的利益。

这些运动不仅建设了公共卫生系统，而且在随后的几年里，还为公共医疗保健、疫苗接种覆盖率、公共教育、公共住房、提升工资和创造更安全的工作环境等奠定了基础。历史学家西蒙·斯瑞特的研究指出，公共产品在某种程度上是一种新的公地，普通大众有机会享用新的公用资源对人类健康产生了显著的积极影响，并使得 20 世纪人类的平均寿命大幅延长。[3]

公共卫生研究人员十分认同并支持这一解释。有数据表明，单单是因为饮水卫生措施的改善，在 1900 年至 1936 年，美国婴儿死亡率就下降了 75%，总的死亡率下降了一半。最近，某个国际医学科学家团队所做的一项研究发现，在卫生设施建设完成之后，导致平均寿命延长的最大原因是全民医疗的普及以及儿童疫苗的接种。[4] 一旦有了这些基本的干预措施，教育就成了平均寿命持续延长的最重要的原因，尤其是女性的受教育水平。学得越多，就活得越久。[5]

不要误会我的意思。通常情况下，收入较高的国家的确比收入较低的国家平均寿命更长。但这两个变量之间没有直接的因果关系。斯瑞特指出："历史记录清楚地表明，经济增长本身对人口健康没有直接、必要的积极影响。充其量只能说它为改善大众的健康水平创造了长期的潜力。"[6] 这种潜力能否实现取决于决定收入分配方式的政治力量。只有进步的政治运动和政府才能推动人类福祉的提高，它们设法利用资源保障提供充足的公共产品和公平的工资。事实上，历史记录表明，如果没有这些力量的保障，增长往往与社会进步背道而驰，不会促进社会的进步。

收回公用资源

当然，全民医保、卫生、教育和体面的工资等类似的保障需要大量的资源，经济增长绝对可以帮助实现这一目标。甚至在许多贫穷国家，必须追求经济增长。但关键是，在改善人类福祉方面，真正重要的干预措施并不需要高水平的 GDP。GDP 与人类福利之间的关系呈现出一条饱和曲线，收益急剧递减：当 GDP 达到一定的水平之后，GDP 的增长对人类繁荣几乎起不到任何作用，而高收入国家的 GDP 早已超越了这一水平。[7] 所以，GDP 与人类福祉之间并没有直接的关系。

事实上，有许多国家虽然人均 GDP 水平较低，却保持了惊人的高福利水平。这些国家被视为“异常值”，但它们证明了斯瑞特和其他公共卫生研究人员一直竭力想要证明的观点：一切都与分配有关。最重要的是对普遍公共产品的投资。自此，有趣的事情发生了。

以平均寿命为例。美国的人均 GDP 为 59500 美元，是世界上最富有的国家之一。但美国人的平均寿命为 78.7 岁，仅仅排在 20%。在这一关键指标上，有几十个国家虽然收入完全无法与美国相提并论，但平均寿命却超过了美国。日本的收入比美国低 35%，但平均寿命为 84 岁，是世界上平均寿命最高的国家。韩国的收入不及美国的 50%，但平均寿命是 82 岁。

然后是葡萄牙，其收入比美国低 65%，平均寿命为 81.1 岁。这不仅仅是几个特例的问题。欧盟的总体收入比美国低 36%，但包括平均寿命在内的几乎所有福利指标都超过了美国。

然后是哥斯达黎加，这可能是最令人震惊的例子。尽管收入比美国低 80%，但这个热带雨林丰富的中美洲国家的平均寿命依然超过了美国。事实上，哥斯达黎加是地球上生态效率最高的经济体之一，因为它有能力在对环境影响最小的情况下提供高标准的福利。纵观哥斯达黎加的历史，现实会变得更加令人向往：在 20 世纪 80 年代，哥斯达黎加的平均寿命实现了惊人的增长，赶上并超过了美国，但当时其人均 GDP 只有美国的七分之一，而且 GDP 毫无增长。

不只是平均寿命，在教育方面的指标依然是如此。芬兰以拥有世界上最好的教育系统而闻名，尽管其人均 GDP 比美国低 25%。爱沙尼亚的教育也名列前茅，但收入比美国低 66%。[8] 波兰的教育系统也优于美国，但其收入比美国低 77%。在联合国发布的教育指数中，白俄罗斯的人均 GDP 比美国低 90%，但其教育水平却超过了奥地利、西班牙、意大利等 GDP 水平较高的国家。

这些国家为何能取得如此优异的成果？很简单：他们都在投资建设高质量的全民医疗和教育系统。[9] 对保障长寿、健康、富足的生活而言，这才是最重要的。

好消息是，投资医疗和教育的成本并不昂贵。事实上，全民公共服务的运行成本效益明显高于私营服务。以西班牙为例。西班牙政府为每位公民提供高质量的医疗保健服务作为一项基本权利，人均花费只需要 2300 美元，却使西班牙人的平均寿命延长至 83.5 岁，比美国人的平均寿命高了整整 5 岁，成为世界上平均寿命最高的国家之一。相比之下，美国的私人的营利性医保体系每人需要负担 9500 美元的高昂成本。即便成本高昂的令人瞠目结舌，但平均寿命和健康结果却更为糟糕。

发展中国家的某些地区也出现了类似的有希望的例子。当这些国家的政府在投资全民公共医疗保健和教育之后，其平均寿命和其他人类福利指标方面得到了飞速的进步。[10] 斯里兰卡、卢旺达、泰国、中国、古巴、孟加拉国和印度喀拉拉邦皆是如此，尽管这些国家和地区的人均 GDP 相对较低，却取得了惊人的进步。

经验证据一次又一次地表明，即使一个国家的 GDP 水平相对较低，也有可能实现高水平的人类发展。根据联合国的数据显示，有些国家的购买力平价（PPP）只有 8000 美元，但平均寿命却能达到全球最高水平；而有些购买力平价只有 8700 美元，但教育指数却能达到较高水平。事实上，即使一个国家的购买力平价不足 10000 美元，也依然可以在各类关键的社会指标（除健康和教育外，还包括就业、营养、社会支持、民主和生活满意度等）上达到较高水平，同时使增长保持在地球边界之内或临界点。[11] 值得注意的是，这些国家的人均 GDP 水平远低于世界人均 GDP 17600 美元购买力平价这一标准。换句话说，理论上，只要政府能够投资公共产品，更公平地分配收入和机会，就可以用比现在更低的 GDP 为世界上的所有人实现所有的社会目标。

所以很明显，GDP 和人类福利之间的关系在某个阶段之后就会破裂。但这种关系更值得深思的是：超过一定的阈值，更多的增长实际上会开始产生负面影响。当我们查看其他的进度指标时，我们可以发现不一样的效果。以真实发展指标（GPI）为例，从个人消费支出这个概念中衍生了 GDP 和 GPI 两个概念，GPI 会因为收入以及经济活动的社会和环境成本变化而上下浮动。一旦考虑了增长的成本和收益，这一衡量标准能够让我们更为平衡地了解经济发展的真实情况。如果把各个历史时期的数据绘制成图，我们会发现全球的 GPI 与 GDP 一直呈现同步增长的趋势。直到 20 世纪 70 年代中期，GPI 与 GDP 此后趋于平缓甚至呈现下降的趋势，因为增长的社会和环境成本已经高到足以抵消消费所产生的收益。[12]

正如生态学家赫尔曼·达利（Herman Daly）所说，当增长到了某个点之后，就开始变得“不经济”：它开始创造比财富更多的“疾病”。我们发现这一观点有很多现实的体现：高收入国家对增长的持续追求正在加剧不平等和政治不稳定[13]，由此引发人们因为超负荷工作和睡眠不足而出现的压力和抑郁。此外，环境污染也会诱发糖尿病和心脏病等健康问题。

* * *

我第一次了解到这一观点时，非常震惊。之所以震惊，是因为它使我们能够以不同的方式思考增长。从人类福利的角度来看，美国、英国和其他高收入国家高水平的 GDP 都大大超出了它们的实际需求。

以如下这个思想实验为例：如果葡萄牙的人类福利水平比美国高，但人均 GDP 比美国低 3.8 万美元，那么我们可以得出结论，美国人均收入的 38000 美元实际上被“浪费”了。就美国的整体经济而言，每年总计浪费高达 13 万亿美元。这个数字也反映出了每年价值 13 万亿美元的开采、生产和消费带来了价值 13 万亿美元的生态压力，没有给人类福利的基础带来任何的提升。实际上是得不偿失。这意味着，从理论上而言，如果收入分配更加公平，政府投资公共产品，即便美国经济在目前规模的基础上缩减 65%，依然能够改善普通美国人的生活。

当然，我们可能会期待，富裕国家所创造的额外的收入和消费会大大提升当地人的生活质量。但平均寿命和教育的数据并未显示出任何相关的改善。那么当地人生活的快乐和幸福程度究竟如何？随着 GDP 的上升，这些更主观的指标肯定也会随之上升吗？这似乎是一个合理的假设，毕竟美国梦承诺收入和消费是通往幸福的门票。但奇怪的是，当我们审视快乐和幸福感的总体衡量标准时，却发现充分的事实证明这些指标与 GDP 之间的关系并不紧密。经济学家伊斯特林（Easterlin）最早发现了这一悖论，所以该悖论被命名为伊斯特林悖论。

在美国，民众的幸福指数在 20 世纪 50 年代达到了顶峰，当时的人均 GDP 仅为 15000 美元（以今天的美元计算）。从那时起，美国人的平均实际收入翻了两番，但在过去的半个世纪里，幸福感却丝毫没有提升，甚至出现了下降的趋势。英国的情况亦是如此，尽管收入增长了两倍，但自 20 世纪 50 年代以来，人民的幸福感反而下降了。[14] 类似的情况也正在一个又一个国家上演。

如何来解释这个悖论？研究人员再次发现，重要的不是收入有多少，而是收入的分配方式。[15] 在收入分配不均的社会，人们的幸福指数往往都不高。其原因有很多，不平等会给人不公平的感受，继而破坏社会的信任、凝聚力和团结。此外，还会导致健康状况不佳、犯罪率升高和社会流动性较低。如果人们生活在不平等的社会中，往往会对自己的生活感到更加沮丧、焦虑、不安和不满，因而患有抑郁症的可能性更大。

不难想象这会给现实生活带来哪些影响。如果老板给你加薪，你的幸福感也会因此提升。但是当你发现你的同事得到的加薪是你的两倍时，你又会有什么感受？突然间，你一点也不快乐，甚至会感到沮丧。你会觉得自己被贬低了，对老板不再信任，与同事的关系也会因此而变得脆弱。

在消费方面也呈现出类似的状况。不平等使人们感到自己拥有的物质产品不足，总是不断地想要更多的东西，并不是因为真正需要这些东西，而是想要攀比。我们的朋友和邻居拥有的东西越多，我们就越觉得自己需要与他们一样，这样才不会觉得自己很失败。相关的数据清楚地表明：生活在高度不平等的社会中的人比生活在平等社会中的人购买奢侈品的可能性更大。[16] 我们不断购买更多的东西是为了让自己感觉更好，但我们从未因此收获良好的感觉，因为我们衡量美好生活的基准永远被富人（以及如今在社交媒体上有影响力的人）推到遥不可及的程度，最终发现自己在毫无必要的过度消费的道路上原地打转。

那么，既然收入无法提升幸福感，那么什么因素能提升人的幸福感呢？2014 年，政治学家亚当·克萨瑞（Adam Okulicz-Kozaryn）对有关这个问题所有的现有数据进行了研究，得出了一个引人瞩目的结论：在保持其他因素不变时，建立了健全的福利体系的国家，人们生活的幸福水平最高。福利体系资金越充裕、覆盖面越广，人们的生活就越幸福。[17] 这意味着有诸如全民医保、失业保险、养老金、带薪假期和病假、经济适用房、日托和较高的最低工资等福利。当人们生活在一个公平且充满爱的社会里，每个人都可以平等地获得社会产品时，民众不必花时间担心如何满足日常的基本需求，可以享受生活的乐趣。他们也不会觉得自己需要与邻居不断竞争，而是共同建立社会团结的纽带。

这就解释了为什么这么多国家的人均 GDP 明显低于美国，但大众生活的幸福水平却高于美国。类似的国家有很多，包括德国、奥地利、瑞典、荷兰、澳大利亚、芬兰、加拿大和丹麦等，这些国家都是典型的社会民主主义含量高的国家。哥斯达黎加也属于这类国家，它的福利指标与美国持平，但人均收入仅有美国的五分之一。[18] 这些国家人们的幸福水平较高都归功于强大的社会供给。

幸福感的相关数据更加出人意料。但一些研究人员也指出，我们不应该满足于仅仅关注幸福感。我们应该关注人们的意义感，即一种隐藏在日常情绪波动之下的更深刻的状态。说到意义，影响意义的重要因素与 GDP 的关系就更加微弱了。当人们有机会表达同情心、合作、归属感和人际关系时，才会觉得自己过着有意义的生活，这也就是心理学家所谓的“内在价值”。这些价值与外在指标无关，比如你有多少钱，或者你的房子有多大，而是更深层次的内在价值。与收入或物质消费增加带来的短暂冲动相比，内在价值带来的波动可能更强大、更持久。[19] 人类是为了共享、合作和社区而进化的。人只有在身处能够表达这些价值观的环境中才能茁壮成长，身处于扼杀这些价值观的环境中，只会受苦受难。

意义对人们的生活有着真实的、实质性的影响。2012 年，斯坦福医学院（Stanford School of Medicine）的一组研究人员到达哥斯达黎加的尼科亚半岛（Nicoya Peninsula），试图弄清该地区居民的平均寿命较长的真实原因。众所周知，哥斯达黎加人的平均寿命很长，平均大约 80 岁。但研究人员注意到尼科亚人的寿命更长，平均寿命可达 85 岁，该地区是世界上平均寿命最长的地区之一。这很奇怪，因为就收入而言，尼科亚是哥斯达黎加最贫穷的地区之一。但尼科亚的经济是一种自给自足的经济，人们过着传统的农业生活。那么如何解释这一结果呢？很大一部分原因是哥斯达黎加拥有出色的公共卫生服务体系。但研究人员发现，尼科亚人的长寿是出自其他原因。不是饮食，不是基因，而是完全出乎意料的原因：社区。寿命最长的尼科亚人都与家人、朋友和邻居保持着密切的关系。即使到了老年，他们也依然保持联系。他们觉得这很有意义。事实上，最贫困家庭的平均寿命最长，因为他们更有可能生活在一起，相互依赖。[20]

想象一下。与地球上最富裕经济体的人们相比，在哥斯达黎加农村过着自给自足的生活的人们寿命更长、生活更健康。生活在北美和欧洲的人，有高速公路、摩天大楼和购物中心、大房子、汽车和五花八门的机构，这些都是“发展”的标志。然而，在衡量人类进步的核心指标方面，这些都没有让他们比尼科亚的渔民和农民占据丝毫的优势。堆积如山的数据让我们一次又一次地意识到，当涉及真正重要的问题时，最富裕国家赚取的剩余 GDP 不会给他们带来任何好处。

无增长的繁荣

这些都是好消息。这意味着即便没有增长，中高收入和高收入国家依然可以保障所有人过上富足的生活，实现人类发展的真正进步。我们也清楚地知道应该如何有效地做到这一点：减少不平等，投资常用的公共产品，更公平地分配收入和机会。

令人兴奋的是，它对生命世界产生了直接的积极影响。随着社会变得更加平等，人们不太会迫于压力去追求更高收入和更能彰显自身地位的浮华商品。这将人们从无休止的消费主义中解放出来。以丹麦为例。针对消费者的调查显示，由于丹麦与大多数其他高收入国家相比更加平等，因此丹麦人买衣服的频率要低于其他国家的同龄人，而且保留的时间更长。丹麦公司的广告成本较低，因为人们对不必要的奢侈品购买不那么感兴趣。[21] 这就是在保持其他因素一致时，社会越平等，人均排放水平越低的原因之一。[22]

此外，减少不平等也会以更直接的方式减少对生态的影响。富人的生态足迹比其他阶层的人要高得多。自 1990 年以来，世界上最富有的 10% 的人口，碳排放量占全球总排放量的一半以上。换句话说，世界各地的富人是造成全球气候危机的重要族群。随着收入的攀升，情况也变得更加不平衡。最富有的 1% 的人口，其排放量是最贫困的 50% 的人的 100 倍。[23] 为什么？这不仅是因为他们消费的东西比其他人都多，还因为他们消费的东西都是能源密集型产品，比如大房子、豪华汽车、私人飞机、频繁搭乘航班、长途假期、进口奢侈品等。[24] 如果富人的钱多得花不完——现实总是如此，他们又会将多余的钱投资于扩张性的行业，而这些行业往往也会对生态造成破坏。

因此，我们可以得出一个简单但却激进的结论：任何减少富人收入的政策都会产生积极的生态效益。富人的额外收入不会给他们带来任何福利方面的好处，因此减少富人的收入不会影响任何社会成果。研究这一问题的研究人员都广泛认同这一结论。法国经济学家、世界顶尖的不平等问题专家之一托马斯·皮凯蒂（Thomas Piketty）直言不讳地说："如果最富有的人群的购买力急剧下降，势必会对全球的减排产生重大的影响。"[25]

投资公共服务也能够产生生态效益。相较于私营服务行业，公共服务的能源密集度较低。例如，英国的国家卫生服务系统的二氧化碳排放量只有美国卫生系统的三分之一，并且创造了更好的健康结果。公共交通的能源和材料的密集程度低于私家车。自来水的能源密集度低于瓶装水。公园、游泳池和娱乐设施等类似设施的能源密集度低于个人购买的更大的庭院、私人游泳池和私人的健身设备。另外，公共服务设施能够产生更多的乐趣。如果你去过芬兰，你会发现芬兰的社会之所以如此繁荣都是因为公共桑拿的欢乐气氛。全国人民都喜欢把公共桑拿作为自己的消遣方式，为芬兰成为世界上最幸福的国家之一发挥着重要的作用。[26]

共享的公共产品也降低了大众对私人收入的需求。以美国为例，美国人面临着工作时间更长和追求更高收入的巨大压力，因为获得医疗保健和教育等基本商品的成本不仅高得离谱，而且依旧在不断攀升。若想购买保障更好的健康保险，价格昂贵到令人却步，免赔额和共付额的成本往往令人终生负债累累。自2000年以来，美国的医疗保险费几乎翻了两番。[27]

至于教育的成本，对于一个有两个孩子的家庭而言，单单是上大学就需要支付高达 50 万美元的费用，比 20 世纪 80 年代高出近 500%。[28] 价格之所以这么高昂，并非因为医疗和教育的“实际”成本高昂，而是因为医疗和教育行业的目的是获得利润。

所以，想象一下：如果美国能够转型到投资公共卫生和教育系统，人们便能够以低廉的价格获得品质生活所需的商品。突然之间，人们为了生计而追求高收入的压力就会小很多。

* * *

这就是我们要论述的关键问题。当谈到人类福利时，收入本身并不重要，而是收入能买到的东西，能买到多少我们过上好生活所需的东西。所以，重要的是收入的“福利购买力”。在美国，3 万美元很难维持一个家庭的生计。几乎无法供养孩子就读一所像样的大学。但在芬兰，同样的收入会让人过上奢侈的生活，人们享受全民医保、教育，政府对房屋的租金也会施行管制。通过扩宽人们获得公共服务和其他公共资源的渠道，人们收入的福利购买力得到了提高，在不需要任何额外增长的情况下依然能够保障所有人过上富足的生活。公平是增长问题的良药，也是解决气候危机的关键。

这意味着我们要从根本上扭转过去 40 年来占据主导地位的新自由主义政策。在他们拼命寻求增长的过程中，政府将公共服务私有化，削减社会支出，降低工资和劳动保护，给最富有的人减税，最终导致不平等的加剧。在气候崩溃的时代，我们需要彻底扭转以上做法。

重要的证据清楚地表明：我们不需要更多的增长来实现社会目标。但增长主义的故事仍然具有非凡的持久力。为什么？因为增长服务于我们社会中最富有、最有权势的群体的利益。以美国为例。自 20 世纪 70 年代以来，美国的实际人均 GDP 翻了一番。人们可能会认为，这种巨额的增长会为当地人的生活带来翻天覆地的变化，但实际却恰恰相反。与 40 年前相比，如今的贫困率反而更高，实际的工资也有所减少。[29] 尽管经过半个世纪的增长，但这些核心指标却出现了下滑，而几乎所有的收益都流向了已富人群。在此期间，最富有的 1% 的人年收入增长了两倍多，飙升至人均 140 万美元。[30]

这些数据很明显地表明：增长主义只不过是一种意识形态，以牺牲集体的未来为代价使少数人受益。我们都被迫踏上加速增长的道路，但对人类生活的地球造成了致命的伤害，这一切都只是为了让富有的精英阶层变得更加富有。从人类生活的角度来看，这显然是不公平的。事实上，我们意识到这个问题已经有一段时间了。但从生态学的角度来看，如今的现实却更加糟糕，几近疯狂。

发展中国家的公平

较富裕的国家不需要通过经济增长来改善人民的生活。

但是较贫穷的国家呢？以菲律宾为例。西太平洋的这些岛国在平均寿命、卫生、营养和收入等一系列关键社会指标上还尚有欠缺。但就土地、水、能源、物质资源等的使用而言，它们仍处于地球的安全边界之内。[31] 菲律宾有充分的理由，甚至有必要加大使用这些资源的力度，以此来满足本国居民的需求。世界上大多数的发展中国家也是如此。

好消息是，我和我的同事分析了150多个国家的数据，结果表明：世界上大多数的发展中国家有可能既能大幅提升各项人类发展指标（包括平均寿命、福利、卫生、收入、教育、电力、就业和民主），又能保持在地球的安全边界之内或附近。此外，我们之前提到的哥斯达黎加就是一个很好的例子，能够帮助预见这些国家未来的状态。[32] 但这需要一种完全不同的思考发展的方式。与其为了增长而增长，并希望增长能奇迹般地改善人们的生活，不如将重点放在改善人们的生活上，但如果改善人们的生活需要经济增长，那追求适度增长也无可厚非。换句话说，应当根据人类和生态的需求发展经济，而不是根据经济发展调整人类和生态的需求。

许多发展中国家一贯采用这样的发展方式。这种强调正义、福祉和自给自足的发展方式，得到了包括圣雄·甘地（Mahatma Gandhi）、帕特里斯·卢蒙巴（Patrice Lumumba）、萨尔瓦多·阿连德（Salvador Allende）、朱利叶斯·尼雷尔（Julius Nyerere）、托马斯·桑卡拉（Thomas Sankara）在内的反殖民领导人以及其他数十位坚持以人为本的经济学家的支持。但也许那个时代，没有人比马提尼克的革命知识分子弗朗茨·法农（Frantz Fanon）更简明地表达了这些想法。在20世纪60年代，他写下了我认为至今依然发人深省的句子：

来吧，同志们，欧洲的殖民统治终于结束了，我们也必须做出改变。如今我们只要不是模仿欧洲，只要不被追赶欧洲的欲望所困扰，做什么都可以。欧洲的发展如此疯狂，如此不计后果，摒弃了所有的指引和理性，一头扎进了深渊。但我们要尽一切可能避免类似的情况。第三世界国家比欧洲大两倍，他们试图解决欧洲无法回答的问题。但让我们明确一点：重要的是停止谈论产量、集约化和工作节奏。因为我们不想赶上任何人。我们想要做的是全人类一起日夜不停地前进。所以，同志们，停止模仿欧洲国家，停止从欧洲汲取建立国家、机构和社会的灵感。我们的公民也并不期待我们效仿欧洲，而是期待我们给出不同的答案。[33]

法农呼吁的是一种去殖民化的经济发展理念，允许各种不同的方式蓬勃发展。[34]这在现实中会是什么样的场景？这意味着效仿哥斯达黎加、斯里兰卡、古巴和喀拉拉邦等国家和地区，加大力度投资健全的、普遍的社会政策，从而提供医保、教育、水、住房和社会保障。意味着推行土地改革，使小农能够获得他们改善生活所需的资源。这意味着利用关税和补贴保护和鼓励国内产业。这意味着提高工资、加强劳动法的保护力度、改进国民收入的分配方式。意味着经济发展要依靠可再生能源和生态再生，摆脱经济发展对化石燃料和采掘主义的依赖。

需要重点指出的是：从 20 世纪 50 年代到 70 年代，发展中国家在后殖民时代的几十年间大多奉行这样的发展政策。但在 20 世纪 80 年代，结构调整计划打破了这一发展政策。一些国家设法摆脱了这种命运，哥斯达黎加就是其中之一。韩国和中国的台湾地区也是如此，尽管这些地区有关生态的政策未达到标准，但始终奉行更加先进的经济政策，持续投资公共服务。因此，这些地区如今的人类发展水平较高。它们为众多发展中国家和地区摆脱殖民统治后的发展指明了方向。

因此，发展中国家需要的是摆脱结构调整的影响。换句话说，就是摆脱外国债权人的控制，这样当地的政府才能推行进步的经济政策，切实促进人类的发展。这让我想到了一个重要的问题：当谈到发展中国家如何发展时，不仅需要有国内的进步政策，还需要全球的公平。

* * *

一说到世界上的穷人，我们常常会想到那些生活在脱离世界经济体系的国家的百姓，这些国家似乎丝毫未受全球化的影响，经济一潭死水，当地人民的生活与富裕国家的人民完全是两种极端。但是这个想法是完全错误的。穷人深深地融入了全球资本的循环中。他们在耐克和普利马克（Primark）等跨国公司的血汗工厂工作。他们冒着生命危险开采生产智能手机和电脑所必要的稀土矿物。他们收采大多数人每天食用的茶叶、咖啡豆和甘蔗，采摘欧洲人和北美人每天早餐食用的浆果和香蕉。在很大程度上，他们的土地是推动全球经济发展的石油、煤炭和天然气的采掘地，或者至少在被夺走之前曾经是这样。总而言之，他们贡献了全球经济体系中绝大部分的劳动力和资源。[35]

然而，作为回报，他们仅收到了微薄的薪水。人类最贫穷的 60% 的人口仅获得全球总收入的 5% 左右。[36] 自 1980 年以来的 40 年间，他们的日收入平均每年仅增加约 3 美分。[37] 更不用说涓滴经济学①了，这点收入连一滴水蒸气都算不上。

相比之下，富人的情况就完全不同了。自 1980 年以来的 40 年间，全球经济增长所增加的收入中，超过 46% 的收入流向了最富有的 5% 的人。单是最富有的 1% 的人每年就获得了 19 万亿美元的收入，几乎占全球 GDP 的四分之一，[38] 加起来超过了 169 个最贫穷国家的 GDP 总和，包括挪威、瑞典、瑞士、阿根廷、整个中东和非洲大陆。富人从穷人的土地和身体中榨取了收入，在全球经济产生的收入中获得了超乎想象的份额。图 4–1 显示了每个百分点内个人收入的平均增长。

① 常用来形容里根经济学，因为里根政府执行的经济政策认为，政府救济不是救助穷人最好的方法，应该通过经济增长使总财富增加，最终使穷人受益。把钱都给上层富人，希望它可以一滴一滴流到穷人手里。——译者注

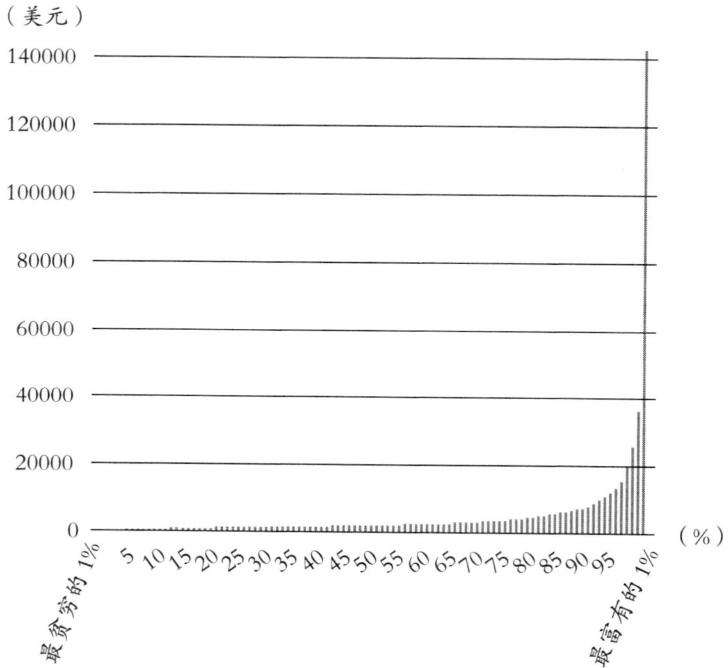

图 4-1　全球 GDP 增长中的受益者（1980—2016 年年收入变化）

数据来源：世界不平等数据库（以 2017 年不变美元计算）。胡扎法·祖穆卡瓦拉负责数据管理。

若想正确看待这些数字，我们需要考虑以下几点：使世界上所有人的收入都高于每天 7.4 美元的收入贫困线，并参照哥斯达黎加的标准为发展中国家的公民提供全民医保，需要花费大约 10 万亿美元。[39] 从表面上看，这是一笔不小的数目。但请注意，这个数字只是最富有的 1% 的人年收入的一半。换句话说，如果我们将 10 万亿美元的超额年收入从最富有的 1% 的人转移到全球贫困人口的手中，人类就可以一举消除贫困，并将发展中国家的平均寿命提高到 80 岁，也能消除全球的健康差距。最富有的 1% 的人仍然拥有超过 25 万美元的平均家庭年收入：这个收入水平也远超了满足任何人的合理需求所需的收入，也几乎是英国家庭收入中值的 8 倍。这还只是收入，我们甚至还未将财富计算在内。最富有的 1% 的人积累了价值 158 万亿美元的财富，占世界总财富的近一半。[40]

这种不平等现象并非自然发生的。之所以会出现这样的不平等现象，是因为强大的国家和公司系统地剥削了贫穷国家的人民和资源。实证性的记载对此也有清晰的表述。目前，每年从发展中国家流向发达国家的资源和资金多于后者流向前者。你或许会感到非常惊讶，因为我们习惯于听到富国向穷国提供各类援助的叙述，一年高达 1300 亿美元。但是，这一援助加上每年的私人投资一共才 5000 亿美元，都被以其他的形式和方向多倍返还。贫穷国家处于向富裕国家净流失的状态。

一旦我们了解了这些事实，就会清楚意识到：发展中国家若想取得发展，必须结束压榨和剥削的模式，改变现有的经济规则，使规则从根本上对世界上大多数国家更加公平。在我的上一本书《鸿沟》（*The Divide*）中，我对经济制度进行了深入的探讨。所以在此便不再赘述，只是略举几例。

以劳动力为例。我们知道，发达国家若想实现增长，很大程度上需要依赖发展中国家工人的劳动。但研究人员估计，由于在国际贸易中缺乏议价能力，发展中国家从事出口行业的人因为工资较低，每年损失大约 2.8 万亿美元。[41] 解决这个问题的一个直接方法是施行全球最低工资。可以由国际劳工组织（International Labour Organization）进行管理，既可以设定为每个国家收入中位数的百分比，也可以设定为当地最低收入标准。

另一个例子是非法资金流动。目前，全球发展中国家每年约有 1 万亿美元被非法转移，藏匿在离岸保密司法管辖区，大多是因为跨国公司为了偷税漏税。[42] 例如，有些公司在危地马拉或南非创造了利润，但将资金转移到卢森堡或英属维尔京群岛这类避税天堂，导致许多发展中国家缺乏投资公共服务所需的收入。但这并不是一个棘手的问题：政府可以通过立法来规范跨境贸易和企业会计，从而解决逃税的问题。

另一个问题是，管理全球经济的国际机构极度不民主，严重偏向富裕国家。在世界银行和国际货币基金组织中，美国对所有重大决策拥有否决权，高收入国家控制着多数投票权。在世界贸易组织中，一个国家的议价能力在很大程度上取决于该国的 GDP 水平，因此在殖民时期致富的国家可以决定国际贸易规则。使这些国际组织民主化将确保发展中国家在对本国有影响的决定中拥有真正的发言权，提高掌控本国经济政策的能力。联合国估计，世贸组织如果制定出更加公平的贸易规则，可以使贫困国家每年获得超过 1.5 万亿美元的额外出口收入。[43]

此外，我们还需要考虑到许多其他的干预措施。比如，消除恶性债务，让贫穷国家可以用此来投资公共医疗保健和教育，而不是把所有的钱都用于向外国银行支付利息。再比如，让企业停止掠夺土地，将土地分配给小农；改革那些让高收入国家在农业领域获得不公平优势的补贴制度。此类变化将使发展中国家的人们能够从全球经济中获得更公平的收入份额，获得生活所需的资源。

摆脱意识形态的束缚

一旦我们了解国家和全球不平等的现实情况，那么试图将 GDP 增长作为人类进步的指标的论述似乎有失偏颇，甚至可能与意识形态有关。这里所谓的意识形态是指技术意义上的意识形态，一套由统治阶级所倡导的思想，为他们的物质利益服务，而其他人已经在某种程度上成为该体系中的一部分，愿意接受一个自己可能会认为不公正的体系。意大利哲学家安东尼奥·葛兰西（Antonio Gramsci）称为“文化霸权”：当一种意识形态变得如此正常，以至于人们很难甚至根本不会对此进行反思。

精英阶层非常清楚其中的原委。如果你认为他们不清楚其中的道理，那才是自欺欺人。精英阶层非常清楚收入分配的数据，他们靠这些数据生活。他们一生都在思考如何提升自己在国内和全球收入中的份额。他们对于增长的渴望归根结底是为了加快资本积累机制。把增长与人类进步进行捆绑只是一种托词。当然，他们希望增长能够提高穷人的收入，从而平息社会冲突。毕竟，如果穷人的收入能够得到提升，精英的财富积累在政治上也会更容易接受。但在生态危机的时代，这种战略无法持续，必须要做出一定的牺牲。

增长主义的问题在于，它让我们几十年都没有意识到财富分配中政治层面的难题。我们逐渐开始认为政治机构就是计算增长的机构，秉持一种增长对每个人都有好处的观念。但气候危机改变了这一点，它迫使我们正视全球经济不平等性的残酷，它迫使我们涉足政治辩论的领域。人们也不再认同依靠总量增长来改善人们生活的想法。我们必须明确：增长是为了谁？为了什么目的？我们必须学会反思：钱究竟去了哪里？谁能从中受益？在生态危机的时代，我们真的愿意接受将近四分之一的总产出落入百万富翁口袋的经济体制吗？

美国联邦储备委员会前成员亨利·华利奇（Henry Wallich）曾有句名言："增长是收入平等的替代品。"确实如此：从政治上讲，实现 GDP 增长并希望部分收入惠及穷人要比更公平地分配现有收入更为容易。但我们可以颠倒一下华利奇的逻辑：如果增长可以替代平等，那么反过来平等也可以替代增长。[44] 我们生活在一个富饶的星球上，如果我们能找到更公平地分配现有资源的方法，就不需要争先恐后地从地球抢夺更多的资源。公平是解决增长问题的良药。

那些坚持认为改善人们生活必须依赖总量增长的人，实际是在迫使我们陷入可怕的两难境地。这样一来，我们不得不在人类福祉或生态稳定之间作出选择，这是一个没人愿意面对的无解之题。但是，当我们了解不平等的现实以后，便能轻易在生活在一个更公平的社会与冒着生态灾难的风险之间作出选择。大多数人都能很快地作出抉择。当然，做到这一点并不容易。这需要我们与那些从不公平的现实中获得巨大利益的阶层进行艰难的斗争。这大概也是一些人如此希望我们无动于衷的原因：他们宁愿牺牲地球，也要维持现行的全球收入分配机制。

创新能否解决问题

我们还需要讨论另一个广为接受的观点。主流观点认为，增长不仅是人类进步的必要条件，也是技术进步的必要条件。最重要的是，增长是为能源转型调动财政资源的唯一途径，也是获得我们实现创新继而提高经济效率的唯一途径。

毫无疑问，我们需要通过创新来解决气候危机。我们需要更高效的太阳能电池板、更先进的风力涡轮机、更好的电池，我们需要了解全球如何摆脱对化石燃料的依赖，实现向可再生能源的转型。这虽然是一个很大的挑战，但好消息是：我们不需要增长就可以做到这一点。

首先，没有证据支持实现这些目标必需依赖总量增长的假设。一味地希望 GDP 增长，期待总量的增长会奇迹般地加大对太阳能电池板工厂的投资，根本毫无意义。如果第二次世界大战期间同盟国试图通过这样的方式满足对坦克和飞机的需求，那么现在掌管欧洲大陆的应该是纳粹政府。借由政府的政策引导调配现有的财政资源才能实现投资的转型。世界上绝大多数重大合作基础设施项目都是以政府的政策为指导，由公共资源提供资金，比如卫生系统、道路系统、铁路系统、国家电网和邮政服务等。这些都不是市场力量的自发结果，更不是抽象的增长。类似的项目需要引入公共投资。一旦明白了这一点，我们就会明显意识到，可以通过将现有的公共资源从化石燃料补贴（目前为 5.2 万亿美元，占全球 GDP 的 6.5%）和军费开支（1.8 万亿美元）转而投资太阳能电池板、电池和风力涡轮机的研发，为转型提供资金。[45]

政府也可以利用政策引导私人投资。我们知道，当政府开始投资某一行业时，会吸引大量渴望利用激励措施或提供必要的上游供应的投资者。[46] 除此之外，政府可以出台简单的规则，要求大公司和富人使用自己收入的一部分（例如 5%）购买用于资助特定项目的债券，例如通过债券加速可再生能源的研发。在美国的新政期间以及第三世界的发展主义时期，政府也曾多次使用过类似的措施，现在没有理由不能再用一次。

至于创新过程本身：需要明确的是，大多数真正改变我们生活的最重要的创新，都不是由那些以增长为导向的公司资助的，而是由公共机构资助的。从管道工程到互联网，从疫苗到微芯片，甚至是制造智能手机的技术等，这些技术的成功研发都是受助于公共资助的投入。人类社会从来都不需要依赖总量的增长来保障创新。如果目标是实现某种特定类型的创新，那么更有意义的做法是直接投资于这些领域，或者出台有针对性的政策措施激励投资，而不是盲目地发展整体经济，希望经济发展能够创造我们期待的创新。为了提高火车的运输效率而发展塑料业、木材业和广告业难道不是缘木求鱼吗？为了得到干净的东西而种植肮脏的东西真的有意义吗？人类得学得聪明点。

事实一次又一次地证明，主流观念所信奉的增长的必要性是不合理的。那些为了实现持续增长而愿意牺牲生态稳定的人，已经做好了承担一切风险的准备，但实际上换来的都是我们不需要的东西。

我们需要新的衡量进步的指标，但只有指标也还远远不够

早在 20 世纪 30 年代，西蒙·库兹涅茨向美国国会介绍 GDP 这一指标时，就曾谨慎地警告说，永远不应该用 GDP 作为衡量经济进步的标准。过度关注 GDP 的增长会造成许多不利的影响。库兹涅茨说："我们很难从国民收入的指标中判断出一个国家的福利标准。如果想要实现更多的增长，就应该具体说明实现哪些增长以及为什么要增长。"仅仅一代人之后，美国政治家罗伯特·肯尼迪（Robert Kennedy）在堪萨斯大学的一次演讲中传达了同样的信息："GDP 既不能衡量人类的智慧，也无法衡量人类的勇气。它无法代表人类的智慧、学识和

同情心，也不能表明民众对国家所做的奉献……简而言之，它所衡量的内容无法使人类的生活变得更有价值。”

然而，在库兹涅茨之后的近一个世纪，肯尼迪之后的半个世纪里，GDP 仍然是世界各国衡量进步的重要标准。库兹涅茨偶然地打开了潘多拉宝盒，但从那以后就没有人能够把它关上。

然而，这种情况已经出现了转变。增长主义开始失去意识形态上的支持，甚至连一些世界上最著名的经济学家也开始不赞同增长主义。2008 年，法国政府成立了一个高级别委员会，希望通过除了 GDP 以外的其他标准来定义成功。同年，经济合作与发展组织和欧盟发起了“超越 GDP”运动。作为这项工作的一部分，诺贝尔奖获得者约瑟夫·斯蒂格利茨（Joseph Stiglitz）和阿马蒂亚·森（Amartya Sen）发表了一份题为《对我们生活的误测：为什么 GDP 增长不等于社会进步》（*Mismeasuring our Lives: Why GDP Doesn't add Up*）的报告。在报告中，他们肯定了库兹涅茨的观点，认为过度依赖 GDP 会使我们忽视社会和生态的健康状况。在这份报告发布之后，经合组织推出了一项新指标“美好生活指数”。这一指标涵盖了住房、就业、教育、健康和幸福等福利指标。

如今，一系列替代指标迅速问世，其中就包括可持续经济福利指标和真实进步指标，这两项指标都旨在根据社会和生态成本纠正对 GDP 的过度关注。这种新思维也开始渗透到政策中。2019 年，新西兰总理贾辛达·阿德恩（Jacinda Ardern）

登上了各大头条，她宣称百姓的福祉大于 GDP 的增长。苏格兰广受欢迎的首席大臣尼古拉·斯特金（Nicola Sturgeon）和冰岛总理卡特琳·雅各布斯多蒂尔（Katrín Jakobsdóttir）也迅速效仿。她们每个人的发言都令社交媒体兴奋不已，相关的故事也在网上疯传。当然，人们也关注到这样一个事实：这三位领导人都是女性。大众显然已经准备好接受新的观念了。

突然间，这一观点风靡一时。不只是在富裕国家，世界各地的非政府组织一时间都在谈论“福利经济”的重要性。不丹、哥斯达黎加、厄瓜多尔和玻利维亚等国家都采取了相应的措施。

* * *

采用更全面的衡量进步的指标是朝着正确的方向迈出了关键的第一步。如果政治家们专注于最大化地提高 GPI 这类的指标，并且接受相应的批评，这会激励他们改善社会福利，减少发展对生态的危害。但不只是 GPI，也可以是已经提出的任何替代指标。一旦我们摆脱了对 GDP 的过度关注，就可以对我们真正看重的东西进行公开讨论。这才是终极的民主行动。但迄今为止，过分看重增长主义的意识形态依然严重地阻碍了我们采取类似的行动。

同时，我们也需要正视这种方法的局限性。虽然使用更全面的指标可能会在一定程度上缓解增长的政治压力，但它本身无法避免破坏力的出现。之所以出现材料和能源使用量的上涨，不仅是因为政客和经济学家追求 GDP 增长，也因为增长的必要性是资本主义经济的核心。我们可能会一方面选择衡量福祉的标准，但暗中继续扩大工业生产，如此一来人类最终还是会陷入生态问题。就好比你想改善自己的健康状况，但只是把监测血压换成监测每周在酒吧游戏问答的分数或每天微笑的次数。虽然根据这些指标，你的健康状况表面上看上去有所改善，但你的身体依然有问题。

我们需要把握的关键点是：GDP 不是衡量经济表现的绝对指标。一旦犯错，不只是纠正会计错误那么简单。GDP 是专门为衡量资本主义的福利而设计的。它将社会和生态成本外部化，因为资本主义将社会和生态成本外部化。所以我们不能天真地认为：如果政策制定者不再以 GDP 衡量经济表现，资本会自动停止对不断增加的回报的持续追求，经济将实现可持续发展。那些认为福利作为唯一解决方案的人往往会忽略这一点。如果我们希望人类社会摆脱增长的束缚，就必须变得更加聪明。

第五章
通往后资本主义世界的道路

我们不能通过遵守规则来拯救世界。因为规则必须改变。

——格蕾塔·通贝里

一旦我们明白人类不需要依赖增长依然可以实现蓬勃发展，视野就会豁然开朗。想象一种完全不同的经济体制，我们可以更理性地思考如何应对气候危机。就好像哥白尼革命期间发生的事情。早期的天文学家所秉持的地球中心说造成了无穷无尽的麻烦：这意味着其他行星的运动没有任何意义。这种学说造成了无法解决的数学问题。当天文学家最终接受地球和其他行星围绕太阳转动时，所有的数学问题突然变得简单了。如果经济发展能够摆脱对增长的依赖，也会发生同样的事情，生态危机也会突然变得更容易解决。

首先分析一下我们当下面临的最紧迫的挑战。IPCC 表示，如果我们想要在不依赖投机性的负排放技术的情况下，把全球平均气温升幅控制在 1.5℃（甚至 2℃）以内，那么必须要缩减全球范围内能源的使用量。为什么？因为人类使用的能源越少，就越容易实现向可再生能源的快速过渡。当然，低收入国家为了满足本国人口的需要，仍然可以增加能源的使用量。因此，我们需要重点关注高收入国家以及消费量远远超过需求量的国家。

这不只是离开房间时关灯这一类个人行为的改变。当然，这些改变也很重要，比如改用发光二极管（LED）灯泡、升级家庭隔热设备等，但最终我们需要改变经济的运行方式。想想人类每年需要提取的资源，经济每年产出的所有产品。从地球上开采出原材料，为工厂提供生产的能源，继而生产出成品。将产品包装完毕后，用卡车、火车和飞机运送到世界各地。为了存储和销售这些产品，还需要新建仓库和零售店，以及产品废弃后的垃圾处理，这些都需要能源。资本主义是一台巨大的能源消耗机器。[1] 为了减少能源的使用，我们需要放慢速度。放慢开采、生产和浪费的疯狂步伐，放慢我们生活的疯狂步伐。

这就是我们所谓的“去增长”。去增长指的是减少经济的物质和能源吞吐量，使其与生命世界恢复平衡，同时更公平地分配收入和资源，将人们从不必要的工作中解放出来，以及投资于人们繁荣所需的公共产品。这是人类迈向生态文明的第一步。当然，这样的做法或许会导致 GDP 的增长放缓，或者停止增长，甚至呈现下降的趋势。即便这样也没有关系，因为 GDP 并不是最重要的福利指标。在正常情况下，这可能会导致经济衰退。当依赖增长的经济停止增长时，简直就像一场灾难。但去增长是一种完全不同的情况。去增长是向一种一开始就不需要增长的经济模式转型。一种围绕人类繁荣和生态稳定而运行的经济模式，而不是围绕资本的不断积累。[2]

紧急刹车

第二章中我们已经谈到，高收入国家平均每人每年消耗28吨物质材料。这些国家需要将其恢复到可持续发展的水平。关注物质材料消耗的好处在于它能带动一系列积极的转变。减缓材料使用意味着减轻生态系统的压力、减少森林砍伐、减少栖息地破坏，保护生物多样性。此外，减少材料的使用也意味着减少经济发展所耗费的能源，从而更快地实现向可再生能源的过渡。这也意味着我们对太阳能电池板、风力涡轮机和电池的需求减少，意味着减轻了供应这些原料的地区（以发展中国家为主）的压力，也减轻了当地社区的压力。

换句话说，为了应对多重的生态危机，以减少材料和能源的使用为核心的去增长是符合生态效应的解决方案。好消息是，我们可以在不对人类福利产生任何负面影响的基础上做到这一点。事实上，我们可以在改善人类生活的同时实现去增长。[3]这怎么可能呢？关键是要牢记，资本主义是一种围绕交换价值而非使用价值运行的经济制度。大多数商品的生产是为了积累利润，而不是为了满足人类的需要。事实上，在以增长为导向的经济制度下，增长的目的往往是使人类的需求得不到满足，从而使需求永远存在。一旦我们理解了这一点，就会清楚地意识到，经济发展的过程中有很大一部分是主动和故意的浪费，它们不服务于任何易识别的人类目的。

第 1 步：停止计划报废

这种趋势在计划报废的实践中表现得最为明显。有的公司为了提升销售额，会设法制造出一些在对较短时间内就会发生故障并且需要更换的产品。这种做法最早出现在 20 世纪 20 年代，当时以美国通用电气公司（General Electric）为首的灯泡制造商组成了一个垄断联盟，密谋缩短白炽灯泡的寿命，白炽灯的寿命从平均约 2500 小时降至 1000 小时甚至更短的时间。[4] 这简直像变魔术一样，这些公司的销售额实现了大幅增长，利润也同步飙升。这个想法很快也在其他行业流行起来，当今盛行的计划报废是资本主义生产的特征。

以家用电器为例，比如冰箱、洗衣机、洗碗机和微波炉，制造商承认，这些产品的平均寿命已经缩短至不到 7 年的时间。[5] 这些产品到达“死亡”时间并不是因为系统而是因为某些成本最低的小型电子元件出现故障，这些电子元件只需稍加设计就可以延长电器的使用寿命。但通常情况下，修理这些零件的费用非常昂贵，仅仅略低于更换整台机器的成本。事实上，在许多情况下，设计这些电器的人根本没有想过让机械师维修电器。最终，人们每隔几年就无缘无故地报废大块完美的金属和塑料。

我们每天使用的技术设备也是如此。任何曾购买过苹果公司产品的人都非常清楚这一点。苹果公司的增长战略大体上依赖于以下三重策略：第一，使用几年后，设备就会运行地非常缓慢，以至于产品变得毫无价值；第二，产品要么无法维修，要么维修成本高昂；第三，通过大量的广告宣传让客户认为自己手上的产品已经过时。当然，并非只有苹果公司这么做。2010 年至 2019 年，科技公司共售出了 130 亿部智能手机。目前只有大约 30 亿部仍在使用中。[6] 这意味着在过去十年中有 100 亿部智能手机被丢弃。加上台式电脑、笔记本电脑和平板电脑等，计划报废导致大批不必要的电子垃圾堆积如山。每年，有 1.5 亿台废弃的电脑被运往尼日利亚等国，被丢弃在大型的露天垃圾场，电脑中的汞、砷等其他有毒物质最终都泄漏到土壤中了。[7]

并不是说这个世界上不存在能够长久使用并且可以持续升级的设备，这类设备的确存在，但为了实现增长，这类设备的开发受到了一定的限制。我们公认最大的科技公司，称赞其为最伟大的创新公司，却在扼杀人类需要的创新，只是因为它有悖于增长的必要性。不只是电器和智能手机，任何行业都是如此。尼龙长袜被设计成穿几次后就会刮裂，安装了新端口的设备之后，旧的加密狗和充电器就不再适配。我们每个人都经历过类似的计划报废的荒谬故事。宜家（IKEA）之所以能发展成为一个价值数十亿美元的商业帝国，很大程度上是因为他们发明了能够快速丢弃的家具。斯堪的纳维亚半岛的大片森林都被用来制作这些注定要被快速丢弃的廉价桌子和置物台。

这就形成了一个悖论。我们倾向于认为资本主义是一种建立在理性效率之上的制度，但现实却恰恰相反。计划报废是一种故意的低效率。但奇怪的是，从利润最大化的角度来看，低效率非常合理；而从人类需求和生态的角度来看，这简直是一种异常愚蠢的行为，因为它浪费了资源、消耗了不必要的能源。从人类劳动的角度看，这种做法依旧非常愚蠢。人类付诸数百万小时的劳动生产出的智能手机、洗衣机和家具，只不过是为了填补计划报废而故意制造的需求。这就像把生态系统和人类生活置于需求的无底洞，而这种需求永远不会被满足。

在真正理性和高效的经济制度下，诸如苹果公司这类的公司，其创新的目的是生产出耐用的模块化设备，例如公平手机（Fairphone），缩减新产品的销售，并尽可能维持和升级现有库存。但这并非资本主义经济制度的选择。有些人可能会认为问题的根源在于个人购买了太多智能手机或洗衣机，但这并不是问题的关键，关键在于购买设备的人成了设备的受害者。责备个人会让我们忽视经济制度的原因。

那我们又该如何解决这些效率低下的问题？一种选择是强制性延长产品的保修时间。事实上，现在的技术已经能够使电器的平均使用寿命达到目前的 2~5 倍，使用寿命长达 35 年，并且几乎不需要负担任何额外的成本。通过立法，便可以轻松地要求制造商保证其产品的最长使用寿命。如果苹果公司的产品的保修期延长至 10 年，你就会发现他们依然能够快速地重新设计公司的产品，使其更加耐用，也可以进行产品升级。

此外，也可以保障“维修权”，通过立法规定：如果企业生产的产品让普通用户或独立机械师无法通过更换价格合理的零部件进行维修，属于违法行为。一些欧洲国家的议会已经在考虑出台相关的法律。另一种选择是启动大型电器和设备的租赁模式，要求制造商承担维修的全部责任，并为了提高使用效率尽可能进行模块化升级。

此类措施不仅能确保产品（不仅是电器和电脑，还有家具、房屋和汽车）的使用寿命比现在延长很多倍，并且减少物质材料使用的效果会非常明显。如果洗衣机和智能手机的使用寿命延长 4 倍，消费量将减少 75%。这将大大减少材料吞吐量。它不会对人类的生活产生任何负面影响，并且反而会大大提高人类的生活质量，因为人们不必处理不断更换设备所产生的沮丧情绪，更不用负担由此产生的费用。

第 2 步：削减广告

以增长为导向的公司除了利用计划报废加速实现营业额的提升外，广告也是此类公司惯用的提升业绩的策略。

在过去的一个世纪里，广告行业发生了翻天覆地的变化。

一直到20世纪20年代，消费都是一种随机的行为：人们只会买自己需要的东西。广告只不过是让顾客了解产品的有用品质。但是这样的做法并不利于实现增长，因为一旦人们的需求得到了满足，购买力就会下降。许多公司迫切想要找到一种能够超越人类需求极限的“解决方案”。精神分析学家西格蒙德·弗洛伊德的外甥爱德华·伯尼斯（Edward Bernays）当时正在研究新广告理论，使得这些公司从中找到了答案。伯尼斯指出，可以通过操纵人们的心理，激发人们购买远远超出自己需求的产品。你可以在人们的脑海中种下焦虑的种子，然后把自己的产品塑造为解决这种焦虑的方案。或者在出售商品时，向购买者承诺自己的产品能够提供社会认可、阶层划分的功能。在美国，许多迫切需要提高购买需求的公司很快就将这类广告作为公司重要的营销策略。

20世纪90年代的一项调查显示，美国90%的CEO认为，如果不作广告宣传，公司无法卖出新产品；85%的CEO承认广告“经常”说服人们购买自己不需要的东西；51%的CEO表示广告说服人们购买自己实际上并不想要的东西。[8] 这些惊人的数字表明：广告宣传实际上是在操纵工业生产的规模。在互联网时代，广告变得比伯尼斯所认为的还要强大和阴险。公司可以利用浏览器的缓存文件、社交媒体资料和大数据量身定制地向消费者推送广告，不仅符合各个消费者的个性，击中每个人不同的焦虑情绪和不安全感，甚至可以根据每个人在某个特定时间的情绪状态推送广告。谷歌和元宇宙这类公司的市值之所以高于英国石油公司和埃克森美孚这类的公司，纯粹是因为广告的贡献。我们认为这些公司是创新者，但他们的大部分创新似乎都旨在开发出更先进的工具操纵消费者购买自己的产品。

这实际是一种心理战。就像石油行业已经开始用更激进的方式来开采越来越难以获取的石油资源一样，广告商也开始采用更激进的方式来吸引消费者最后几毫秒的关注。他们正在采用类似石油开采中的水力压裂法来撬动消费者的思想。我们每天都要面对数以千计的广告，而且这些广告变得越来越阴险，开始直击消费者的意识。这不仅是对公共空间的殖民化，也是对消费者思想的殖民化。但它的确起到了一定的作用。研究表明，广告支出对物质消费有非常直接且显著的影响。[9]广告支出越高，消费就越高。目前，全球广告支出正在极速飞涨：从 2010 年的 4000 亿美元增加到 2019 年的 5600 亿美元。广告业成为世界上最大的行业之一。[10]

当广告与计划报废结合在一起时，俨然成了一杯有毒的鸡尾酒。以时尚行业为例。服装市场早已呈现出过度饱和的态势，于是那些迫切希望提升销售额的服装零售商开始设计注定要被丢弃的服装。于是，这些商家设计出大批廉价、劣质的服装，这些衣服只能穿几次并且不到几个月就“过时”了。服装零售商再辅以广告的投放，让人们觉得自己现有的衣服乏味、过时且不好看，这种策略有时被称为“认知过时”。如今，美国人平均每年购买的服装数量是 1980 年的 5 倍。在英国，从

2001 年到 2005 年的 4 年间，由于“快时尚”已经迅速发展成为服装行业的主流趋势，纺织品的购买量暴涨了 37%。[11] 该行业的物质材料使用量迅速上涨，每年超过 1 亿吨，能源、水和土地使用量也因此大幅增长。

以美国的数据为标准，我们推断出：理论上，单纯依靠出台与快时尚相关的法规就可以将纺织品吞吐量减少多达 80%，并且不会影响人们购买所需服装的需求。

有很多方法可以遏制广告的影响力。我们可以通过规定广告支出的比例来限制广告的总支出、可以立法禁止在广告中使用心理操纵技术。此外，我们甚至可以禁止在公共空间投放广告，不论是在线上还是线下的公共空间，因为消费者目前无法选择自己能看到哪些广告。圣保罗（São Paulo）是一个拥有 2000 万人口的城市，该市已经禁止在主城区投放广告。巴黎也在朝着这个方向努力，减少户外广告的投放，甚至完全禁止在学校附近投放广告。结果如何？人们的生活更加快乐，不仅更有安全感，也对自己的生活更加满意。这说明削减广告对人们的幸福感有直接的积极影响。[12] 除了减少不必要的消费，这些措施还可以解放消费者的思想，消费者可以跟随自己的思想、想象力和创造力，而不会经常被广告打断。我们可以用艺术和诗歌来填满过去被广告占据的空间，或者可以利用这些空间传递一些建设社区和肯定内在价值的信息。

一些经济学家担心限制广告会降低市场效率。他们指出，广告可以帮助消费者做出理性的购买决定。但这种说法根本站不住脚。实际上，大多数广告的作用却恰恰相反：投放广告的目的纯粹是操纵消费者做出不合理的购买决定。[13] 我们必须承认的现实是：在互联网时代，消费者根本不需要通过广告来寻找和评估产品，稍作搜索便可了解产品的详细信息。我们应该接受互联网广告已经过时的现实。但具有讽刺意味的是，互联网却是一个充斥着广告的地方。

第 3 步：从所有权向使用权的转变

资本主义还存在另一种低效率的现象：虽然我们消费的很多东西都是必需品，却很少使用。诸如割草机和电动工具之类的设备可能每个月只会使用一次，一次最多使用一两个小时，其他的时间都是处于闲置的状态。制造商希望每家的车库里都装满设备，但更合理的方法是建立邻里工房，按照邻里的需求存储和使用设备。一些社区已经尝试了这样的做法，利用社区基金维护共用的设备。政府可以大力推动此类项目的规模，并通过应用程序简化租用的程序。从所有权向使用权的转变会对材料的吞吐量产生重大影响。10 个家庭共用一台设备意味着对该产品的需求减少了十分之九，同时也节省了大家的时间和金钱。

汽车更是如此。我们知道燃油汽车需要向电动汽车过渡，但最终我们还是需要大幅减少汽车的总数。迄今为止，最有力的干预措施是投资建设成本较低的（甚至是免费的）公共交通，就人们出行所需耗费的材料和能源而言，公共交通的效率更高。这对于摆脱对化石燃料的依赖至关重要。使用自行车出行的能源效率更高，正如许多欧洲城市正在学习的那样（我写作本书时，恰逢新型冠状病毒感染肺炎疫情蔓延。在封城之后，为了保持较低的污染水平，米兰有总长度为 35 千米的街道仅供自行车出行）。如果是去往公共交通和自行车都无法到达的地方，可以开发公有的应用程序平台供乘客拼车出行，但要杜绝像优步（Uber）和爱彼迎（Airbnb）这样问题重重的中介从中赚取中间利益。

第 4 步：停止食物浪费

有一个一直让我感到惊讶的现实是：全世界每年的粮食产量中，多达 50%（相当于 20 亿吨）最终都被浪费掉了。[14] 整个供应链都是如此。在高收入国家，农场丢弃了外观不完美的蔬菜，超市过分严格的蔬菜的保质期、激进的广告、批量折扣和买一送一的销售策略等，都是导致浪费的原因。每个家庭最终会扔掉 30%~50% 的食物。在低收入国家，由于运输和储存的基础设施欠佳等原因，许多食物在进入市场之前就已经腐烂了。

就能源、土地、水和排放而言，食物浪费会造成巨大的生态成本。但这也给减排带来了巨大的机会。理论上，停止食物浪费可以在农业规模减半的情况下，保障现有的粮食供应水平。此举可以使全球排放量减少多达13%，同时可以为野生动物栖息地和碳封存再生多达24亿公顷的土地。[15]

去增长也会成为一个易于实现的目标。一些国家已经朝着这个方向采取了相应的措施。法国和意大利最近都出台了防止超市浪费食物的法律（超市必须将未售出的食物捐赠给慈善机构）。韩国已完全禁止将食物垃圾投入垃圾填埋场，并要求家庭和餐馆使用按重量收费的特殊堆肥容器。

第5步：缩减生态破坏性产业的规模

除了针对故意的低效率和浪费之外，我们还需要讨论缩减对生态具有破坏性且社会必要性较低的某些行业的规模。最典型的例子就是化石燃料行业，但我们可以将此逻辑扩展应用到其他行业。

以牛肉产业为例。全球近60%的农业用地用于生产牛肉，直接用于放牧或间接用于种植饲料。[16]就单位营养所需的土地和能源而言，牛肉是地球上资源效率最低的食物之一。对于牧场和饲料的需求是森林砍伐的最大驱动力。在本书的撰写过程中，为了满足人类对牛肉的需求，亚马孙雨林已经几乎被烧毁。但牛肉绝不是人类饮食的必需品，仅占每个人所消耗的热量总量的2%。事实上，即便该行业的规模大幅缩减，也不会对人类福利造成任何损失。[17]

缩减牛肉行业的规模会带来惊人的收益。如果人们不吃牛肉，而是从非反刍肉类或豆类等植物蛋白质中获取人体需要的热量，则可以解放近 1100 万平方英里（1 平方英里 ≈ 2.59 平方千米）的土地，这相当于美国、加拿大和中国的面积总和。[18] IPCC 的数据显示，这一简单的转变将地球上的大片土地归还给森林和野生动物栖息地，创造新的碳汇，每年减少多达 80 亿吨的二氧化碳净排放量。80 亿吨的净排量大约相当于目前每年排放量的 20%。科学家们说，缩减牛肉行业的规模是我们可以实施的最具变革性的政策之一，对于避免气候危机的出现至关重要。[19] 这首先要终止高收入国家对牛肉养殖户的补贴。研究人员还在试验对红肉征税的提议，他们发现对红肉征税不仅可以减少排放，还可以大幅提升人类的健康水平，降低医疗成本。[20]

除了牛肉行业外，还有许多其他行业需要缩减规模，比如军火行业和私人飞机行业。我们可以缩减一次性塑料制品、一次性咖啡杯、越野车和大型住宅的规模。在美国，住宅面积自 20 世纪 70 年代以来翻了一番。[21] 我们可以重复利用现有的基础设施，完全不需要每隔几年为举办奥运会和世界杯新建体育场馆。我们也意识到，为了实现气候目标，还需要缩减商业航空业的规模。我们可以制定一些政策，比如征收“常旅客税”，取消火车可以到达的航线；再比如取消头等舱和商务舱，这两类舱位乘客每英里（1 英里 ≈ 1.609 千米）的二氧化碳排放量最高。我们现行的经济制度以能源密集型的远程供应链为基础，需要转型为就近生产的经济模式。

我们需要就此进行公开的、民主的讨论。与其不考虑现实需求，希望所有行业都必须永远增长，不如谈谈我们希望经济增长能够带来什么。哪些行业的规模已经足够大，不应该继续扩张？哪些行业可以有效地缩减规模？以及我们还需要扩大哪些行业的规模？我们从来没有思考过这些问题。2020 年新型冠状病毒感染疫情肆虐期间，我们都了解了“必要”行业和过剩行业之间的区别，很快就清楚了哪些行业是围绕使用价值而发展的，哪些行业在追求交换价值。我们应该吸取这些教训，着手采取行动。

* * *

这并不意味着各行各业都需要缩减规模。我希望阐明的是，我们可以在不影响人类福祉的情况下大幅减少物质生产。这才是缩减规模的关键。这种做法不仅会减少物质商品的流动，还会减少支持这些流动的库存。我们每年开采的所有材料中，有一半都用在了建立和维护材料的库存，比如建立工厂和机器以及运输基础设施等。[22] 假如我们只消耗一半的产品，就只需要一半的工厂和机器来生产产品，一半的飞机、卡车和轮船来运输这些产品，一半的仓库和零售店来存储和销售这些产品；当它们被扔进垃圾桶时，只需要一半的垃圾车和垃圾处理厂来处理它们，以及一半的能源来生产和维护和运营所有的基础设施。于是，效率便能得到成倍的提升。

最终，各国政府需要为减少材料和能源使用制定具体的目标。正如我们在第三章中所论述的那样，仅靠税收是不够的。生态经济学家坚持认为，若想实现减少材料和能源使用的目标，唯一方法是进行严格的限制：将资源和能源使用限制在现有水平，并每年逐步降低使用水平，直到降至地球的安全边界之内。[23] 这根本算不上是什么激进的措施。毕竟，我们已经出台最低工资法、童工法和周末休假，限制资本对劳动力的剥削。当然也需要限制资本对自然的剥削。

为了确保每个人都能获得发展所需的资源和生计，确保小企业不被大企业排挤出市场，关键是要保证用公正和公平的方式缩减各个行业的规模。因此，我们可以利用上限、费用和红利制度来做到这一点：逐步提高向各个行业征收的资源和能源使用费，并将收益作为红利平等地分配给所有公民。2018年，法国爆发的黄背心运动适时地反抗了政府试图在工人阶级和穷人身上平摊环境目标的尝试。不公正的政策无法解决最初由不公正引起的问题。我们需要采取相反的方法。

就业是否会因此而减少呢

这才是真正棘手的问题。缩减行业规模的政策可能会导致工业总产量下降。从人类需求的角度来看，这似乎是没有问题的（如果智能手机的使用寿命延长两倍，任何人都不会因此遭受损失），但这的确给我们带来了新的难题。随着产品使用寿命的延长，人类开始共享某些产品以及食物浪费的减少和快时尚规模的缩小，这些行业的就业人数将呈现下降的趋势，供应链中的部分工作岗位将逐步消失。换句话说，随着我们的经济变得更加理性、更加高效，我们对劳动力的需求将急剧减少。

从某个角度来看，这的确是一个极好的消息。很多人不必在不必要的工作上浪费自己的生命，生产和销售社会实际上不需要的产品。这意味着很多人能够拥有更多的时间和精力从事其他的事情。但对那些从这些工作岗位被解雇的个体工人而言，这简直是一场灾难。并且，政府会发现自己需要努力解决失业问题。

这似乎是一个无解的难题，这也是政客们根本不敢想象经济衰退的原因之一。但或许有一条出路。一旦削减了不必要的工作，就可以缩短每周的工作时间，从每周 47 个小时（美国的平均水平）缩短到每周 30 个小时甚至是 20 个小时，将必要劳动更平均地分配给就业人口，从而保障充分的就业。这种方法将使每个人都能从去增长所解放出的时间中受益。政府也可以安排再培训计划，确保大家能够轻松地从萎缩的行业过渡到其他种类的行业上，使所有人都能跟上时代的步伐。[24] 公共就业保障这项广受好评的政策可以帮助实现这一转型，任何想要工作的人都可以找到一份工作，赚取能够负担基本生活的工资，从事社会实际需要的对社会有益的工作，例如护理、基本服务、建设可再生能源基础设施、种植当地的粮食和恢复退化的生态系统。[25] 的确，就业保障是政府可以采取的最有效的环境政策之一，因为它使我们能够在免于失业恐慌的前提下，就缩减破坏性产业的规模进行的公开对话。

令人兴奋的是，减少工作时间对人类的幸福感有实质性的积极影响。这种效应已经被一次又一次地证明，减少工作时间能够取得惊人的效果。美国的诸多研究发现，即便在收入有限的情况下，工作时间短的人比工作时间长的人更快乐。[26]法国每周的工作时间降至 35 小时后，工人们普遍反映说他们的生活质量得到了提高。[27]瑞典的一项实验表明，将每周的工作时间缩短到 30 小时后，员工的生活满意度和健康状况都得到了改善。[28]还有数据显示，缩短工作时间不仅能提升员工的工作满意度，也能提高员工的士气和幸福感。[29]而且，缩短工作时间最大的意义在于能够提升职场和家庭关系中的性别平等程度。[30]

有些批评家担心，如果员工有更多的休息时间，他们会把时间花在能源密集型的休闲活动上，比如乘坐长途航班去度假。但事实却恰恰相反。休息时间较少的人往往会更密集地消费：他们更有可能选择快速旅行、外卖送餐、冲动购物、购物疗法等。一项针对法国家庭的研究发现，较长的工作时间与环境密集型商品消费量的增加有着直接的关系，即使考虑到收入的影响之后依然如此。[31]相比之下，当人们休假时，往往会倾向于从事对环境影响较小的活动，比如锻炼、志愿服务、学习和与朋友和家人社交等。[32]

这种转变影响着整个国家。例如，研究人员发现，如果美国将本国的工作时间缩短到西欧国家的水平，能源消耗量将会惊人地减少 20%。缩短工作时间是我们能够推行的最立竿见影的气候政策之一。[33]

但也许缩短工作时间最重要的影响是可以让人们腾出更多付出关怀的时间，人们既可以利用这些时间照顾生病的亲属、陪孩子玩耍，或者帮助恢复林地。在资本主义制度下，这种必要的繁衍工作（通常基本由女性完成）被认为是毫无价值的工作，一种外部的、无偿的、不为人注意的工作，根本不会反映在 GDP 的数据中。去增长将使劳动力重新被指派到真正重要的工作岗位上，从事真正具有使用价值的工作任务。关怀对社会福祉和生态福祉有直接的促进作用。有研究表明，参与关怀活动比物质消费更有助于提高人们的幸福感和意义感，远超我们疯狂购物时多巴胺的分泌量。

缩短工作时间的好处远不止于此。一组科学家得出了这样的结论："总体而言，现有的研究表明，缩短工作时间可能会给社会带来三重红利：降低失业率、提高生活质量和减少环境压力。"[34] 缩短工作时间是建设人性化、生态经济的关键举措。

* * *

这并不是什么新鲜的想法，甚至也不是什么激进的想法。早在 1930 年，英国经济学家约翰·梅纳德·凯恩斯（John Maynard Keynes）曾写了一篇题为《我们后代的经济前景》（*Economic Possibilities for Our Grandchildren*）的文章。他预测：预计到 2030 年，技术创新和劳动生产率的提高将使人们每周只需要工作 15 小时。事实证明，凯恩斯关于劳动生产率提高的预测是正确的，但他对于缩短工作时间的预言并未实现。究其原因是劳动生产率提高所带来的收益已经被资本挪用了。公司没有缩短工作时间，也并未提高工资，而是将额外的利润收入囊中，并要求员工按照以前的工作时间继续工作。换句话说，生产率的提高并未用于将人类从工作中解放出来，而是用来推动持续增长。

从这个意义上说，资本主义背离了它宣称要奉行的启蒙价值观。我们通常认为资本主义的核心理念是自由和人类解放的原则，但这只是它向我们兜售的意识形态。尽管资本主义已经产生了能多倍满足每个人需求的技术能力，并将人们从不必要的劳动中解放出来，但它却使用这种技术创造了新的“需求”、无休止地扩大生产和消费。真正自由的承诺永远得不到兑现。[35]

减少不平等

最低生活工资的政策是以周或月为单位进行计算，而不是按照时薪的标准计算。假设经济呈现去增长的态势，这意味着收入从资本转向劳动力手中。这与 1930 年凯恩斯在文章中写到的资本对生产率提高的占用截然相反。换句话说，通过为缩短工作时间提供资金补助可以减少不平等性。

这其中有足够的操作空间。在英国，劳动收入占国民收入的比重从 20 世纪 70 年代的 75% 降至目前的 65%。在美国，这一比例降至 60%。通过资金补贴，底层工人的时薪得到了大幅的提高。公司内部也有足够的空间。近几十年来，CEO 的薪酬增长到了令人眼红的程度，一些高管每年的收入高达 1 亿美元。CEO 的工资与普通工人工资出现巨大的差距。1965 年，CEO 的收入大约是普通工人的 20 倍。如今，CEO 的平均收入是普通工人的 300 倍。[36] 在一些公司中，这一差距甚至更大。2017 年，时任麦当劳 CEO 的史蒂夫·伊斯特布鲁克（Steve Easterbrook）的年收入为 2170 万美元，而麦当劳全职员工的平均年收入为 7017 美元，两者之间的比率为 3100。换言之，麦当劳的员工平均必须工作 3100 年，相当于从古希腊时期到现在每天都辛勤工作才能赚取与史蒂夫·伊斯特布鲁克相同的年收入。[37]

解决这一问题的其中一种方法是设置工资比率上限，即“最高工资”政策。美国政策研究所（Institute for Policy Studies）副研究员萨姆·比齐加迪（Sam Pizzigati）认为，我们应该将税后工资的最高比率限制在 10 之内，CEO 会立即将员工的工资提高到他们认为合理的最高水平。[38] 这是一个合理的解决方案，但并非闻所未闻。西班牙一家大型工人合作社蒙德拉贡（Mondragon）出台过的规定，高管的工资不能超过同一企业中工资最低员工的 6 倍。更好的办法是，我们可以在全国范围内推行这一举措，即超出国家最低工资某一倍数的收入将被按照 100% 的比例征税。你可以想象得出收入分配的变化会有多快。

但除了收入不平等的问题之外，还存在财富不平等的问题。例如，在美国，最富有的 1% 拥有全国近 40% 的财富。50% 的底层百姓几乎一无所有：一共拥有全国 0.4% 的财富。[39] 在全球范围内，财富差距更加悬殊：最富有的 1% 拥有全球近 50% 的财富。这种不平等的问题在于富人因此变成了利益的萃取者。随着他们积累的金钱和财产远远超出他们所能使用的范围，他们便会出租自己的财富（无论是住宅还是商业物业、专利许可、贷款等）。由于他们已经垄断了这些财富，其他人只能被迫向他们支付租金或向其借款。这就是所谓的“被动收入”，因为收入自动累积到那些持有资本但没有付出任何劳动的人。但从其他人的角度来看，这绝不是被动的：人们必须拼命工作，赚取超出自己实际需求的工资收入，只是为了支付房租或者偿还欠富人的债务。这就像是现代的农奴制，它也一定会像农奴制一样对我们生活的世界产生严重的影响。农奴制是一场生态灾难，因为领主强迫农民从土地上榨取超出实际需求的产量，只是为了获得贡金，其结果使森林和土壤逐渐退化。当今的情况亦是如此：我们被迫滥用地球上的资源只是为了向百万富翁和亿万富翁缴纳贡金。

征收财富税（或者团结税）或许是解决这个问题的一种方法。经济学家伊曼纽尔·塞斯（Emmanuel Saez）和加布里埃尔·祖克曼（Gabriel Zucman）提议对超过 10 亿美元的财富每年征收 10% 的边际税。这将促使最富有的人出售他们的部分资产，促进财富的公平分配。但在生态危机的时代，我们必须采取更大胆的措施。毕竟，没有人本就应该拥有这样庞大的财富。它不是赚来的，而是从酬不抵劳的工人、廉价的大自然、寻租、政治掠夺中榨取的。极端财富会对我们的社会、政治制度和生活世界产生腐蚀作用。我们应该就此展开一场民主的对话：财富囤积到何种程度就开始变得具有破坏性且让人无法接受？1 亿美元？1000 万美元？500 万美元？

正如我们在上一章中所论述的那般，减少不平等是减少生态压力的有效途径。它将减少富人影响巨大的奢侈消费，减少社会其他阶层的竞争性消费，同时也消除不必要的增长压力。我所提出的政策会导致资本的分散，势必会导致寻租行为的减少，富人也会失去强迫劳动力开采和生产超过实际需求产品的权力。经济发展的重点将从不必要的交换价值转向使用价值。这一政策也将减少政治俘获、提高民主质量。正如我们即将谈到的那样，民主具有内在的生态价值。

公共物品去商品化并扩大公用资源

随着过剩工业生产规模的缩减，我们可以通过更公平地分配劳动力、收入和财富来减轻对生计的影响。需要特别补充说明的是：我们一定要明确，当谈及人类福利时，重要的不是收入的多少，而是收入的福利购买力。

让我们举一个与我的经历相近的例子：伦敦的住房。伦敦的房价高得简直是天文数字，即便是非常普通的两居室公寓，每月的租金可能要高达2000英镑，或者售价高达60万英镑。价格的高低并不取决于建造房屋所用的土地、材料和劳动力成本，而是由政策决定的。例如自1980年以来的公共住房私有化，以及自2008年以来的低利率和量化宽松的政策都是助推房价上涨的因素。但与此同时，伦敦的工资水平没有呈现同样的涨幅，工资的增长水平与房价相比甚至微乎其微。为了弥补这一差距，伦敦的普通大众要么延长工作时间，要么贷款（这就意味着他们未来依旧要付出劳动），只是为了获得他们过去仅用少量成本就能获得的基本社会福利。换言之，随着房价的飙升，伦敦人收入的福利购买力下降了。

现在，想象一下我们通过长期的租金控制政策（74%的英国人碰巧支持这一政策[40]）降低租金。房价依然会高得离谱，但突然之间，伦敦人即便在收入减少的情况下，也不会影响他们的生活质量。事实上，他们会因此获得额外的时间来陪伴家人、与朋友闲逛或者做自己喜欢的事情。

对于关乎人类福祉的其他重要物品，我们都可以采取同样的措施。首先就是医疗和教育行业。为什么不是互联网？为什么不是公共交通？为什么不是能源和水的基本配额？伦敦大学的研究人员已经证明，如果对财富、土地、碳等征收累进税，以此来补贴所谓的全民基本服务，这些服务的价格会大幅下降，每个人都能因此过上体面、有尊严的生活。[41]除此之外，我们需要投资公共图书馆、公园和运动场。一旦缩短了工作时间，此类设施就变得尤为重要，这样既能以充实幸福的方式打发自己的时间，也不会对环境造成任何影响。[42]

基本物品去商品化并扩大公地的好处在于能够提高收入的福利购买力，因此人们可以在不需要提高收入的情况下，获得过上好生活所需的东西。这种方法能够解决我们在第一章中探讨的劳德代尔悖论。资本家圈占公地（“公共财富”）是为了促进增长（“私人财富”），迫使人们只能通过工作获得他们曾经免费享用的资源。一旦我们创建一个后增长的经济制度，就可以颠倒这个等式：我们可以选择恢复公地，或者创造新的公地，无须实现收入的持续增长。公用资源就成了解决增长必要性的解药。

极度富足理论

激进繁荣理论帮助我们真正了解后资本主义经济的核心要义。停止计划报废、限制资源使用、缩短工作时间、减少不平等和扩大公共产品等措施都是为了减少能源需求、加快向可再生能源过渡。除此之外，这些举措还产生了更深远的影响，它们从根本上改变了资本主义的深层逻辑。

在第一章中，我们了解了资本主义如何依靠人为制造的稀缺性成为主流。从圈地运动到殖民化，资本主义制造稀缺性，迫使人们为了赚取最低的工资而从事有竞争性的生产活动，推动他们成为大众消费者。因此，人为的稀缺性成为资本积累的引擎。同样的逻辑在今天仍然适用，而且已经渗透了我们的生活。以劳动力市场为例。人们在失业的持续威胁中感受到了稀缺性的力量。工人必须更加自律和富有成效地工作，否则他们的工作就会被那些效率更高的人——通常是更穷或更绝望的人——所取代。但随着生产力的提高，工人被裁员，政府不得不想方设法发展经济，创造新的就业机会。于是，工人们自己也加入了呼吁增长的行列，极力推选做出了相应承诺的政客。但是不一定非要这样。我们可以通过提高工资和缩短工作时间的方式将生产率提高所带来的利益回馈给工人。失业的持续威胁是由人为的工作稀缺性造成的。

收入分配的方式也采用了同样的逻辑。经济增长带来的绝大部分收入直接流入了富人的口袋，但工资基本没有上涨，贫困依然存在。政治家和经济学家呼吁通过更多的增长来解决这些问题，而每个被贫困悲剧所感动的人也紧随其后，呼吁加快增长。但他们的承诺永远不会实现，下层百姓即便能享受到增长的收益，也是微乎其微。不平等的分配方式使人为的收入稀缺性长期存在。

消费领域亦是如此。不平等激发了人们的不满足感。这种不满足感让人们觉得自己需要工作更长的时间，赚取更多的收入购买那些根本不必要的东西，这样才能有一点尊严。[43] 从这个意义上说，不平等造成了人为的福利稀缺性。事实上，经济学家和政治家经常有意利用这种效应作为自己的策略。英国前首相鲍里斯·约翰逊（Boris Johnson）曾经说过，“不平等是嫉妒精神的核心”，正是这种嫉妒精神才使得资本主义持续发展。

计划报废是另一种人为制造稀缺性的策略。零售商试图通过人为地缩短产品的寿命来创造新的需求，防止消费陷入停滞。广告也是如此，它会激发人们产生一种人为的匮乏感，认为自己缺失某样东西。广告也让人们认为自己不够漂亮，不够阳刚，不够时尚。

此外，还有人为的时间稀缺性。人们被迫进行不必要的长时间工作，以至于自己时间匮乏，别无选择，只能付钱给公司做他们本来可以自己做的事情，如做饭、打扫房间、与孩子玩耍、照顾年迈的父母等。同时，过度工作的压力会促使人们对本来不太可能需要的产品产生需求，比如抗抑郁药、助眠剂、酒精、营养咨询、婚姻咨询、奢侈的假期等。为了负担这些需求，人们只能进行更多的工作，提高自己的收入，于是就陷入了非必要的生产和消费的恶性循环。

我们也发现，公共物品也开始被迫加强了人为的稀缺性。自 20 世纪 80 年代以来，世界各地的教育、医疗、交通、图书馆、公园、游泳池、水、住房等行业，甚至连社会保障都掀起了一波又一波的私有化浪潮。为了增长，各地的公共物品都受到威胁。有观点认为：通过制造公共物品的稀缺性，人们别无选择，只能购买私人替代品。为了负担由此产生的费用，人们必须延长工作时间，额外生产有市场需求的商品和服务，也因此产生了在现有的制度中额外消费的压力。

在 2008 年金融危机爆发后，这种逻辑在整个欧洲推行紧缩政策时达到了顶峰。紧缩（字面上与稀缺是同义词）是通过削减对社会产品和福利保护的公共投资（涵盖从老年人的取暖津贴到失业救济金再到公共部门的工资），停止公共产品的供应，让那些被认为太“舒适”或“懒惰”的人再次面临饥饿的威胁。如果这些人想继续生存，就必须提高自己的生产力。这种逻辑明显和 18—19 世纪英国政府的逻辑相似。英国前首相戴维·卡梅伦（David Cameron）执政期间削减福利明显是为了让“偷懒者”更努力地工作、提高生产力，他们称为“工作福利制”。

我们清楚地看到，一次又一次地人为制造的稀缺性，就是为了实现增长。就像 16 世纪的圈地一样，稀缺和增长是同一枚硬币的两个面。

* * *

这明显暴露了资本主义的一种核心的错误观念。我们通常认为资本主义制度能够生产出非常多的产品——想想电视和商店里展示的极其丰富的物品。但实际上，资本主义制度运行的核心是持续制造人为的稀缺性。即便生产力和收入方面都取得了惊人的提升，资本主义制度也不会将其转化为富足和人类的自由，而是转化为新形式的人为的稀缺性。它必须这样做，否则就会失去积累的动力。在以增长为导向的经济制度中，增长的目标不是满足人类的需要，而是避免满足人类的需要。这不仅荒谬，而且会对生态造成极其不利的影响。

一旦我们了解了其运行机制，就会明白如何解决相应的问题。既然为了增长可以人为制造稀缺性，那么我们也可以通过废除人为的稀缺性，抵消增长的必要性。我们可以通过使公共物品去商品化、扩大公用资源、缩短工作时间和减少不平等，确保人们能够获得过上美好生活所需的物品，不再需要依赖额外的增长。这样一来，人们可以在不影响福利的情况下缩短工作时间，从而减少非必要物品的生产，并缓解其他非必要消费的压力。一旦有了更多的空闲时间，我们就能摆脱那些由于时间短缺而被迫形成的消费模式。[44]

一旦我们摆脱了人为稀缺性的压力，基本需求也得到了满足，我们想要迫切提高生产效率而竞争的冲动也会消失。经济产出的确会因此减少，但我们根本不需要如此庞大的经济产出。虽然产出减少，但人们生活更富足。在这样的经济体中，私人财富（或 GDP）可能会减少，企业和精英的收入也会因此减少，但公共财富会增加，其他所有人的生活也会因此得到改善。交换价值可能会下降，但使用价值会上升。于是，突然间出现了一个新的悖论：富足会被认为是增长的解药。事实上，富足本身就能够中和增长的必要性，使我们能够放慢这一庞然大物的增长速度，将生活世界从增长的束缚中解放出来。正如乔格斯·卡里斯（Giorgos Kallis）所说的那样，“资本主义在富足的条件下无法运作”。[45]

一些批评者声称，去增长只不过是新版本的紧缩政策。但事实上恰恰相反。紧缩要求制造稀缺性，从而实现更多的增长。而去增长则通过富足的条件抵消增长的必要性。要避免气候危机，21 世纪的环境保护论就必须明确提出新的要求：对极度富足的要求。

禧年债务运动

废除人为的稀缺性是人类摆脱增长必要性的有力措施。但我们还必须应对其他压力，抵消其他增长需求。

或许，债务是其中最迫切的需要增长的原因。如果你是一位即将步入大学的学生，或者是一个想要买房的家庭，你可能只能通过贷款完成这些事情。但贷款就会产生利息，并且利息是一个复合函数，会使你的债务呈指数型增长。当你欠下私人债权人的债务时，你不能只满足于赚到你所欠下的钱。为了偿还不断增长的债务，你还必须想办法快速提高自己的收入。你或许还必须多倍偿还最初的贷款额，甚至可能需要耗尽余生才能还清这些债务。但如果你无力偿还，债务开始出现叠加，最终会引发金融危机。所以要么收入增长，要么崩溃。

复利创造了一种人为的稀缺性，并且会产生直接的生态影响。背负着外债的国家面临巨大的压力，他们或许会放松对伐木、采矿和其他采掘业的管制，为了偿还债务，不得不加大对生态系统的掠夺力度。然而，政府欠本国中央银行的赤字则无须如此。与外债不同的是，政府欠本国中央银行的赤字无须偿还。家庭也是如此。研究人员发现，背负高息抵押贷款的家庭，他们的工作时间超出他们为了维持生计所付出的工作时间。[46] 正如人类学家戴维·格雷伯（David Graeber）观察到的那样，由于债务而产生的财务需求“使我们所有人，包括我们自己，都沦为了掠夺者，我们观察这个世界只是为了寻找哪些东西可以转换成金钱”。[47]

幸运的是，有方法可以缓解这种压力。比如，免除一些债务。在生态危机的时代，免除债务或许是向更可持续的经济模式转型的重要举措。这听起来可能有些极端，但已经有很多先例。古代近东社会经常宣布非商业债务无效，从而清理账目，将人们从债权人的束缚中解放出来。希伯来人在禧年法中将这一原则形成了制度，规定债务 7 年就自动免除。[48] 事实上，取消债务已成为希伯人自我救赎概念的核心。

有诸多建议告诉我们如何在当今的经济制度中做到这一点。2019 年，美国总统候选人伯尼·桑德斯（Bernie Sanders）提出了明确的计划想要免除学生的债务，预计在 2020 年免除 1.6 万亿美元的学生债务，这是一笔惊人的巨款。伦敦大学国王学院（King's College London）的学者发布了一项计划，旨在让政府不仅可以免除学生的债务，还可以免去其他不公正的债务：投机炒房和量化宽松造成的抵押债务、受到政府救助的借款方的旧债务以及在二级市场上贬值的无法偿还的债务。[49] 我们知道此举具有可行性。随着新型冠状病毒疫情灾难性地蔓延，许多国家的政府突然发现自己有能力免除一定的债务。

我们也可以免除发展中国家所欠的外债，这些外债一直以惊人的速度增长。大部分债务是 20 世纪 80 年代遗留下来的，当时美联储大幅提升利率，以至于有些国家整体都永久地受制于华尔街的束缚。[50] 此外，免除腐败的贷方出售的债务以及长期以来被罢黜的没有民主授权的老独裁者积累的债务。研究禧年债务运动（Jubilee Debt Campaign）的人员提出了取消此类不公平债务的明确机制，这将使贫穷国家从掠夺本国资源和剥削本国公民来持续追求增长的压力中解放出来。事实上，这是向富裕国家偿还欠下其他国家气候债务所迈出的重要的第一步。

当然，大债权人会因此吃亏，但我们觉得这并没有什么大碍。为了建设一个更公平、更生态的社会，我们愿意让他们承担这样的损失。我们可以以不伤害任何人的方式免除债务。[51] 没有人会因此活不下去。毕竟复利只是一个虚构的东西，所以我们可以对此做出改变。也许没有人比戴维·格雷伯的观点更具说服力：

> 取消债务对人类是有益的，不仅因为它可以减轻人类真正的痛苦，还在于它让我们提醒自己，金钱并不是难以言表的事。偿还债务的本质并非自然道德，这都只是人类的安排；如果民主真的有意义，其意义在于能够使所有人都同意以不同的方式安排事情。[52]

新经济的新资金

但取消债务并不是一个一劳永逸的解决方案，它并没有解决根本的问题。还有更深层次的问题需要解决。

当前的经济负债累累的主要原因是经济制度是围绕以债务为核心的货币体系而运行的。当你走进银行申请贷款时，你可能会认为银行是从现金储备中贷款给你，你把钱存入银行，银行又把这些钱存放在地下室的某个保险库中。但这并非银行的经营方式。银行只需要持有相当于贷款额 10% 左右的准备金，甚至连 10% 都不到。这被称为“部分储备金体系”。换句话说，银行借出的钱大约是实际拥有资金的 10 倍。如果银行没有那么多钱，那么额外的钱从哪里来？银行在放贷至你的账户时虚增了这笔钱的存在，但这笔钱也由此开始真实存在。

现行经济体制中所有流通的货币，超过 90% 都是以这种方式创造的。换句话说，我们手中的每一元钱都是其他某个人的债务。偿还这笔债务时还需要偿还一定的利息，于是我们就需要延长工作时间、加大资源开采力度和生产更多的产品。通过仔细分析，你就会发现其中异乎寻常的地方。银行销售他们免费凭空生产出的产品（货币），继而要求人们在现实世界中开采资源、生产真正的价值来换取凭空生产的货币。这未免也太奇怪了，有悖于我们的常识。人们很难相信这是真的。正如亨利·福特（Henry Ford）在 20 世纪 30 年代所说的那样：“民众不知道或不了解我们的银行和货币体系或许是一件好事。我相信，一旦他们明白了银行的运行机制，明天早上之前就会爆发一场革命。”

问题在于，银行创造了发放贷款的本金，但没有创造支付利息所需的资金。所以，始终存在赤字和稀缺。这种稀缺性造成了激烈的竞争，为了偿还债务，所有人都被迫用尽一切方法赚钱，当然也包括欠下更多的债务。

如果你曾经看过抢凳子的游戏，就能明白其中的原理。每一轮游戏都会加剧椅子的稀缺性，玩家必须互相竞争才能在剩下的凳子中占据一席之地。这势必会造成混乱。但如果你想象一下，如果我们加大赌注，没抢到凳子不仅会被淘汰出局，还会因此失去自己的房子，孩子因此挨饿，自己无力承担医药费。这样的游戏会引发什么样的后果：人们为了坐到凳子上会采取孤注一掷的措施。如此，你就会大致明白当前经济的运作模式。[53]你对资本主义社会稍加观察便能得出和许多经济学家一样的结论：恶性竞争、追求利润最大化和自私自利的行为已经成为人类本性的一部分。但人类当下的行为方式究竟是人类的天性所致，还是游戏规则所致？

在过去的10年中，生态经济学家得出的结论是，基于复利的货币体系无法在一个微妙平衡的生命星球上维持生命。而至于如何解决这一矛盾，经济学家提出了以下几个想法。一些人认为，我们需要从现有的复利制度（债务呈指数增长）过渡到单利制度，利息每年以线性的方式呈现相同的增量。长此以往，这一措施将大大降低总体的债务水平，使货币体系重新与生态保持平衡，并使我们能够在不引发金融危机的情况下向后增长经济过渡。[54]

另一组经济学家认为，我们需要进行更彻底的改革，彻底废除以债务为基础的货币制度。与其让商业银行制造信用货币，不如让国家发行没有债务的货币，将其用于经济，而不是借给经济。可以将创造货币的责任交给一个民主的、负责的和透明的独立机构，平衡人类福祉与生态稳定。银行当然可以继续放贷，但他们必须以 100% 的准备金作为后盾，用现金贷出现金。[55]

这不是一个非主流的想法。早在 20 世纪 30 年代，芝加哥大学的经济学家为了解决大萧条时期的债务危机，就曾提出过类似的解决方案。2012 年时，这一想法再次登上头条新闻，国际货币基金组织的一些进步的经济学家认为，这种方法能够减少债务、使全球经济更加稳定。在英国，一个名为正面金钱（Positive Money）的非营利组织围绕这一想法发起了一场运动，现在它被认为是迈向生态经济的另一条可行的举措。这种方法的强大之处在于它不仅可以减少债务，还在于公共货币体系能够直接为全民医保、就业保障、生态再生和能源转型等项目提供资金，而不必为了创造收入而追求 GDP 的增长。[56]

后资本主义的想象

当有人谈论“推翻”或“废除”资本主义制度时，我们或许会对之后可能发生的事情感到坐立不安。我很容易对当下的经济制度感到愤怒，尤其当我们眼睁睁地看着地球一步步走向灭亡的时候，但那些呼吁革命的人却很少对新社会做出定义。于是人们会觉得未来似乎非常可怕并且难以预测，不知道又会是什么噩梦替代现有的资本主义制度。

但是，当我们专注于如何让现有的经济体系摆脱增长的迫切需求时，我们或许可以依稀地了解到后资本主义经济可能会是什么样子。它一点儿也不可怕。这不是苏联那种指令经济的惨败，也不是回到穴居人的状态，衣衫褴褛，自愿陷入贫困的灾难。相反，它是一种在许多关键方面都让人感觉似曾相识的经济制度。从某种意义上说，它类似于我们通常自己描述的经济制度，换句话说，或许恰恰是我们理想的经济制度。在这种经济制度下：人们生产和销售有用的商品和服务；人们对购买的产品能够做出理性、明智的决定；人们的劳动能够获得公平的补偿；既能满足人们的需求又能最大限度减少浪费；货币能够流通给有需要的人；通过创新生产更好、更耐用的产品，能够减少生态压力、缩短劳动时间和改善人们的福利；积极维护人们赖以生存的生态系统的健康状况，而非视而不见。

然而，从这些角度来看，新经济与我们现行的经济制度有着根本的不同，因为它不是围绕资本主义的主要目标：积累。

但坦白说：要做到这一切并不容易。我们不能天真地认为很容易就能实现这些转变。还有一些我们未能解决的难题。没有人能帮我们简单地过渡到后资本主义经济，所以归根结底，需要我们所有人共同努力。我只是描述一种可能性，希望借此激发大家的想象力。至于如何实现后资本主义经济，还要需要一场运动，就像历史上为社会和生态正义而发起的每一次斗争一样。或许在某种程度上，这场运动已经开始了：从学校气候罢工到反抗灭绝运动，从农民之路（La Via Campesina）①到斯坦丁洛克原住民保留区运动（Standing Rock Sioux Tribe）。人们不仅向往一个更美好的世界，而且还在积极行动使之成为现实。

我不是政治战略家，我只是想提出一个充满希望的看法。有些人担心，如果没有强有力的政府从上而下的推动，我们不可能实现向后资本主义经济的过渡。但是这个假设毫无根据，我们注定会实现这一过渡。

民主的力量

2014 年，哈佛大学和耶鲁大学的一个科学家团队发表了一项非常引人注目的研究，旨在了解人类如何对自然世界做出决定。他们感兴趣的是人类是否会选择与后代共享有限的资源。与后代共享资源的问题在于后代无法与当前的人类互惠互

① 一个国际性的农民运动网络，成立于 1993 年，关注的问题包括世界水平的农业贸易自由化、土地权利、土地攫取和农政改革。——译者注

利。为了保护子孙后代的生态环境而放弃眼前的金钱利益，你的恩惠无法得到他们的回馈，所以你能从共享资源获得的利益微乎其微。据此，经济学家预计，人们会做出“理性”的选择，在当下耗尽资源，让后代一无所有。

但事实证明，人们并没有采取这样的行为方式。哈佛大学和耶鲁大学的科学家团队将人们分成几个小组，并给他们每个人分配了共享资源的一部分，让他们跨代管理。科学家们发现，总体上有 68% 的人选择可持续地使用他们的份额，只取用可以再生的量，牺牲眼前的利益，以便后代能够茁壮成长。换句话说，大多数人的行为与经济理论的预测完全相反。

但问题在于，剩下 32% 的人为了快速获利而选择耗尽自己的资源份额。久而久之，这个自私的少数群体最终耗尽了集体的资源，留给每一代的资源供给越来越少。随着时间的推移，资源的损耗速度越来越快：到第四代时，资源已经完全被耗尽，他们的后代将一无所有。这种惊人的衰退模式看起来与地球如今正在发生的生态危机非常相似。

然而，当科学家要求这些团体以直接民主的方式集体做出决定时，发生了一些令人意想不到的事情。68% 的人能够否决自私的少数人并控制他们的破坏性冲动。事实上，民主决策鼓励自私的少数派投票支持更可持续的决策，因为他们意识到大家需要共同面对。科学家们一次又一次地发现，在民主条件下，资源可以以 100% 的产能无限期地为后代延续下去。

科学家们进行了长达12代人的实验，得到了完全相同的结果：不存在净损耗这回事。根本不可能。[57]

这项研究的迷人之处在于，它表明生态经济学家所谓的“稳态”经济得到了人们广泛而直观的支持。为了与生命世界保持平衡，稳态经济需要遵循两个关键原则：

（1）资源提取量永远不要超过生态系统可以再生的范围。

（2）浪费或污染的程度不要超过生态系统可以安全吸收的范围。

为了实现稳态经济，我们需要对资源的使用和浪费做出明确的限制。几十年来，经济学家告诉我们，我们无法设定出这样的上限，因为人们会认为这是不合理的。但事实证明他们错了。如果有机会设定类似的上限，这或许正是人们期待的政策。

* * *

这有助于我们从新的视角理解眼下的生态危机。问题的关键不在于“人性”，而是我们的政治体系允许少数人为了自己的私利破坏集体的未来。

事实怎会如此？既然我们大多数人都生活在民主的国家，那么为什么现实的政策决定看起来与哈佛大学和耶鲁大学实验预测的结果大相径庭呢？答案是所谓的“民主国家”实际上并不是真正的民主。随着收入分配越来越不平等，最富有的人的经济权力直接转化为日益增长的政治权力。精英们成功地控制了我们的民主制度。

最典型的例子就是美国。在美国，公司有权花费巨额的资金投放政治广告，并且对政党的捐款几乎不设上限。这些做法从“言论自由”的原则来看是合理的，致使政治家如果没有企业和亿万富翁的直接支持，很难赢得选举，所以这就迫使政治家要与精英阶层的政策取向保持一致。大公司和富人借此花费大量的资金游说政府。2010 年，大公司和富人在游说政府上花费了 35.5 亿美元，远高于 1998 年的 14.5 亿美元。[58] 但回报远高于此：一项研究发现，大公司和富人花在游说美国国会上的钱，以税收减免和优惠待遇的形式获得了高达 22000% 的回报。[59]

由于政治俘获，即使绝大多数公民不同意相关的意见，美国经济精英也几乎主导了政府的决策。从这个意义上说，美国更像是一个由富豪统治的国家而不是一个民主国家。[60]

英国也呈现出类似的趋势，尽管出于不同的、更悠久的历史原因。伦敦金融城作为英国的金融中心和经济发动机，长期以来一直不受英国许多民主法律的约束，也不受议会的监督。伦敦市议会的投票权不仅分配给居民，也分配给企业：企业越大，获得的选票就越多，最大的公司每家获得 79 张选票。在议会中，上议院不是通过选举产生的，而是任命产生的，其中 92 个席位由贵族家族继承，26 个席位留给英国国教，还有许多其他席位被“出卖”给了富人，从而换取巨额的竞选捐款。[61]

在金融领域，我们可以看到类似的富豪倾向。很大一部分股东投票由没有民主合法性的黑石集团（BlackRock）和先锋集团（Vanguard）等大型共同基金控制。一少部分人决定如何使用其他人的钱，并对公司的行为施加巨大的影响，促使他们为了利益无视社会和生态问题。[62] 媒体领域也是如此。在英国，3 家公司控制着 70% 以上的报业市场，其中一半为鲁伯特·默多克（Rupert Murdoch）所有。[63] 在美国，六家公司控制着 90% 的媒体。[64] 在这种情况下，就经济问题开展真正的民主对话几乎是不可能的。

国际社会亦是如此。作为全球经济治理的两个关键机构，世界银行和国际货币基金组织的投票权也不成比例地分配给了少数富裕国家。拥有世界 85% 人口的发展中国家仅有不到 50% 的选票。世界贸易组织也面临着相似的问题，议价能力取决于各国的市场规模。在涉及全球贸易体系规则的关键决策时，世界上最富有的经济体几乎总是能如愿以偿，而那些较贫穷的国家，通常也是因生态崩溃而损失最大的国家，通常会被否决。

政治完全腐败是我们如今面临生态危机的原因之一。大多数人希望为子孙后代维持地球生态，但他们都要听命于少数想要耗尽所有资源的精英阶层。如果我们想要通过斗争成功使经济转向更加生态化的模式，就必须尽可能地提高美国的民主程度。这意味着要把巨额的游说资金踢出政坛，意味着激进的媒体改革、严格的竞选财政制度、扭转企业人格、消除垄断、向合作所有权结构转型、允许工人进入公司董事会、股东投票的民主化、全球治理机构的民主化，以及尽可能将集体资源作为公共资源进行管理。[65]

我在这本书的开篇已经指出，全世界绝大多数人都在质疑资本主义，向往一种更好的经济制度。我们是否能够就理想的经济制度进行一次公开、民主的对话？这会是一种什么样的经济制度？资源将如何分配？无论是采取何种形式，我认为可以肯定地说，它绝不会像我们现行的经济制度，不会像现在这样极端的不平等以及残暴地痴迷于永续的增长。在美国，没有人真的想要现在的经济制度。

* * *

长期以来，我们一直被告知资本主义和民主是一回事。但实际上或许彼此并不相容。资本痴迷于以牺牲现实世界为代价的永续增长，这有悖于我们大多数人所坚守的可持续发展的价值观。如果人们在这个问题上有发言权，他们一定会选择与永续增长背道而驰的稳态原则来管理经济。换言之，资本主义有反民主的倾向，民主有反资本主义的倾向。

但有趣之处在于，这两种思想或多或少地都来自启蒙思想。一方面，启蒙运动是对理性自主性的探索，人们有权利质疑传统、权威人物或众神传下来的公认智慧。这是我们所理解的民主的核心要义。另一方面，培根、笛卡尔等启蒙思想家的二元论哲学认为，征服自然是资本主义扩张的根本逻辑。具有讽刺意味的是，启蒙运动的这两种不同的思想无法共存。我们不能质疑资本主义和对自然的征服，否则会被认为是一种异端邪说。换句话说，虽然我们被鼓励相信批判性独立思考的价值，但不能用独立思考来质疑资本主义。[66]

在生态危机的时代，我们必须打破这一障碍。我们必须让资本主义接受监督，回归理性。向后资本主义经济的转型始于最基本的民主行为。

第六章 物物相关

在最早的时候
人和动物共同生活在地球上
如果一个人愿意，他可以变成动物
动物也可以变成人
有时他变成人
有时又变成动物
毫无区别
人和动物也都说同一种语言

——那朗艾克（Nalungiaq），因纽特人族长[1]

保卫这条河流也是保卫我们自己。

——哥伦比亚马格达莱纳河的渔夫

有些画面会在你的脑海中刻下深刻的烙印。我到现在依然记得我第一次欣赏到巴西摄影师塞巴斯蒂昂·萨尔加多（Sebastião Salgado）的作品时的感受。那时我独自在一个灯光昏暗的画廊里，欣赏一张黑白照片，照片拍摄的是科威特广阔的沙漠，一片被油井破坏的景观，喷出浓浓的火柱和浓烟。另一张照片拍摄的是坦桑尼亚的某个难民营，临时搭建的帐篷一眼望不到头，许多家庭在此艰难度日。还有一张是拍摄亚马孙雨林中的一个露天金矿，里面挤满了挖矿的工人，在武装警卫的监视下，他们赤脚在泥泞中跋涉。这些照片记录了人类文明不堪的一面，着实也困扰了我几个月。

萨尔加多的职业生涯一直在危机世界的前线进行报道，最终他被现实击垮了。20 世纪 90 年代后期，在完成了一个关于流离失所和移民的拍摄项目后，他决定不再摄影。他接受加拿大《环球邮报》（*The Globe and Mail*）的采访时说："我生病了，而且病得很严重。我对人类失去了信心。"他和妻子莱利亚（Lélia）原本常年旅居国外，后来决定回到巴西生活。他继承了他父母的农场，萨尔加多的童年时光几乎都是在这片农场上度过的。在他的记忆中，这片农场是一片迷人的森林，一个生机盎然、流水潺潺的天堂。但当他回到农场时，却发现一切早已荡然无存。密集的畜牧养殖和森林砍伐使农场水流干涸、土壤贫瘠，毫无生气可言。泉水已经停止流动。山丘被侵蚀。土壤已退化为尘土。

似乎是为了治愈自己内心深处的创伤，萨尔加多决定尝试一件所有人都认为不可能的事情——将土地恢复为大西洋热带雨林。这个项目于 1999 年启动，结果出乎所有人的意料。6 年后，这片 1730 英亩的荒地上长出了一层充满希望的绿色。

到 2012 年，森林恢复了原状。泉水又开始冒泡了，鸟类、哺乳动物、两栖动物，甚至一些濒临灭绝的物种都回到了这片土地。如今，这片土地为恢复生态系统指明了方向，也激发了许多类似的项目在世界各地出现。

萨尔加多的故事强有力地说明了生态系统的再生速度。相关的研究也着实令人兴奋。2016 年，一个国际科学家团队展示了新大陆热带地区有史以来最大的森林再生数据库。他们发现，在整个生态系统中，从潮湿森林到干燥森林，平均只需要 66 年就可以完全自然地恢复原来 90% 的生物量。人类所做的就是任其生长。[2] 有时森林恢复的速度甚至更快：在哥斯达黎加，被夷为牲畜牧场的雨林在不到 21 年的时间就能重新生长起来，与萨尔加多的农场发生的情况类似。虽然生物多样性通常需要更长的时间才能恢复，但在某些情况下，它可以在短短 30 年内恢复到原来的水平。[3] 随着这些森林的再生，它们吸收了大气中大量的碳——每年每公顷森林吸收超过 11 吨的二氧化碳。

这些发现给人类带来了真正的希望。这意味着，如果我们采取措施减少过剩的工业活动，生命世界可以以惊人的速度恢复原状。这不是什么遥不可及的梦想。在我们的有生之年，我们或许能够目睹它的发生。但我们必须迅速采取行动，因为如果全球变暖持续加剧，生态系统可能会失去再生的能力。

从这个角度来看，我不禁觉得，“去增长”归根结底是一个“去殖民化”的过程。领土扩张一直是资本主义增长的底层逻辑。随着资本的积累循环对自然的依赖程度加剧，资本主义开始对土地、森林、海洋，甚至大气进行殖民统治。500年来，资本主义的增长本质上一直是一个圈占和剥夺的过程。去增长意味着要逆转这一过程，但它意味着释放，代表着治愈、恢复和修复的机会。

从地缘政治的角度看也是如此。请记住，高收入国家持续的过度消费是通过以不平等的条件持续净挪用发展中国家的土地和劳动力而实现的。虽然殖民主义可能在半个世纪前就结束了，但是正如我们所看到的那样，那些旧的掠夺模式一直持续到今天，并且带来了毁灭性的后果。高收入国家的去增长将能够将发展中国家从采掘主义的控制中解放出来，就这点而言，它代表了去殖民化最真实的意义。

* * *

我多年来对去增长的研究给我带来了一些我没想到的东西——希望。然而，我发现自己还是时不时地担心仍然缺少某些东西。如果我们把所有的注意力都集中在如何修复经济上，可能会忽视大局。的确，我们必须采取措施超越资本主义。但资本主义只是人类面临危机的直接驱动因素，并不是真正的根本原因。导致我们面临生态危机的是更深层次的原因。

要知道，资本主义在16世纪和17世纪时的兴起并非凭空而来。正如我们在第一章中看到的那样，资本主义通过暴力、剥夺和奴役才得以兴起，但更重要的是，它需要创造一个关于自然的新故事。这个新故事让人们认识到，自然与人类有着本质上的区别，自然不仅低人一等，而且从属于人类，而且自然不像人类一样具有灵魂。这样的观点把世界一分为二。简而言之，就是一种割裂。在过去的500年里，资本主义文化始终在这种割裂的基础上主导着全球的文化。

一旦我们明确了这一点，就能很明显地发现，摆在我们面前的斗争不仅是一场经济斗争，还是一场存在论的斗争。它不仅需要摆脱对土地、森林和人的殖民统治，还需要思想的去殖民化。为了开始去殖民化的过程，我们需要新的希望源泉、新的可能性源泉，即对未来的新设想。在去殖民化的过程中，我们将明白，建设生态文明的秘诀根本不是限制和稀缺性，而是超出我们想象的更宏大的东西。

祖先留下的教训

作为一名人类学家，我发现我的职业生涯中的真正乐趣之一就是编织出比以前更深刻的人类故事。我记得在我还在读研究生的时候，有时我走出课堂时会被某种新的视角所震撼，仿佛我刚走出一个平淡无奇的小木屋，却发现自己置身于巨大的悬崖边缘，历史的画卷开始映入我的眼帘。人类的故事就像一场旅程，我们的祖先在数万年的时间里冒险走出非洲，在地球上迁徙。一路上，他们体验了众多不同的生态系统，从大草原到沙漠，从丛林到草原，从湿地到苔原。他们每次到达不同的地区，就必须了解当地的生态系统的运行机制，从而可持续地生活，与他们获取营养和赖以生存的其他物种相互依存。有时他们成功了，有时也会失败。

这种好坏参半的记录在南岛扩张时期表现得最为明显。在两三千年前，人类离开亚洲大陆，向南和向东迁徙至太平洋的群岛中定居。这群探险者来自一种建立在广袤大陆上的文化，气候以稳定的季风天气为主，所以他们为了发展农业定期改造全国的河流流域。生活在如此广阔的领土上，让他们感觉自己似乎拥有无穷无尽的资源可供使用，好像他们可以对这片土地为所欲为。

当这些人登陆南岛群岛时，也把这种文化带到了这里。但大陆文明的扩张逻辑不太适用于岛国的发展。事实上，这种发展逻辑也带来了毁灭性的后果。当他们定居后，岛上的巨型海龟、鸟类、鱼类等其他易于捕获的动物还未适应人类的捕杀，于是这些人大量捕食了岛上的巨型动物，获取了大量的蛋白质。此外，他们砍伐树木，清理土地后开始种植庄稼。这些可能对大陆没有什么太大的影响，但对岛屿而言却会引发灾难性的后果。岛上的关键物种灭绝了，生态系统也因此失去平衡。人类无法继续维持生活，许多社会完全瓦解，一些岛屿也因此完全被遗弃，变成了荒岛。

但随着南岛扩张的持续，定居者也从犯下的错误中吸取了经验教训。他们发现：如果想在有限的岛屿生态系统中建立一个繁荣的社会，需要采取一种完全不同的生态学方法。于是，他们摒弃了扩张的意识形态，转变成一体化的意识形态，开始学习关注其他物种，学习它们的习惯、它们的语言以及它们与其他物种的关系。他们必须了解自己能够向任何特定社区索取的安全边界，为了确保可持续的发展如何回馈社区。他们不仅要学会保护自己赖以生存的岛屿的生态系统，还要使其愈发丰富。于是，他们必须找到新的、更生态的方式思考自己与动物、森林和河流的关系，将此融入自己的观念和习惯之中，这样自己才永远不会被忘记。采取这些措施的社会最终在太平洋岛屿上蓬勃地发展了起来。

而如今，我们正好面临类似的关键节点，人类的未来可能会走向其中的任何一个方向。我们是一种痴迷于扩张的文明，但突然发现自己生活在一个岛屿上。究竟是要固守过去不计后果的意识形态，还是寻求学习一种新的、更明智的生存方式？幸运的是，即便我们选择后者也不必从头开始。世界各地的人类已经在各自生存的地方发展出了不同的生态方式。如果观察如今生活在毗邻陆地的社区，我们可以找到大量的线索说明生态智能的真正定义。

持续向生态转型

如果你曾经看过亚马孙雨林内部的照片，便会了解那里的真实情况。浓密的雨林、潮湿的气候，错综复杂又充满生机。它也是数百个世代居住在该地区的原住民社区的家园，其中就包括一个被称为阿丘雅人（Achuar）的部落，他们沿着厄瓜多尔和秘鲁之间的无形边界生活。

在过去的一二十年里，阿丘雅人之所以受到关注，是因为他们的世界观中一些独特的观念吸引了大批人类学家和哲学家，完全颠覆了人们对自然的看法。对于阿丘雅人来说，“自然”是不存在的。对于西方观察者来说，这种观念可能听起来很荒谬，因为他们倾向认为自然的范畴是不言而喻的。当我第一次了解到阿丘雅人的观念后，我也觉得确实很荒谬，但经过长时间的思考，却发现了其中的深意，这一思想的内核可能隐藏着强大的秘密。

如果你参观过阿丘雅人的部落，你会发现他们生活在丛林中间的小片圆形空地上，茂密的树墙像巨大的绿色波浪一样包围着他们，一片郁郁葱葱且充满生机的景象。置身其中，周围有青蛙、巨嘴鸟、蛇、猴子、美洲虎以及成千上万的昆虫的声音，还有大片的苔藓、蘑菇和卷曲的藤蔓。对许多人来说，这样与其他人类社区隔绝的生活方式会让他们感到非常孤独，认为自己与世隔绝。但阿丘雅人对丛林的看法却大不相同，他们看到周围的一切时感觉自己深处人群之中。

对阿丘雅人来说，丛林中的大多数植物和动物都有与人类灵魂相似的灵魂（灵力[①]），因此从字面上看应该被归类为“人”。和人类一样，植物和动物也具有能动性、意向性，甚至拥有自我意识。它们不仅在彼此之间相互交流，还可以与其

① 特指美洲许多印第安民族所信奉的自然物中产生的伟大力量。——译者注

他物种进行情感和信息的交流，甚至能通过梦境与人类交流。所以，动物和植物在本质上和人类没有任何区别。事实上，阿丘雅人甚至将植物和动物视为自己的亲属。他们把捕食的猴子和其他动物视为自己的连襟，所以它们之间的关系也遵循着类似的谨慎和相互尊重的规则。阿丘雅人也会把自己赖以生存的植物视为需要滋养和照顾的孩子。对他们来说，丛林不仅是食物的来源，还是一个充满亲密关系和血缘关系的地方。

人们可能很容易认为这一切不过是一些奇怪的比喻。但事实并非如此。正如我们知道的那样，与伴侣、孩子、姻亲和邻居保持良好关系对于保持安全、幸福的生活至关重要，所以阿丘雅人知道他们的生存依赖于与共同生活在这片雨林中的大量非人类（除人类之外的）成员保持良好的关系。他们知道彼此从根本上是相互依存的关系。没有这些非人类成员，自己将不复存在。大家的命运紧紧相连。

居住在亚马孙雨林的大多数人都坚信同样的原则。不仅仅是亚马孙雨林原住民，很多人都普遍认同类似的观点，认为这是一种非常正常的与世界互动的方式。尽管这一原则在各个地方都有不同的版本，但其内核得到各大洲无数原住民的广泛认同。[4]这些观念在本质上都是一致的。而且在很多地方，当地人不仅把植物和动物视为人，像河流和山脉这样的无生命的存在也被视为人。

以奇旺族为例，奇旺族是居住在马来半岛热带森林的原住民，与亚马孙河分立于地球的两边。虽然他们的人口只有不到 300 人，但他们说，他们的社区不只包含人类，还包括森林中的植物、动物和河流。奇旺族的人甚至将它们统称为“我们的人民”。这也不仅仅是一个浪漫的比喻。奇旺族认为所有生命都有相同的道德意识。虽然松鼠、藤蔓和人类在表面上可能看起来完全不同，但在外表之下，最终都有相同的道德意识。因此，所有生命都肩负着道德责任，确保广义上的集体生态系统的顺利运行，维持构成生命之网的亲密且相互依赖的关系。比如，蜜蜂对人类的福祉负有道德责任，同理人类对蜜蜂的福祉也负有相同的责任。

4000 千米外的新几内亚岛上，贝达穆尼人（Bedamuni）有句俗语：“看到动物，我们可能会认为它们只是动物，但我们知道它们很像人类。”生活在新喀里多尼亚岛（New Caledonia）附近的卡纳克人（Kanaks）也相信类似的伦理，他们不仅认为动物很像人类，植物也是如此。他们坚持认为人类和植物之间存在物质上的连续性：人类和植物有相同的身体，所以人类的祖先在去世后会回到树木中居住。贝达穆尼人和卡纳克人否认西方人对人类和植物、动物理所当然的严格区别，也不承认其中的任何等级制度。除了存在之链之外，没有任何伦理能够长期处于西方哲学的核心，即人类处于存在之链的顶端，其他一切物种都在人类之下。

这些人群当然不会像我们这些生活在资本主义社会的人那样，把人类和“自然”区分开来，这是早期美索不达米亚文明、超验宗教以及培根和笛卡尔等启蒙哲学家传给人类的遗产。这样的区分毫无意义。事实上，这种区分在道德上应该受到谴责，甚至可以说是一种暴力的区分。就好比一群人否认了另一群人的人性，试图以种族主义的名义剥夺他们作为人的所有权利，欧洲人就曾经用这样的理由为殖民和奴隶制开脱。这并不是正确的生活方式，因为正确生活方式的基础是承认人与生态系统之间相互依存的关系。

* * *

人们看待世界的方式对其与生态系统互动的方式具有重要的影响。你如何与一个充满了与人类有相同人格的自然世界相处？如何与被认为与人类一起生活在社会共同体中的生物一起生存，甚至是以亲属的角色相处？你根本无法把这些生物视为是“自然资源”或“原材料”，甚至“环境”。从阿丘雅人、奇旺族和其他原住民群体的角度来看，他们无法从道德上接受将自然视为一种资源并加以利用。毕竟，如果要利用某样物品，必须首先将其视为低于人类的一个对象。在一个没有任何物种从属于人类的世界里，这根本无从谈起，因为在这个世界里，所有的存在都是自己的主体。

但也不要曲解我的意思。很明显，这些原住民社区也从周围的生态系统中得到了滋养。他们也会捕鱼、打猎、种植果树，食用果园里的水果、坚果和块茎。事实上，这也确实存在一个问题。如果动物和人具有相同的人格，那么食用动物无异于是一种自相残杀的行为。正如一位北极的巫师对人类学家克努兹·拉斯穆森（Knud Rasmussen）所说的那样，“生活最大的危险在于人类的食物基本都是有灵魂的生物。”

对那些一开始就坚持要区分人类与非人类的人来说，这似乎是一个无解之题。如果你认为人类与非人类生物都是同一个整体的某个元素，这个难题就迎刃而解了。重要的不是非此即彼，而是二者之间的关系。突然之间，它变成了一个公平和平衡的问题。人类的确捕食巨嘴鸟和挖块茎，但他们是本着交换的精神从事这些活动的，绝不是一味地索取。这是一种互惠互利的做法。此处所谓的道德准则，不是人类永远不应该索取（这会导致人类快速消亡），而是人类的索取不应该超过对方愿意或能够给予的范围。换句话说，人类的索取永远不要超过生态系统的再生能力。此外，人类必须确保自己给予了相应的回报，并且尽自己所能丰富而不是破坏人类赖以生存的生态系统。

要做到这一点，需要付出很多的努力，比如倾听、有同理心和对话。对于许多原住民社区来说，管理人类与非人类之间关系的技能尤其要受到巫师的训练。在20世纪的大部分时间里，人类学家认为萨满巫师的角色仅限于充当人类与其祖先之间的媒介。而如今，在许多情况下，大家也越来越清楚地认识到，巫师在人类群体和人类赖以生存的更广泛的生物群体之间进行调解。

萨满巫师也逐渐更加了解其他的存在。在亚马孙雨林，他们在恍惚和梦境中与其他生物交流，来回传递彼此的信息和意图。由于萨满巫师会花费大量的时间与非人类邻居互动，因此他们像专家一样极尽了解生态系统的运作方式。他们确切地知道在什么季节可以从河里捕到多少鱼，以及什么种类的鱼，同时确保来年有足够的鱼产卵。他们知道可以在维持马戏团正常运转的情况下安全地猎杀多少只猴子。他们知道这片果树林什么时候处于健康的状况，何时长势有问题。他们利用这些知识确保人类从他们的植物和动物亲属那里得到的东西永远不会超过森林可以安全提供的范围。

从这个意义上说，萨满巫师是一种生态学家。他能够了解并维护构成丛林生态系统的脆弱而又相互依赖关系，他在植物学和生物学方面的知识可能远远超过那些最负盛名的大学教授的权威知识。

* * *

体验世界太令人兴奋了！对于我们这些在资本主义文化中长大，长期接受统治和二元论等自负思想熏陶的人来说，甚至根本无法理解这些理念。如果我们将生命世界视为具有意向和社会性的脉动，我们对生命世界的体验会丰富多少？都有谁居住在那里？他们长什么样子？有哪些经验？我们要对彼此说些什么？即使只是想象，以这种方式生活也好像找到了通往一个魔法世界的大门，而这扇大门一直以某种方式隐藏在显而易见的地方。

人类学家将这种存在方式称为万物有灵论。宗教研究学者格雷厄姆·哈维（Graham Harvey）给万物有灵论下了一个非常简单的定义，“世界上到处都是人，其中只有一些人是人类，人总是生活在与其他生物的关系之中”。[5]万物有灵论者认为动物和植物，甚至河流和山川本身就是主体，而非客体。在他们的世界观中没有“它”。一切都是“你”。[6]

这是我们要理解的关键点。有些人错误地认为，当万物有灵论者将非人类称为“人”时，只是将人类品质投射到他们身上，将他们（错误地）视为伪装的人类。但事实并非如此。相反，万物有灵论者将其他物种视为主体，他们和人类一样，对世界有着自己主观的感官体验。正是因为它们是主体，才被视为是人，成为一个主体就是成为一个人。

不难想象他们为何会得出这样的结论。依赖在森林中觅食和狩猎的原住民社区必须深入了解当地的动植物。他们花费数万小时学习和模仿猴子、鸟类和美洲虎的叫声，直至掌握这些叫声中所蕴含的意义和情绪的细微差异，因为这些技能对于成功狩猎至关重要。他们需要了解各种植物如何适应不同的土壤，如何根据温度和光线的变化而移动，以及它们如何与甲虫、蚂蚁和鸟类相处。他们若想生存下来，就必须掌握这些知识。在这个过程中，他们开始意识到，所有的生物都在以自己的方式体验这个世界，拥有自己独特的感官，并用自己的智慧与周围的世界相处。所以，为何不能将他们视为人呢？这是一个与非人类生物完全共情的过程。[7]

在某些方面，这似乎非常显而易见。但我们却很容易忘记这一切，尤其是生活在城市里的我们，除了装饰之外很少会接触到其他物种。即使在农村地区的农场里，野生物种也经常被视为害虫，只要有可能基本都会被消灭。在这些情况下，当我们想到这些非人类生物时，很容易不自觉地认为其存在是客体，而不是主体。或者也许不是我们忘记了，而是有意识地忽略这一观点……也许是我们下意识地在内心深处否认我们所知道的事实。比如，当我们想到我们的经济制度依赖于对其他生物的系统性剥削这样的事实，也会觉得非常难以接受。

无论人们如何看待万物有灵论，有一件事是肯定的：它是一种非常生态化的观念。事实上，它早已预见了当今生态科学的核心原则，可以归结为一句话：所有生物都是密切相关的，人类应该有节制地行事。这不是修辞术，而是真正有用的金科玉律。人类若真以这种方式生活，会对世界产生实质性的影响。科学家估计，地球上 80% 的生物多样性都是在原住民的领土上发现的。[8] 显然，他们与自然相处的方式是完全正确的，不仅保护了生命，也滋养了其他生物。这不只是出于慈善，也不是因为心地善良，而是因为他们认识到所有生物从根本上是相互依存的。

随着增长主义加速了地球历史上的第六次大灭绝事件，万物有灵论的价值观和资本主义价值观之间的反差也愈发明显。

少数派报告

对于不熟悉这些想法的人来说，万物有灵论或许一开始看起来有些怪异，甚至可能非常怪异。这并不奇怪。毕竟，我们深受笛卡尔和定义启蒙运动的二元论哲学的影响，启蒙运动的观点与此大相径庭。

请记住，笛卡尔的思想继承并发展了古老的一神论思想，即上帝与天地万物之间存在根本区别。笛卡尔说，天地万物本身分为两种物质：一方面是心灵（或灵魂），另一方面是纯粹的物质。心灵的物质很特别，因为它是上帝的一部分，所以无法用正常的物理或数学定律来描述。它是一种空灵的、神圣的物质。人类在所有生物中是独一无二的，因为人拥有思想和灵魂，这是他们与上帝有特殊联系的标志。至于其余的天地万物，包括人体本身在内只不过是惰性的、没有思考的物质。所以，它只是“自然”。

笛卡尔的思想没有经验证据作为基础，但它们在 17 世纪欧洲的精英阶层中流行了起来，因为它巩固了教会的权力，为资本主义对劳动和自然的剥削进行辩护，并为殖民提供了道德上的许可。甚至“理性”这个概念本身也依赖于这些假设。笛卡尔认为，只有人类才有理性，因为只有人类才有思想。理性的第一步，是认识到人的思想与身体是分开的，与世界万物是分开的。

从这个角度来看，万物有灵论者坚持认为世界是紧密相连的观点，长期以来被认为是不合理和不开明的。在 19 世纪，著名的人类学家认为这一观点非常“幼稚”：只有孩子才会认为这个世界是有魔力的，但这是我们必须纠正的认知错误。事实上，除了理性，人们也根据人与自然、主体与客体的范畴区别来定义现代性以及现代科学。万物有灵论为新兴的“现代”概念奠定了基础。

但笛卡尔没有强辩到底。当他刚刚写完自己的手稿，就受到了同时代人的攻击，那些人纷纷指出他作品中的根本性错误。但从那以后的400多年里，科学研究的进步不仅证明了笛卡尔是错误的，而且万物有灵论的思想在关键方面更符合生命和物质的实际运作方式。

* * *

最早勇于抵制笛卡尔的人，是荷兰的哲学家巴鲁赫·斯宾诺莎（Baruch Spinoza）。17世纪时，斯宾诺莎在阿姆斯特丹的一个西班牙犹太家庭中长大，而当时的笛卡尔已经成名。当时的精英阶层都在奉行笛卡尔的二元论时，斯宾诺莎对此并不认同。

事实上，他的观点与笛卡尔的观点正好相反。斯宾诺莎指出，宇宙的产生一定出于某个终极原因——如今我们公认的原因可能是大爆炸。斯宾诺莎认为，一旦我们承认了这一观点，我们就必须承认，虽然上帝和灵魂、人类和自然似乎从本质上来说是不同的实体，但它们实际上只是同一个伟大实体的不同方面，并受同一力量的支配。斯宾诺莎的观点从根本上影响了我们思考这个世界的方式。这意味着上帝与“天地万物”共出于同一实体，人类与自然共属于同一实体，思想和灵魂与物质是同一实体。所以，一切都是物质，一切都是思想，一切都是上帝。

这些想法在当时被认为是异端邪说。没有灵魂？没有先验的上帝吗？斯宾诺莎的教义颠覆了当时宗教教义的核心原则，并扬言要揭开剥削自然和劳动的道德难题。毕竟，如果自然与上帝是相同的实体，人类就很难拥有对自然的统治权。[9]

所以他的思想迅速遭到了猛烈的抨击。斯宾诺莎与当时的权威思想背道而驰，惨遭残酷的迫害。阿姆斯特丹当局下达命令，将他驱逐出境。基督教的当权者也把他赶出教会，天主教会甚至将他的作品列入禁书的行列。他的家人也对他避而远之，他走在路上也会遭到路人的攻击。他一度在教堂的台阶上被一名高呼“异教徒！”的袭击者刺伤。但这些都无法阻止他。斯宾诺莎一直保留着他被刺时所穿的破斗篷，把它当作反抗的象征。

* * *

当时的欧洲面临着选择的岔路口。他们有两个选择：笛卡尔的道路或斯宾诺莎的道路。在教会和资本的全力支持下，他们最终选择了笛卡尔的二元论。因其能赋予统治阶级合法的权力，证明统治阶级对世界所做的一切都是合理的。因此，今天我们生活在一个由二元论假设所塑造的文化中。但它本来也可以是另外一种情况。我经常发现自己在思考，如果斯宾诺莎的观点占了上风，如今的世界又会是什么样的呢？他的观点将如何塑造我们的道德规范、经济制度？或许我们现在不会面临生态危机的噩梦。

这个故事最引人瞩目的地方在于，在随后的几个世纪里，科学家们证实了斯宾诺莎的一些说法。他们断言，精神和物质本质上并没有区别。精神和其他万物一样，都是物质的集合。科学家们也指出：人类与非人类之间没有根本的区别，人类和非人类是从同一个前身生物进化而来的。科学家们断言，宇宙中的万物都受同一种物理规律支配，尽管我们还无法归纳出这一物理规律究竟是什么。具有讽刺意味的是，二元论最终被科学证明是片面的，但二元论一度曾被认为是启蒙科学巅峰的学派。事实上，当今的形势已经发生了逆转：斯宾诺莎现在被公认为是现代欧洲哲学史上最优秀的思想家之一，并被誉为科学史上的关键人物。

然而，即使科学打破了二元论，笛卡尔关于世界的一些假设也仍然存在。直到今天，西方社会中的大多数人仍然相信人类与自然有着本质上的区别。为了证明这种信仰的合理性，宗教人士可能会诉诸关于灵魂的某些概念。就无神论者而言，他们坚持认为只有人才有智力和意识。他们认为，只有人类才有内在的自我，以及反思世界的能力——这就是人类优于其他生物的原因。只有人类是真正的主体，而其他生物是人类世界中的“客体”，根据遗传密码机械地演绎着它们的生命。所以400 年后，依然有人信奉笛卡尔的观点。

从 20 世纪中叶开始，埃德蒙德·胡塞尔（Edmund Husserl）和莫里斯·梅洛 – 庞蒂（Maurice Merleau–Ponty）等哲学家开始使用现象学的新框架质疑这些大家习以为常的假设。他们指出，人的意识，以及自我，不能存在于某种抽象的、超验的思想中。一切意识都源于对现象的体验，而体验从根本上依赖于身体。事实上，我们所知道的、所想的一切都是人的自我意识，而自我意识源于我们在世界上的具体体验。哲学家阿布朗（David Abram）为此曾写过这样的诗句：

没有这个身体，没有这个舌头，没有这些耳朵，你就不能说话，也无法听到别人的声音。你也没有什么可说的，没有什么可反思的，也没有什么可以思考的，因为你没有任何接触，没有任何遭遇，没有任何一丝感官体验，就没有什么可以质疑或了解的东西。因此，生命体不仅有与他人接触的可能性，也有与自己接触的可能性——反思、思考、知识的可能性。[10]

当然，对于那些已经非常了解自己身体的人来说，尤其是对于女性而言，这一切都不足为奇。无论是在田间劳作，还是在工厂或家里干活，这些人基本都是通过大量痛苦的体力劳动谋生。但现象学的兴起意味着欧洲的精英阶层认同自己的身体性，使他们意识到理性不能只存在于真空之中。现象学的兴起一劳永逸地瓦解了身体和意识的区别。

一旦你接受了这一点，你就会更加理解那些存在于我们经验领域的其他“现象”以及我们与之共存的其他生物。你会明白：除了人类，植物和动物也是具有主观经验的生物。毕竟，它们和人类一样都有身体，它们也会感知世界、参与世界、回应世界、塑造世界。事实上，人类生活的世界是由其他主体共同创造的，就像人类也共同创造了其他生物生活的世界一样。我们都在感官的感性舞蹈中彼此互动，通过这种持续的对话来了解这个世界。

当我们接受了这样的想法后，主客体的区别顷刻间就不复存在了。胡塞尔认为，经验的世界不是由主客关系定义的，相反是一个二者共同创造的主体间领域。我们所知道、所思考、所成为的一切，都是通过与其他主体的相互作用而形成的。

这些现象学的观点使我们更加了解万物有灵论者长期坚持的观点。如果我们一开始就坚信，人类之所以与众不同，是因为人类是主体，那么一旦我们意识到非人类也是主体，我们就进入了一个全新的领域。人格的界限突然就延伸到了人类社会之外，涵盖了非人类的其他生物。

* * *

我在这部分提到西方思想家，只是为了表明即使是西方哲学本身也一直承认少数派报告。原住民思想家没有受到笛卡尔的假说的阻碍，充分地发展、实践和发扬了这些想法。例如洪都拉斯活动家贝尔塔·卡塞雷斯（Berta Cáceres），他在2016年因保卫瓜尔卡克河而被暗杀；因纽特人领袖希耶娜·瓦特－克劳蒂尔（Sheila Watt-Cloutier）2007年曾提名诺贝尔和平奖，后来该奖项被颁给了阿尔·戈尔（Al Gore）；巴西原住民活动家和领袖艾尔顿·克雷纳克（Ailton Krenak）；还有两个对我影响特别大的人，阿尔冈昆学者、活动家杰克·D. 福布斯（Jack D. Forbes）和波塔瓦托米族科学家、哲学家罗宾·沃尔·金默尔（Robin Wall Kimmerer）。

阅读这些杰出人物的作品，总是让我想起我在本书开篇引用的艾梅·塞泽尔的话：殖民化从根本上说是一个物化的过程。生物、自然和人类只有在被认为是物体时，才能被合法地利用。这为廉价地利用自然和资本主义的发展铺平了道路。鉴于这段历史，很明显，任何去殖民化的过程都必须从去物化的进程开始。这就是原住民学者教给我们的：我们必须学会再次将自己视为更广泛的生命共同体的一部分。如果去增长方法不是以这一道德规范为核心，那么我们势必会再次抓错重点。

再一次科学革命

20 世纪后期，现象学成功地将万物有灵论原则重新植入欧洲哲学的核心。科学也紧随其后成为欧洲哲学的核心。在过去的 20 年里，一系列的科学发现已经开始从根本上改变人类如何看待自己与其他生命世界的关系。

以细菌为例。几代人以来，人类一直都认为细菌是有害的，也没有任何人质疑这一观点。于是，我们用抗菌肥皂和化学消毒剂来保护自己，杀灭存在于人体、家园甚至是食物中的细菌，意图消灭我们称之为细菌的看不见的小敌人。但近几年，科学家们已经推翻了许多早期的错误观念。

人体的肠道、皮肤和其他器官由数以万亿计的微生物组成。而事实证明，人类的生存依赖于这些微生物的存在。肠道细菌对消化至关重要，因为它们会分解食物并将其转化为人体所需的营养物质。细菌也有助于调节人的免疫反应，甚至对保持健康的大脑功能至关重要，因为它们能够激活神经通路和神经系统的信号机制，帮助人体应对压力、预防焦虑和抑郁，提升心理健康水平。更有甚者，细菌可能在人类的社交生活中发挥重要的作用：科学家最近发现，消灭老鼠体内的微生物群会使它们表现出反社会的行为，所以他们推测人类可能也会如此。[11] 这些事实完全混淆了精神与身体、人类与“自然”之间的明显区别。这么多的科学证据都表明，支撑二元论思想的假设正在逐步瓦解。[12]

除细菌之外，某些病毒似乎也对人体有益，例如调节细菌种群的噬菌体。[13] 没有噬菌体，人体内的细菌作用可能就会失去平衡。

如果你计算构成身体的所有细胞，就会发现大部分细胞属于其他生命形式，而不是属于“你”的身体。[14] 这个事实令人震撼，它会颠覆人类对自己的看法。但无论如何，如果我们无法将自己与我们共存的数以万亿计的其他生物区分开来，与它们共同管理我们的身心状态，我们就无法生存。正如英国科学哲学家约翰·杜普雷（John Dupré）所说，“这些发现让我们无法再确信有任何一种生物是自给自足的，你甚至很难判断它在何处灭亡，而另一种生物从何处降生。”[15]

当我们分析人的进化过程时，有了更出人意料的发现。人体有两类DNA，一类存在于人体细胞的细胞核中，另一类存在于线粒体中，线粒体是一种存在于细胞内的“细胞器”。生物学家认为，第二类线粒体DNA来自人体进化过程中某个被人体细胞吞噬的细菌。如今，这些小细胞器在人类的生活中发挥着异常重要的作用：它们能将食物转化为人体所需的能量。令人费解的是：人体最基本的新陈代谢功能，甚至构成人体最核心的遗传密码，都依赖于其他生物。

这其中的深意发人深省。与牛津大学跨学科微生物组项目合作的一组科学家表示，与细菌有关的发现可能会彻底改变人类的科学以及本体论：“我们绘制出过去人体内和周围看不见的微生物生命形式，这迫使我们重新思考世界的生物构成，以及人类相对于其他生命形式的地位。”

* * *

细菌正在彻底改变我们对人类与世界关系的看法。与此同时，生物学家关于树木和森林的一些重大发现也正在颠覆我们对植物的看法。

当我们看到一棵树时，我们或许会认为这棵树是一个单一的个体，就像人类会认为自己是一个个体一样。但生物学家发现，事情并没有那么简单。他们发现，树木的生长依赖于土壤中某些种类的真菌：细如毛发的菌丝结构与树木根部的细胞交织形成了菌根。真菌的生存需要吸收植物光合作用产生的碳水化合物，否则它们无法生存，而树木反过来又会从真菌中吸收自己无法产生的磷和氮等元素，缺少了这些元素，植物就无法生存。

这种互惠并不仅仅局限于这种古老关系中的双方。无形的真菌网络还能把不同树木的根部相互连接，有时一些距离很远的大树的根部也能彼此连接，形成一个地下网络，使它们能够彼此交流，共享能量、营养和药物。生态学家罗伯特·麦克法伦（Robert Macfarlane）解释了其中的原委：

> 例如，一棵濒临死亡的大树可能会为了社区的利益而放弃自己资源，或者一棵生长在树荫下的小树可能会从其强壮的邻居那里获得额外的资源。更值得注意的是，这一地下网络还允许植物之间相互发送警告信号。受到蚜虫攻击的植物可以向附近的植物发出警告信号，提醒它们在蚜虫到达之前作出防御反应。人们很久之前就已经知道植物通过空气中的激素等类似的方式在地面进行交流。但是，植物通过真菌网络可以更加精准地发送和接收警告信号。[16]

树木之间彼此合作，相互交流，分享信息和养分。这种分享不只是存在于同一物种之间，还跨越了物种之间的障碍，比如花旗松和桦树相互供养。不只是树木，我发现除了少数几种植物外，大多数植物都与菌根有着同样的关系。这些发现和人体肠道的细菌一样，都在挑战人类如何看待物种之间的界限。一棵树真的只是一个单一的个体吗？它真的可以被视为一个单独的单位吗？或者它是更广泛的多物种有机体的某个方面？

科学家们还探明了其他一些或许更具革命性的发现。英属哥伦比亚大学森林与保护系教授苏珊娜·西马德（Suzanne Simard）博士认为，植物之间的菌根网络像人类以及其他动物的神经网络一样，它们有着非常相似的运行方式，通过节点传递信息。神经网络使动物具备认知能力和智力，菌根网络也是如此，它使植物也具备了相似的能力。最近的研究表明，这个网络不仅像人体的神经元一样能促进植物之间的传输、交流和合作，还能够帮助植物解决问题、学习、记忆和决策。[17]

这些描述不仅仅只是一种比喻。生态学家莫尼卡·加利亚诺（Monica Gagliano）发表了关于植物智力的突破性研究，她指出：植物会记住发生在自己身上的事情，并相应地改变自己的行为。换句话说，植物也在学习。最近在接受《福布斯》的采访时，她坚持说："我的研究结果并不是隐喻。我说到学习的时候，我指的就是学习。当我谈论记忆时，我指的就是记忆。"[18]

事实上，当植物遇到新的挑战并接收到周围世界变化的信息时，它们会主动改变自己的行为。植物也有感觉：它们有视觉、听觉、知觉和嗅觉，它们会根据自己的感觉做出相应的反应。[19] 如果你观察过延时镜头拍下的藤蔓在树上的生长过程，你就会知道这是怎么一回事：藤蔓不是机械性地生长的，它会感知、移动、平衡、解决问题，试图弄清楚如何在新的地形上生长。

就此，我们了解得越多，就会发现我们实际对身边的植物并不熟悉（或者也许更熟悉？）。苏珊·西玛德（Suzanne Simard）的研究表明，树木可以通过菌根网络识别自己的亲属。年龄较大的“母树”可以识别附近由自己的种子长出的树苗，并根据这些信息来决定如何在困难时期分配资源。西玛德还指出：树木会和动物一样都会对创伤产生“情绪”反应。树木含有血清素以及动物神经系统中常见的一些神经化学物质。在被砍刀砍伤或蚜虫攻击后，树木的血清素水平会发生变化，向邻居发送紧急信号。

当然，这并不是说植物的智力水平与动物的智力水平完全一样。事实上，科学家警告说，人类不断将某些物种的智力与其他物种的智力进行比较的冲动才是问题的所在：这种冲动会使我们蒙蔽双眼，无法了解其他类型的智力的运行机制。如果你一开始就查究大脑，你甚至不会注意到那些在地球上活跃的菌根，而事实上菌根已经在人类的脚下进化了4.5亿年。

这项研究刚刚起步，我们不知道它最终朝什么方向发展。但西玛德谨慎地指出，这并不是什么新鲜事儿：

如果你听过海岸赛利希族（Coast Salish）和北美西海岸原

住民的一些早期观点，你会发现，他们早已明白这些发现。文字和口述历史中都有相关的记载，关于母树的想法早已存在，也有真菌网络的相关记载，指明真菌网络的存在是为了保持整个森林的健康和活力。这些植物相互交流、相互作用，如此而已。他们过去称树木为树人……西方科学对这个问题的研究停滞了一段时间，而如今我们又回到了这个问题上。[20]

* * *

树木不仅彼此之间相互连接，也与人类相连。在过去的几年里，关于人与树的关系的研究取得了一些真正惊人的发现。

日本的一组科学家对来自全国各地的数百人进行了一项实验。他们让 50% 的受试者在森林中步行 15 分钟，另外 50% 的受试者在城市中步行 15 分钟，然后测试他们的情绪状态。在无论是在哪种情况下，与在城市中步行的人相比，在森林中步行的人情绪都有显著改善，紧张、焦虑、愤怒、敌意、抑郁和疲劳都有所下降。[21] 这些好处是立竿见影的。

树木也会影响人类的行为。研究人员发现，与树木待在一起会让人更合作、更友善、更慷慨。它提升了我们对世界的敬畏感和好奇感，进而改变了人类与他物种的互动方式。此外，它还减少了侵略和不文明的行为。在芝加哥、巴尔的摩和温哥华等地所做的研究都表明，在树木覆盖率较高的社区，袭击、抢劫和吸毒等犯罪行为明显较少。即使在控制了社会经济地位和其他复杂的变量后情况也依然如此。[22] 和树木在一起似乎让人变得更人性化。

为什么会发生这种情况，我们还不得而知。仅仅是因为绿色的环境更令人愉悦和平静吗？波兰的一项研究表明原因并非如此。他们让受试者在冬天的城市森林里待上 15 分钟，没有树叶、没有绿色、没有灌木，只有笔直的、光秃秃的树木。你可能会认为这样的环境不会对人的情绪有任何积极的影响，但事实并非如此：与在城市里闲逛 15 分钟的对照组相比，站在光秃秃森林中的受试者说，他们的心理和情绪状态有了显著的改善。[23]

事实证明：除情绪和行为外，树木也会对人的身体健康产生具体的、实质性的影响。研究发现，住在靠近树木的位置可以降低患心血管病的风险。[24] 在森林中散步可以降低血压、皮质醇水平、脉搏跳动的速度、压力和焦虑的指标。[25] 更有趣的是，中国的某个科学家团队发现，患有慢性疾病的老年人在森林中待上一段时间后，其免疫功能会有显著的改善。[26] 我们不确定其中的原因，但可能与树木向空气中释放出的化学物质有关。例如，有研究发现，柏树释放的芳香蒸气可增强许多人体免疫细胞的活性，同时降低压力激素的水平。[27]

为了量化树木的整体效益，加拿大的科学家发现树木对人类健康和福祉的影响甚至大过一大笔钱所带来的影响。在一个街区多种植 10 棵树就能降低人体心血管的代谢状况，相当于多赚 2 万美元。它对一个人幸福感的提升程度，不亚于多赚

1 万美元、搬到年平均收入比自己高 1 万美元的社区或者年轻 7 岁。[28]

这些结果令人十分惊讶。这是一个科学家也没有搞清楚的谜团。或许我们不应该感到这么惊讶。毕竟，我们与树木共同进化了数百万年，我们甚至与树木有着同样的 DNA。经过无数代人之后，人类的健康和幸福都依赖树木，就像我们依赖其他人一样。人类与树木是一种真正意义上的亲属。

* * *

树木、真菌、人类和细菌之间明显存在相互依存的关系只是冰山一角。生态学家发现这种相互依存的关系无处不在。地球上所有生态系统中的物种都是以相互依存的方式相互作用。我们甚至开始重新思考掠食者与猎物之间的关系。在过去，我们认为“狗咬狗”“丛林法则”“杀或被杀”是一种统治和掠夺的问题。当然，如果你过度孤立地关注捕食，可能会觉得捕食非常可怕，如果你看过狮子狩猎的镜头，的确也会觉得非常可怕。但如果你不过分强调捕食的残酷性，还会有其他明显的发现。事实证明，捕食主要是平衡和公平的问题。

例如，在阿拉斯加，狼控制着驯鹿的数量。这可以避免驯鹿数量过多而导致过度放牧，从而保护树苗，确保森林生长茂盛。森林可以防止水土流失，保持土壤健康、河流清澈。良好的土壤会生长出浆果和蛴螬，清澈的河流也为鱼类和其他淡水生物提供了栖息地。鱼、浆果和蛴螬又会为熊和鹰提供食物。这些相互依存的关系为生态系统提供了力量和弹性，从根本上充实了生态系统的网络。如果其中某个相互依存的关系出现失衡也会相应地起到反作用。在狼群灭绝的地区，整个生态系统都处于崩溃的状态：森林毁灭，土壤侵蚀，河流堵满淤泥，鹰和熊都灭绝了。

包括南北极在内的所有大陆都存在类似的生态系统动态。任何物种都不会单独存在。特殊性只是一种假象。地球上的所有生命都处于一个相互交织的关系网。

甚至有证据表明，行星之间也适用于这些原则，整个地球系统也处于相互依赖的关系网中。科学家们一直在研究植物、动物和细菌的生物群落如何与陆地、大气和海洋相互作用，从而调节地球表面的温度、海洋的盐度以及空气的成分。地球是一个彼此依存又互利互惠的巨大系统。英国科学家詹姆斯·洛夫洛克（James Lovelock）和美国微生物学家林恩·马古利斯（Lynn Margulis）持有同样的观点，二者将地球描述为一个超级有机体，他们认为地球为了适合生命持续的生存与发展会自动地进行自我调节，就像人体为了保持内部系统功能平衡进行自我调节一样。这就是盖亚假说（Gaia hypothesis），以古希腊神话中的大地女神命名。事实上，对于长期以来将地球视为有机体甚至是母亲的人们来说，这些地球系统科学和生物地球化学的相关发现丝毫不足为奇。

后资本主义伦理

这一切对人类意味着什么？人类又应该如何科学地生活？

为了方便讨论，我们先来回顾一下那些关于植物的研究发现。当关于植物智力的研究第一次开始在社交媒体上流传时，并不是每个人都对此抱有积极的态度。如果植物是有智力的，甚至在某种意义上可能是有意识的，那么我们应该如何面对这样一个事实，收割庄稼难道是一种谋杀吗？如果砍伐树木意味着分裂一个家庭，我们用什么制作家具？这种思考方式会让你的生活充满伦理道德上的忧虑，让你的生活寸步难行。对于许多人来说，这个谜题会导致人们认为唯一合理的反应就是拒绝科学。

有趣的是，这些正是阿丘雅族、奇旺族以及其他坚持万物有灵论社区所面临的困境。也许我们可以从他们经过几代人思考得出的答案中吸取教训。他们认为，收割庄稼或砍伐树木，并非不道德的行为，甚至狩猎和食用动物也是如此。没有感恩和互惠，索取超出自己的实际需要或超出自己的回馈，剥削、榨取，甚至是浪费等才是不道德的行为。

对于阿丘雅族和奇旺族的人而言，关键原则是互惠。人类必须首先认识到自己处于一种相互依赖的关系之中。罗宾·沃尔·金默尔认为，人类必须首先意识到自己是在与有主权的存在相处时，这种交换的伦理才能成立。人类需要意识到自己是在与值得自己尊重的人相处。金默尔指出，就好像祖母为我们做了一顿健康的家常饭菜一样，我们从生活世界获取食物和材料时应该报以同样的关怀、礼貌和感激。人类不应把自己得到的东西视为自己的权利，而应视为礼物。[29]

这不仅仅是简单地说句“谢谢”，然后继续自己的生活。即使只是一句简单的“谢谢”也可以完全改变人类与生活世界的互动方式。但我们需要做的远不止于此。礼物观念的强大之处在于，它们让人类保持一种自我克制的状态。在这种情况下，我们才会小心翼翼地索取自己需要的东西，不会超过其他物种能够分享的范围。这种自我克制的状态具有内在的保护价值。在一种极度热衷于消费的文化背景下，过度索取是一种激进的行为，远远超出了过度消费的程度。而且，所有的人类学家都认同这样一个观点：礼物观念也使人类订立了长期的互惠交换的契约。[30]这种契约迫使人类思考自己可以给予哪些回报。从礼物的观念出发，如果你收到了他人的礼物，在你有机会回馈他们之前，你不会接受另一份礼物。从这个意义上说，礼物的逻辑是非常生态的，体现了公平和平衡。事实上，这就是生态系统自我维持的方式。

这些观念都完全与资本主义的逻辑背道而驰。资本主义依赖于唯一一个至高无上的原则：索取多于回报。从圈地和殖民开始，这种逻辑已经运行了 500 年。为了积累剩余，必须从自然和人身上提取无须补偿的价值，这些价值必须被物化和“外部化”。

那么，如果用互惠原则审视人类可能与植物、动物和生态系统的个体之间的相互作用，意味着什么呢？用这些规则来管理整个经济体系又意味着什么？有趣的是，生态经济学家已经就此进行了相关的研究。请记住，生态经济学的核心原则是保持经济在稳定状态下运行：人类索取的量不能超过可再生的范围，浪费不能超过可以安全吸收的范畴。阿丘雅族和奇旺族对此获取会有强烈的共鸣。

但我们如何知道临界值在哪里？这就是需要生态学家发挥作用的地方。生态学是科学的一个独特分支，因为它不仅希望理解生态系统的各个部分，还想要探明在广义上各部分之间的相互关系。生态学家擅长了解甚至管理生态系统的健康状况。他们在某些关键方面就像萨满巫师一样。无论生态学家的专业知识是来自大学时所接受的教育还是长期的实地工作，按照他们的理解，我们都可以确定砍伐多少树木、捕捞多少鱼和开采多少矿石而不会破坏生态系统的平衡，所以我们可以相应地设置上限和配额。

人类可以据此转变与生态系统互动的方式，采用危害最小化又能使生态系统积极再生的方法。这就是互惠原则的可取之处，也是令我们振奋的原因。以农业为例。现代工业化农场基本都只种植单一作物，并且喷洒能消灭所有其他生物的化学杀虫剂和除草剂。如果你看过美国中西部的航拍照片，你就会了解这是一种怎样的场景。在资本主义农业生产中，土地按照极权主义逻辑进行重组，目的只有一个：短期内实现最大化的产出。这种方法把肥沃的表层土壤变成了尘土，在此过程中向地球释放出大量的二氧化碳。它也会导致昆虫和鸟类种群的灭绝，化学径流也已经完全破坏了整个淡水生态系统。

幸运的是，还有另一种方法。从美国弗吉尼亚州到叙利亚，世界各地勇敢的农民正在试验一种更全面的方法，即再生农业生态学。为了恢复生态系统的弹性，他们合作种植多种作物，同时使用堆肥、有机肥料和轮作的方式来恢复土壤的生机和肥力。在使用这些方法的地区，作物产量明显提高，蚯蚓、昆虫、鸟类纷纷回归当地的生态系统。[31] 或许最重要的是，随着贫瘠的土壤恢复生机和肥力，它能从大气中吸收大量的二氧化碳。事实上，科学家们认为，人类若想避免气候危机，需要在世界上大部分地区的农田和牧场推广再生农业的方法。截至目前，它比任何人工的碳捕获技术都更有效。

这就是将互惠原则付诸实践的实际情况。人类若能尽可能多地给予回报，就会对生态系统的健康产生乘数效应，使生态系统恢复活力。除农业领域之外，林业和渔业也正在探索如何使用再生的方法。在许多地区，人们正在利用发展中国家的原住民社区和小农长期使用的技术。

尽管事实证明这些方法可以提高作物质量和土壤的长期肥力，但大型农业综合企业并未迅速采用这些方法。究其原因，是采用这些方法需要耗费大量的时间和劳动力。推行再生农业的方法还需要对当地生态系统有着深入的了解，探明数十种物种的特征和行为，以及它们之间如何相互作用。此外，还需要有对生态系统的关心，当你把农场视为生态系统而不是工厂时，就开始与土地建立关系，这种关系是相对于农业综合企业短期采掘主义的逻辑而言的。

* * *

一些社区正在进一步贯彻再生农业的相关原则。这些社区不仅鼓励与生态系统之间互惠，还赋予了自然法律人格的权利。如果这听起来很疯狂，那请你仔细想想，人类早已赋予了公司这类某些非人类实体法律人格的地位。这是一种扭曲的人格观，认为积累比生活本身更重要。假如我们把这个逻辑颠倒过来，我们既然可以将法律人格赋予埃克森美孚和元宇宙这样的公司，也可以在法律上承认生物的人格地位。为什么红杉不能具有法律人格？河流抑或整个流域为何不能被赋予法律人格？

过去几年，新西兰法院做出了一系列非同寻常的法院判决，在国际上引起了强烈的反响。新西兰第三大河流旺格努依河（Whanganui River）一直以来是毛利人心中的神圣河流。2017年，新西兰法院判决旺格努依河具备法律人格。如今，旺格努依河被认为是“一个与山脉不可分割的、有生命的整体”，融合了它的物理和形而上学的元素。自1870年以来，毛利人一直在为此而斗争。用首席谈判代表杰拉德·阿尔伯特（Gerrard Albert）的话来说，“一直以来，我们都认为这条河流是我们的祖先。”法院除了赋予这条河流法律的人格之外，同年也承认耸立在新西兰西海岸的塔拉纳基山（Mount

Taranaki）具有类似的法律地位。几年前，蒂乌雷韦拉国家公园（Urewera National Park）被认定为法人实体，不再作为国有财产归政府所有，而是归其自己所有。

在新西兰的法院作出相应的判决后不久，印度的恒河（Ganges）和亚穆纳河（Yamuna）也被赋予了法定的权利："一个有生命的个体所有相应的权利、义务和责任。"哥伦比亚最高法院授予亚马孙河相应的合法权利。展望未来，任何伤害这些河流的行为原则上说都可以被起诉，就像我们起诉危害人类的行为一样。

一些国家做出了进一步的转变。厄瓜多尔 2008 年的宪法确立了自然本身享有"在其生命周期内存在、持续、维持和再生"的权利。两年后，玻利维亚通过了《地球母亲权利法》（*Law of the Rights of Mother Earth*），承认"地球母亲是一个充满活力的生命系统，是一个由所有生命系统和生物组成的不可分割的共同体，他们彼此之间相互联系、相互依存、相互补充，命运相连"。虽然有些人担心这些权利只停留在口头文字上，但即便如此，它也依然有强大的影响力。在某些情况下，这些法律条文已经成功地阻止可能损害河流和流域的大型工业项目。

我们能否更广泛地应用这种方法，在全球范围内推广类似的做法？有些人对此也抱有同样的观点。原住民社区及其盟友发起了一场运动，希望联合国大会正式通过《地球母亲权利世界宣言》（*Universal Declaration of the Rights of Mother*

Earth)。该宣言的草案指出，地球应该有“生命和存在的权利，受到尊重的权利，再生其生物能力和继续其生命周期和过程的权利”。越来越多的科学家呼吁建立一个包括碳循环、氮循环、洋流、森林、臭氧层等主要行星过程的框架，从而维持人类生存的条件。由于所有这些过程超越了人类划定的各国之间的边界，因此需要各个国家的通力合作。

少即是多

这些例子都表明，人类已经开始从意识上进行深刻的转变。生态危机似乎为人类开辟了新的看待自己与世界关系的方式（或者说是让我们回到了旧的思维方式），使我们直面生态危机问题的核心。也向人类指明应该如何弥合生态危机所产生的裂痕，让我们能够想象一个更丰富、更富饶的未来：一个摆脱资本主义旧教条的未来，与生活世界互惠的未来。

因此，人类需要采取更激进的政策来应对生态危机。需要高收入国家减少过剩的能源和材料使用，需要快速向可再生能源过渡，需要向关注人类福祉和生态稳定的经济制度转型，需要摒弃永续增长的观念。但除此之外，我们需要做的还有很多。人类需要一种新的方式来思考自己与生活世界的关系。我们如何同步完成所有这些措施？

当我开始写这本书时，我担心去增长不能成为本书的核心观点。毕竟，去增长只是第一步。但回顾本书的所有内容，我表达了与此相关的更多内容。去增长为我们提供了应对生态危机的方法。它意味着对土地和人甚至思想的去殖民化，意味着结束对公用资源的圈占，意味着公共物品去商品化、工作和生活的去集约化、人和自然的去物化以及生态危机的缓和。去增长始于人类减少自己的索取，但最终为人类展现了广阔的前景。它使我们从稀缺转向富足，从提取转向再生，从统治转向互惠，从孤独和隔绝到与生命世界紧密联系。

归根结底，我们所谓的“经济”是人类彼此之间，以及人类与生命世界其他物种之间的物质关系。所以，人类必须反问自己：我们希望这是一种什么样的关系？我们希望它是一种统治和索取的关系，还是一种互惠和关怀的关系？

* * *

在我伦敦的家里，书房窗外种有一棵很高的栗子树，它的枝干几乎有 5 层楼高。栗子树这一物种已经存在了大约 8000 万年，不知是以何种方式在最后一次大规模灭绝事件中幸存了下来。我家窗外的这颗栗子树大约也已经有 500 年的历史，是早已被摧毁的古老森林的最后遗迹之一。它也见证了我在本书中描述的所有历史。它甚至早在圈地运动开始之前就已经存在于世，当时它赖以生存的土地仍是一块不受所有权或契约约束的公地。在早期的殖民入侵活动开始时，它就生长在那里，年复一年地注视着工业废气排入大气，气温上升，生活在树叶间的昆虫和鸟类慢慢消失。

我经常想知道，在未来的几十年和几个世纪里，在我们的有生之年，这个安静的巨人又将目睹什么故事发生。后续的故事将如何发展？如果人类能够鼓起勇气这样做，就有能力书写一个不同的未来。虽然我们可能失去所拥有的一切，却保护了自己赖以生存的世界。

参考文献

导言　欢迎来到人类世

1 Damian Carrington, 'Warning of 'ecological Armageddon' after dramatic plunge in insect numbers,' *Guardian*, 2017.

2 Patrick Barkham, 'Europe faces 'biodiversity oblivion' after collapse in French birds, experts warn,' *Guardian*, 2018.

3 IPBES, *Global Assessment Report on Biodiversity and Ecosystem Services*, 2019. Some estimates indicate that as much as 40% of insect species may be at risk of extinction. Responding to these claims, Josef Settele, co-chair of the IPBES report, said: 'Forty per cent might be too high, and 10% in our global assessment is too low, but this is the range.' See Ajit Niranjan, 'Insects are dying and nobody knows how fast,' *DW*, 2020. The dearth of robust historical data makes longitudinal assessment difficult. And biomass trends may fluctuate: one study found that in Britain moth biomass increased from 1967 to 1982, and has declined steadily since then. See Callum Macgregor et al., 'Moth biomass increases and decreases over 50 years in Britain,' *Nature Ecology & Evolution* 3, 2019, pp. 1645-1649.

4 'Cry of cicadas,' *Economist*, 2019.

5 Ben Guarino, ''Hyperalarming' study shows massive insect loss,' *Washington Post*, 2018.

6 IPCC, *Special Report: Climate Change and Land,* 2018.

7 Robert Blakemore, 'Critical decline of earthworms from organic origins under intensive, humic SOM-depleting agriculture,' *Soil Systems* 2(2), 2018.

8 Global Commission on the Economy and Climate, 'Food and Land Use,'

2018.
9 Chris Arsenault, 'Only 60 years of farming left if soil degradation continues,' *Scientific American,* 2014.
10 Daniel Pauly and Dirk Zeller, 'Catch reconstructions reveal that global marine fisheries catches are higher than reported and declining,' *Nature Communications* 7, 2016.
11 Jonathan Watts, 'Destruction of nature as dangerous as climate change, scientists warn,' *Guardian,* 2018. One might hope that we can replace declining catches with fish farms, but it's not quite so simple. Every ton of farmed fish needs as much as five tons of wild fish to be trawled up and ground into feed. And fish farms involve heavy use of medicines and chemical disinfectants, which are already a major source of marine pollution. See John Vidal, 'Salmon farming in crisis,' *Guardian,* 2017.
12 We've reached the point where we're dropping the equivalent of six atomic bombs' worth of heat into the sea every second. Damian Carrington, 'Global warming of oceans equivalent to an atomic bomb per second,' *Guardian*, 2019.
13 Marine life depends on temperature gradients that circulate nutrients from the seafloor to the surface. As oceans warm, those gradients are breaking down and nutrient cycles are stagnating.
14 Damian Carrington, 'Ocean acidification can cause mass extinctions, fossils reveal,' *Guardian,* 2019.
15 Malin Pinsky et al., 'Greater vulnerability to warming of marine versus terrestrial ectotherms,' *Nature* 569(7754), 2019, pp. 108-111.
16 Bärbel Hönisch et al., 'The geological record of ocean acidification,' *Science* 335(6072), 2012, pp. 1058-1063. Coral reefs support a quarter of all ocean life, including species that are crucial to human food systems. Half a billion people rely on coral ecosystems for food. See David Wallace-Wells, 'The Uninhabitable Earth,' *New York* magazine, 2017.
17 IPBES, *Global Assessment Report on Biodiversity and Ecosystem*

Services, 2019.

18 Gerardo Ceballos et al., 'Biological annihilation via the ongoing sixth mass extinction signaled by vertebrate population losses and declines,' *Proceedings of the National Academy of Sciences* 114(30), 2017.

19 According to the European Academies' Science Advisory Council.

20 IPCC, *Special Report: Global Warming of 1.5°C*, 2018.

21 NASA, 'NASA study finds carbon emissions could dramatically increase risk of US megadroughts,' 2015.

22 David Battisti and Rosamond Naylor, 'Historical warnings of future food insecurity with unprecedented seasonal heat,' *Science* 323(5911), 2009, pp. 240-244.

23 World Bank, *Turn Down the Heat: Why a 4°C Warmer World Must Be Avoided,* working paper 7445 (Washington, DC: World Bank, 2012).

24 Deepak Ray, 'Climate change is affecting crop yields and reducing global food supplies,' *Conversation*, 2019.

25 Ferris Jabr, 'The Earth is just as alive as you are,' *New York Times*, 2019.

26 Robert DeConto and David Pollard, 'Contribution of Antarctica to past and future sea-level rise,' *Nature* 531(7596), 2016, pp. 591-597.

27 Will Steffen et al., 'Trajectories of the Earth System in the Anthropocene,' *Proceedings of the National Academy of Sciences* 115(33), 2018, p. 8252-8259.

28 Timothy Morton, *Being Ecological* (Penguin, 2018).

29 Growth is not the *only* distinguishing feature of capitalism, of course. Proletarian wage labour and 'private property' (i.e., exclusive control over the means of production) are also key features. But when it comes to the question of capital's relationship with ecology, growth is the feature that matters. Of course, a number of socialist regimes in the twentieth century also pursued growth. The USSR, for instance, was utterly growth-obsessed. In this respect it had a kind of state capitalist character (being organised around surplus and reinvestment for the sake of expansion),

which is one of the reasons that it does not offer a meaningful alternative to our present crisis.

30 Mathias Binswanger, 'The growth imperative revisited: a rejoinder to Gilányi and Johnson,' *Journal of Post Keynesian Economics* 37(4), 2015, pp. 648-660.

31 Johan Rockström et al., 'Planetary boundaries: exploring the safe operating space for humanity,' *Ecology and Society* 14(2), 2009; Will Steffen et al., 'Planetary boundaries: Guiding human development on a changing planet,' *Science* 347(6223), 2015.

32 To see which countries are overshooting planetary boundaries, see goodlife.leeds.ac.uk/countries

33 See www.calculator.climateequityreference.org.

34 To have a 66% chance of staying under 1.5°C, global emissions must fall by 10% per year beginning in 2020. If the global economy grows at 2.6% per year (as PwC predicts), this requires decarbonisation of 14% per year. This is nearly nine times faster than the business as usual rate of decarbonisation (1.6% per year), and more than three times faster than the maximum rate assumed in best-case scenario models (4% per year). In other words, it is out of scope. To have a 50% chance of staying under 1.5°C emissions must fall by 7.3% per year, with decarbonisation of 10.7% per year, which is also out of scope. To have a 66% chance of staying under 2°C (as per the Paris Agreement) emissions must fall by 4.1% per year, with decarboni- sation of 7% per year: again, out of scope (however, it may be feasible to achieve *if* the economy does not grow). These are global figures. For high-income nations it is much more difficult: to be consistent with the Paris Agreement target for 2°C, and to uphold the principle of equity, they must reduce emissions by 12% per year. Even in a no-growth scenario this is impossible; it requires degrowth. See Jason Hickel and Giorgos Kallis, 'Is green growth possible?' *New Political Economy*, 2019 (note that the figures I have cited here are updated since the publication of the article).

35 When I say 'more growth means more energy demand', I mean compared to the baseline of what the economy would otherwise require under any given mix of energy sources.

36 Hickel and Kallis, 'Is green growth possible?' In addition, a review of 835 empirical studies finds that decoupling is not adequate to achieve climate goals; it requires what the authors themselves refer to as 'degrowth' scenarios: Helmut Haberl et al., 'A systematic review of the evidence on decoupling of GDP, resource use and GHG emissions: part II: synthesizing the insights,' *Environmental Research Letters*, 2020. Another review of 179 studies finds 'no evidence of economy-wide, national or international absolute resource decoupling, and no evidence of the kind of decoupling needed for ecological sustainability': T. Vadén et al., 'Decoupling for ecological sustainability: A categorisation and review of research literature,' *Environmental Science and Policy*, 2020.

37 'Survey of young Americans' attitudes toward politics and public service,' Harvard University Institute of Politics, 2016.

38 *Edelman Trust Barometer*, 2020.

39 According to the same 2015 YouGov poll mentioned earlier in the paragraph.

40 Yale Climate Opinion Maps, Yale Program on Climate Change Communication.

41 Stefan Drews et al., 'Challenges in assessing public opinion on economic growth versus environment: considering European and US data,' *Ecological Economics* 146, 2018, pp. 265-272.

42 *The New Consumer and the Sharing Economy*, Havas, 2015.

43 'The EU needs a stability and well-being pact, not more growth,' *Guardian*, 2018.

44 William Ripple et al., 'World scientists warn of a climate emergency,' *BioScience,* 2019.

45 World Inequality Database.

46 The lead scenario in the IPCC's 2018 report relies on declining material

and energy throughput. This is the only scenario for staying under 1.5°C or 2°C that does not rely on speculative negative-emissions technologies. The underlying paper is Arnulf Grubler et al., 'A low energy demand scenario for meeting the 1.5 C target and sustainable development goals without negative emission technologies,' *Nature Energy* 3(6), 2018, pp. 515-527. For my take on this scenario, see Hickel and Kallis, 'Is green growth possible?'

47 See: Serge Latouche, *Farewell to Growth* (Polity, 2009); Giorgos Kallis, Christian Kerschner and Joan Martinez-Alier, 'The economics of degrowth,' *Ecological Economics* 84, 2012, pp. 172-180; Giacomo D'A lisa et al., eds., *Degrowth: A Vocabulary for a New Era* (Routledge, 2014); Giorgos Kallis, *Degrowth* (Agenda Publishing, 2018); Jason Hickel, 'What does degrowth mean? A few points of clarification', *Globalizations*, 2020.

48 Joel Millward-Hopkins et al. 'Providing decent living with minimum energy: A global scenario', *Global Environmental Change* 65, 2020; Michael Lettenmeier et al. 'Eight tons of material footprint— suggestion for a resource cap for household consumption in Finland', *Resources* 3(3), 2014.

49 For a history and overview of degrowth, see Kallis, *Degrowth*; for global South perspectives see Arturo Escobar, 'Degrowth, postdevelopment, and transitions: a preliminary conversation,' *Sustainability Science*, 2015.

50 For this framing I am indebted to Timothy Morton, *Ecology Without Nature* (Harvard University Press, 2007).

第一章　资本主义：一个创造的故事

1 Jason Moore, *Capitalism in the Web of Life* (Verso, 2015).

2 I draw this from Braudel. See also David Graeber, *Debt: The First 5.000 Years* (Penguin UK, 2012), pp. 271-282.

3 I first learned about this history from Silvia Federici, *Caliban and the*

Witch (Autonomedia, 2004); I draw on her work for much of this chapter. I am also grateful for insights from Jason Hirsch, and his book *Wildflower Counter-Power* (Triarchy Press, 2020).

4 Samuel Kline Cohn, *Lust for Liberty: The Politics of Social Revolt in Medieval Europe, 1200-1425* (Harvard University Press, 2009).

5 Federici, *Caliban and the Witch*, p. 46.

6 James E. Thorold Rogers, *Six Centuries of Work and Wages: The History of English Labour* (London, 1894), pp. 326ff; P. Boissonnade, *Life and Work in Medieval Europe* (New York: Alfred A. Knopf, 1927), pp. 316-20.

7 Fernand Braudel, *Capitalism and Material Life, 1400-1800* (New York: Harper and Row, 1967), pp. 128ff; Karl Marx, *Capital* Vol. 1.

8 Carolyn Merchant, *The Death of Nature: Women, Ecology, and the Scientific Revolution* (1981).

9 Christopher Dyer, 'A redistribution of income in 15th century England,' *Past and Present* 39, 1968, p. 33.

10 John Hatcher, 'England in the aftermath of the Black Death,' *Past and Present* 144, 1994, p. 17.

11 This is Federici's term.

12 Enclosure of manorial common land was initially authorised by the Statute of Merton (1235) and the Statute of Westminster (1285), only shortly after rights to commons were enshrined in the Charter of the Forest (1217). For more, see Guy Standing, *Plunder of the Commons* (Penguin, 2019).

13 Henry Phelps Brown and Sheila V. Hopkins, *A Perspective of Wages and Prices* (Routledge, 2013).

14 Edward Wrigley and Roger Schofield, *The Population History of England 1541-1871* (Cambridge University Press, 1989).

15 I draw this observation from Mark Cohen, *Health and the Rise of Civilisation* (Yale University Press, 1989).

16 Simon Szreter, 'The population health approach in historical perspective,' *American Journal of Public Health* 93(3), 2003, pp. 421-431;

Simon Szreter and Graham Mooney, 'Urbanization, mortality, and the standard of living debate: new estimates of the expectation of life at birth in nineteenth-century British cities,' *Economic History Review* 51(1), 1998, pp. 84-112.

17 Timothy Walton, *The Spanish Treasure Fleets* (Florida: Pineapple Press, 1994); Kenneth Pomeranz, *The Great Divergence: China, Europe, and the Making of the Modern World Economy* (Princeton University Press, 2009). For more on this history, and relevant sources, see *The Divide*.

18 Pomeranz, Chapter 6 in *The Great Divergence*; Sven Beckert, *Empire of Cotton: A Global History* (Vintage, 2015).

19 Andrés Reséndez, *The Other Slavery: The Uncovered Story of Indian Enslavement in America* (Houghton Miffiin Harcourt, 2016).

20 These figures come from a 1993 article in *Harper's* magazine. The minimum wage is calculated at the 1993 rate, interest through 1993, and the results are expressed in 1993 dollars; an updated figure would be much higher than this.

21 Utsa Patnaik, *Agrarian and Other Histories* (Tulik Books, 2018); Jason Hickel, 'How Britain stole $45 trillion from India,' *Al Jazeera*, 2018; Gurminder Bhambra, '"Our Island Story": The Dangerous Politics of Belonging in Austere Times,' in *Austere Histories in European Societies* (Routledge, 2017).

22 B.R. Tomlinson, 'Economics: The Periphery,' In *The Oxford History of the British Empire* (1990), p. 69.

23 Ellen Meiksins Wood, *The Origin of Capitalism: A Longer View* (Verso, 2003).

24 Karl Polanyi, *The Great Transformation* (Boston: Beacon Press, 1944).

25 John Locke, *The Second Treatise of Government*, 1689.

26 For more on this history of scarcity, see Nicholas Xenos, *Scarcity and Modernity* (Routledge, 2017).

27 I derive these quotes from Michael Perelman, *The Invention of*

Capitalism: Classical Political Economy and the Secret History of Primitive Accumulation (Duke University Press, 2000).

28 Mike Davis, *Late Victorian Holocausts: El Niño Famines and the Making of the Third World* (Verso Books, 2002).

29 Maitland explored this paradox in a book titled *Inquiry into the Nature and Origin of Public Wealth and into the Means and Causes of its Increase*. For more on this, see John Bellamy Foster, Brett Clark and Richard York, *The Ecological Rift: Capitalism's War on the Earth* (NYU Press, 2011).

30 This history is charted in Merchant, *Death of Nature*.

31 Stephen Gaukroger, *The Emergence of a Scientific Culture: Science and the Shaping of Modernity 1210-1685* (Clarendon Press, 2008).

32 Brian Easle, *Witch-Hunting, Magic and the New Philosophy* (The Harvester Press, 1980), cited in Federici p. 149.

33 Merchant, *Death of Nature*, p. 3.

34 Gaukroger, p. 325.

35 Juliet Schor, *The Overworked American: The Unexpected Decline of Leisure* (Basic Books, 2008).

36 E.P. Thompson, *Customs in Common: Studies in Traditional Popular Culture* (New Press/ORIM, 2015).

37 This language was used in the Vagabonds Act of 1536.

38 Federici, *Caliban*.

39 See Max Weber, *The Protestant Ethic and the Spirit of Capitalism* (1930).

40 See Raj Patel and Jason W. Moore, *A History of the World in Seven Cheap Things: A Guide to Capitalism, Nature, and the Future of the Planet* (University of California Press, 2017).

41 Federici explores this issue at length in *Caliban and the Witch*. See also Maria Mies, *Patriarchy and Accumulation on a World Scale* (London: Zed, 1986).

42 Aimé Césaire, *Discourse on Colonialism*, 1955.

43 Mario Blaser, 'Political ontology: Cultural studies without 'cultures'?'

Cultural Studies 23(5-6), 2009, pp. 873-896.

44 Ngũgĩ wa Thiong'o, *Decolonising the Mind: The Politics of Language in African Culture* (London: James Currey, 1986).

45 I draw this insight from Timothy Morton, *Being Ecological* (Penguin, 2018).

46 I draw this insight from a 2002 speech by Daniel Quinn titled 'A New Renaissance'.

第二章　主宰者的崛起

1 Jason W. Moore, 'The Capitalocene Part II: accumulation by appropriation and the centrality of unpaid work/energy,' *Journal of Peasant Studies* 45(2), 2018, pp. 237-279.

2 I draw the concepts of 'use-value' and 'exchange-value' - and the general formula of capital accumulation - from Marx's *Capital*. For more on the relationship between capital and ecological breakdown, see Foster and Clark, 'The planetary emergency,' *Monthly Review*, 2012.

3 The giant vampire squid is Matt Taibbi's metaphor.

4 David Harvey, *A Brief History of Neoliberalism* (Oxford University Press, 2007).

5 Matthias Schmelzer, *The Hegemony of Growth: The OECD and the Making of the Economic Growth Paradigm* (Cambridge University Press, 2016).

6 David Harvey, *A Brief History of Neoliberalism* (Oxford, 2005).

7 For more on the story of post-colonial developmentalist policy in the South, and its reversal beginning in the 1980s, see Jason Hickel, *The Divide* (London: Penguin Random House, 2018), Chapters 4 and 5.

8 Hickel, *The Divide*, Chapter 5.

9 Harvey, *A Brief History of Neoliberalism*.

10 Jason Hickel, 'Global inequality: do we really live in a one-hump world?' *Global Policy*, 2019.

11 For more on how this works, see Jason Hickel, 'The new shock doctrine:

'Doing business' with the World Bank,' *Al Jazeera*, 2014.

12 Tim Jackson and Peter Victor, 'Productivity and work in the 'green economy': some theoretical reflections and empirical tests,' *Environmental Innovation and Societal Transitions* 1(1), 2011, pp. 101-108.

13 For figures from 1900 to 1970 I rely on F. Krausmann et al., 'Growth in global materials use, GDP and population during the 20th century,' *Ecological Economics*, 68(10), 2009, pp. 2696-2705. For figures from 1970 to 2017 I rely on materialflows.net. For figures to 2020 I rely on UN International Resource Panel projections.

14 Stefan Bringezu, 'Possible target corridor for sustainable use of global material resources,' *Resources* 4(1), 2015, pp. 25-54. Bringezu suggests a safe target range of 25-50 billion tons. Of course, it's difficult to define an aggregate limit for material footprint, since different materials have different kinds of impacts, and the impact of extraction varies according to the technologies used to manage it. In addition, one might argue that boundaries for some kinds of extraction should be defined regionally, not globally. Nonetheless, there is a consensus around 50 billion tons as a reasonable maximum global threshold figure.

15 International Resource Panel, *Global Resources Outlook* (UN Environment Programme, 2019).

16 In aggregate, the total mass of material use is tightly coupled to ecological impact, with a correlation factor of 0.73. See E. Voet et al., 'Dematerialisation: not just a matter of weight,' *Journal of Industrial Ecology*, 8(4), 2004, pp. 121-137.

17 The relationship between GDP and energy is not one-to-one; efficiency improvements have led to a steady rate of relative decoupling over time. Nonetheless, the relationship is strongly positive (i.e., every additional unit of GDP entails more energy use).

18 Recent research, however, has cast doubt on the longstanding assumption that gas is less emissions intensive than oil: Benjamin Hmiel et al.,

'Preindustrial 14 CH4 indicates greater anthropogenic fossil CH4 emissions,' *Nature* 578 (7795), 2020, pp. 409-412.

19 'Global primary energy consumption,' Our World in Data, 2018.

20 FAO, *Current Worldwide Annual Meat Consumption Per Capita, Livestock and Fish Primary Equivalent* (UN Food and Agriculture Organization, 2013).

21 'Global consumption of plastic materials by region,' *Plastics Insight*, 2016.

22 The figures here are for material footprint, which includes the raw material impacts of imported products. For a discussion of the per-capita boundary, see Bringezu, 'Possible target corridor for sustainable use of global material resources.'

23 I use 8 tons per capita as the sustainability threshold here, which is suggested as the 2030 target by Giljum Dittrich et al.

24 For this paragraph I draw on ideas and language from Kate Raworth, personal correspondence.

25 Christian Dorninger et al., 'Global patterns of ecologically unequal exchange: implications for sustainability in the 21st century,' *Ecological Economics*, 2020.

26 Jason Hickel, 'Quantifying national responsibility for climate breakdown: An equality-based attribution approach to carbon dioxide emissions in excess of the planetary boundary', *Lancet Planetary Health*, 2020. Here I depict the results as the sum of national overshoots within each region.

27 These results are based on my own calculations, in Hickel, 'Who is responsible for climate breakdown?' I use territorial emissions from 1850 to 1970, and consumption-based emissions from 1970 to 2015.

28 Climate Vulnerability Monitor (DARA, 2012)

29 'Climate change and poverty,' Human Rights Council, 2019.

30 Tom Wilson, 'Climate change in Somaliland - 'you can touch it,' *Financial Times*, 2018.

31 Rockström et al., 'Planetary boundaries'; Steffen et al., 'Planetary boundaries.'

32 See Giorgos Kallis, *Limits: Why Malthus was Wrong and Why Environmentalists Should Care* (Stanford University Press, 2019). This new way of thinking about limits is reflected to some extent in the Paris Agreement. Recognising the reality of planetary boundaries, nations have pledged to limit global warming to 1.5°C-at least on paper. We can expand this approach by pushing for similar commitments on all of the other planetary boundaries.

第三章　科技能否拯救人类?

1 Leo Hickman, 'The history of BECCS,' *Carbon Brief*, 2016.

2 Glen Peters, 'Does the carbon budget mean the end of fossil fuels?' *Climate News*, 2017.

3 There may also be issues finding enough storage capacity for all the CO_2 that we would pull out of the atmosphere. And it could be vulnerable to leakage, in case of earthquakes etc. H. De Coninck and S.M. Benson, 'Carbon dioxide capture and storage: issues and prospects,' *Annual Review of Environment and Resources*, 39, 2014, pp. 243-270.

4 Sabine Fuss et al., 'Betting on negative emissions,' *Nature Climate Change* 4(10), 2014, pp. 850-853.

5 Pete Smith et al., 'Biophysical and economic limits to negative CO_2 emissions,' *Nature Climate Change* 6(1), 2016, pp. 42-50.

6 Kevin Anderson and Glen Peters, 'The trouble with negative emissions,' *Science* 354(6309), 2016, pp. 182-183.

7 Vera Heck, 'Biomass-based negative emissions difficult to reconcile with planetary boundaries,' *Nature Climate Change* 8(2), 2018, pp. 151-155.

8 Pete Smith et al., 'Biophysical and economic limits to negative CO_2 emissions,' *Nature Climate Change* 6(1), 2016, pp. 42-50.

9 'Six problems with BECCS,' FERN briefing, 2018.

10 Henry Shue, 'Climate dreaming: negative emissions, risk transfer, and irreversibility,' *Journal of Human Rights and the Environment* 8(2), 2017, pp. 203-216.

11 Hickman, 'The history of BECCS.

12 Daisy Dunne, 'Geo-engineering carries 'large risks' for the natural world, studies show,' *Carbon Brief*, 2018.

13 See the Climate Equity Reference Calculator at calculator.climateequityreference.org.

14 PwC forecasts that global GDP will grow by an average of 2.6% per year to 2050 (reaching a total of 2.15 times larger). Given the existing relationship between GDP and energy, this means energy demand will increase by a factor of 1.83 by 2050. Of course, renewable energy is more efficient than fossil fuels, to the point where transitioning to renewables by 2050 could lead to no increase in total energy use, despite business-as-usual growth, but it would still be 1.83 times higher than it would otherwise be without growth (under any given energy mix).

15 These decarbonisation figures assume a 66% chance of staying under the target threshold, and average annual global GDP growth of 2.6% per year. The maximum decarbonisation rate assumed in best-case scenario models is 4% per year. For a review of relevant literature, see Hickel and Kallis, 'Is green growth possible?'

16 Christian Holz et al., 'Ratcheting ambition to limit warming to 1.5 C: trade-offs between emission reductions and carbon dioxide removal,' *Environmental Research Letters* 13(6), 2018.

17 The IPCC's 2018 report has only one scenario for staying under 1.5°C without using BECCS. It works by relying on a significant reduction of energy and material use. The underlying paper is Grubler et al., 'A low energy demand scenario for meeting the 1.5°C target.' See Hickel and Kallis, 'Is green growth possible?' for a discussion.

18 World Bank, *The Growing Role of Minerals and Metals for a Low-*

Carbon Future, 2017.

19 'Leading scientists set out resource challenge of meeting net zero emissions in the UK by 2050,' Natural History Museum, 2019.

20 According to data from www.miningdataonline.com.

21 Amit Katwala, 'The spiralling environmental cost of our lithium battery addiction,' *WIRED,* 2018.

22 Jonathan Watts, 'Environmental activist murders double in 15 years,' *Guardian*, 2019.

23 Derek Abbott, 'Limits to growth: can nuclear power supply the world's needs?' *Bulletin of the Atomic Scientists* 68(5), 2012, p. 23-32.

24 Both of these quotes come from: Kate Aronoff, 'Inside geoengineers' risky plan to block out the sun,' *In These Times*, 2018.

25 Trisos, C. H. et al., 'Potentially dangerous consequences for biodiversity of solar geoengineering implementation and termination,' *Nature Ecology & Evolution*, 2018.

26 See Hickel and Kallis, 'Is green growth possible?'; Haberl et al., 'A systematic review of the evidence on decoupling'; and Vadén et al., 'Decoupling for ecological sustainability'.

27 International Resource Panel, *Decoupling 2* (UN Environment Programme, 2014).

28 Guiomar, Calvo et al., 'Decreasing ore grades in global metallic mining: A theoretical issue or a global reality?' *Resources* 5(4), 2016.

29 Monika Dittrich et al., *Green Economies Around the World?* (SERI, 2012).

30 Heinz Schandl et al., 'Decoupling global environmental pressure and economic growth: scenarios for energy use, materials use and carbon emissions,' *Journal of Cleaner Production* 132, 2016, pp. 45-56.

31 International Resource Panel, *Assessing Global Resource Use* (UN Environment Programme).

32 Tim Santarius, *Green Growth Unravelled: How Rebound Effects Baffle*

Sustainability Targets When the Economy Keeps Growing (Heinrich Boll Stiftung, 2012).

33 Although some food can be made circular through composting and nutrient recovery.

34 W. Haas et al., 'How circular is the global economy? An assessment of material flows, waste production, and recycling in the European Union and the world in 2005,' *Journal of Industrial Ecology*, 19(5), 2015, pp. 765-777.

35 *The Circularity Report* (PACE, 2015).

36 This idea was initially proposed by Herman Daly.

37 See the final chapter in Kallis, *Degrowth*.

38 Beth Stratford, 'The threat of rent extraction in a resource- constrained future,' *Ecological Economics* 169, 2020.

第四章 美好生活的秘诀

1 See Szreter, 'The population health approach in historical perspective'; Simon Szreter, 'Rapid economic growth and 'the four Ds' of disruption, deprivation, disease and death: public health lessons from nineteenth-century Britain for twenty-first-century China?' *Tropical Medicine & International Health* 4(2), pp. 146-152.

2 Simon Szreter, 'The importance of social intervention in Britain's mortality decline c. 1850-1914: A re-interpretation of the role of public health,' *Social history of medicine* 1(1), pp. 1-38.

3 Simon Szreter, 'Rethinking McKeown: The relationship between public health and social change,' *American Journal of Public Health* 92(5), pp. 722-725. Formally, public goods and commons are not the same thing (commons are collectively managed, whereas public goods are usually, although not always, centrally managed), but they are comparable here in the sense that they both constitute forms of collective provisioning.

4 Chhabi Ranabhat et al., 'The influence of universal health coverage on life

expectancy at birth (LEAB) and healthy life expectancy (HALE): a multi-country cross-sectional study,' *Frontiers in Pharmacology* 9, 2018.

5 Wolfgang Lutz and Endale Kebede, 'Education and health: redrawing the Preston curve,' *Population and Development Review* 44(2), 2018.

6 Szreter, 'The population health approach in historical perspective.'

7 Julia Steinberger and J. Timmons Roberts, 'From constraint to sufficiency: The decoupling of energy and carbon from human needs, 1975-2005,' *Ecological Economics* 70(2), 2010, pp. 425-433.

8 This data comes from the Centre on International Education Benchmarking.

9 Juliana Martínez Franzoni and Diego Sánchez-Ancochea, *The Quest for Universal Social Policy in the South: Actors, Ideas and Architectures* (Cambridge University Press, 2016).

10 Amartya Sen, 'Universal healthcare: the affordable dream,' *Guardian*, 2015.

11 Jason Hickel, 'Is it possible to achieve a good life for all within planetary boundaries?' *Third World Quarterly* 40(1), 2019, pp. 18-35 (This research builds on Daniel O'Neill et al., 'A good life for all within planetary boundaries,' *Nature Sustainability*, 2018, p. 88-95); Jason Hickel, 'The Sustainable Development Index: measuring the ecological efficiency of human development in the Anthropocene,' *Ecological Economics* 167, 2020.

12 Ida Kubiszewski et al., 'Beyond GDP: Measuring and achieving global genuine progress,' *Ecological Economics* 93, 2013, pp. 57-68. The authors draw on Max-Neef to interpret this threshold as the point at which the social and environmental costs of GDP growth become significant enough to cancel out consumption- related gains. See Manfred Max-Neef, 'Economic growth and quality of life: a threshold hypothesis,' *Ecological Economics* 15(2), 1995, pp. 115-118. See also William Lamb et al., 'Transitions in pathways of humandevelopmentand carbon emissions,' *Environmental Research Letters* 9(1), 2014; Angus Deaton, 'Income,

health, and well-being around the world: Evidence from the Gallup World Poll,' *Journal of Economic Perspectives* 22(2), 2008, pp. 53-72; Ronald Inglehart, *Modernization and Postmodernization: Cultural, Economic, and Political Change in 43 Societies* (Princeton University Press, 1997).

13 Tim Jackson, 'The post-growth challenge: secular stagnation, inequality and the limits to growth,' CUSP Working Paper No. 12 (Guildford: University of Surrey, 2018).

14 Mark Easton, 'Britain's happiness in decline,' BBC News, 2006.

15 Richard Wilkinson and Kate Pickett, *The Spirit Level: Why Equality is Better for Everyone* (Penguin 2010).

16 Lukasz Walasek and Gordon Brown, 'Income inequality and status seeking: Searching for positional goods in unequal US states,' *Psychological Science*, 2015.

17 Adam Okulicz-Kozaryn, I. V. Holmes and Derek R. Avery, 'The subjective well-being political paradox: Happy welfare states and unhappy liberals,' *Journal of Applied Psychology* 99(6), 2014; Benjamin Radcliff, *The Political Economy of Human Happiness: How Voters' Choices Determine the Quality of Life* (Cambridge University Press, 2013).

18 According to the UN's World Happiness Report.

19 Dacher Keltner, *Born to be Good: The Science of a Meaningful Life* (WW Norton & Company, 2009); Emily Smith and Emily Esfahani, *The Power of Meaning: Finding Fulfilment in a World Obsessed with Happiness* (Broadway Books, 2017).

20 Sixty-year-old Nicoyan men have a median lifetime of 84.3 years (a three-year advantage over Japanese men), while women have a median lifetime of 85.1. See Luis Rosero-Bixby et al., 'The Nicoya region of Costa Rica: a high longevity island for elderly males,' *Vienna Yearbook of Population Research,* 11, 2013; Jo Marchant, 'Poorest Costa Ricans live longest,' *Nature News*, 2013; Luis Rosero-Bixby and William H. Dow, 'Predicting mortality with biomarkers: a population-based prospective cohort study for elderly Costa

Ricans,' *Population Health Metrics* 10(1), 2012.

21 Danny Dorling, *The Equality Effect* (New Internationalist, 2018).

22 Wilkinson and Pickett, *The Spirit Level.*

23 *Confronting Carbon Inequality*, Oxfam, 2020.

24 Yannick Oswald, Anne Owen, and Julia K. Steinberger, 'Large inequality in international and intranational energy footprints between income groups and across consumption categories,' *Nature Energy* 5(3), 2020, pp. 231-239.

25 Thomas Piketty, 'The illusion of centrist ecology,' *Le Monde,* 2019.

26 World Happiness Report.

27 CFO Journal, 'Cost of health insurance provided by US employers keeps rising,' *Wall Street Journal,* 2017.

28 David Ruccio, 'The cost of higher education in the USA,' *Real- World Economics Review* blog, 2017.

29 Average real wages peaked in 1973 at $23 per hour, declined to a nadir of $19 per hour in 1995, and stood at $22 per hour in 2018 (US Bureau of Labour Statistics). The poverty rate was 11% in 1973 and 12.3% in 2017 (US Census Bureau).

30 World Inequality Database.

31 See www.goodlife.leeds.ac.uk/countries.

32 Hickel, 'Is it possible to achieve a good life for all?' This research builds on Kate Raworth, "A safe and just space for humanity: can we live within the doughnut?" *Oxfam Policy and Practice* 8(1), 2012. Note that Costa Rica is one of the strongest performers in this dataset, but it has relatively high levels of income inequality. This means it could improve social outcomes even further, without any additional growth.

33 Frantz Fanon, The *Wretched of the Earth* (Grove Press, 1963).

34 See Ashish Kothari et al., *Pluriverse: A Post-Development Dictionary* (Columbia University Press, 2019).

35 Dorninger et al., 'Global patterns of ecologically unequal exchange.'

36 David Woodward, 'Incrementum ad absurdum: global growth, inequality and poverty eradication in a carbon-constrained world,' *World Economic Review* 4, 2015, pp. 43-62.

37 The 3 cents figure is based on World Bank poverty data from PovcalNet, excluding East Asia.

38 World Inequality Database.

39 According to World Bank data, the poverty gap at $7.40/day is $6 trillion, and the additional money needed to increase per capita health spending for low- and middle-income countries to the level of Costa Rica's is $4 trillion.

40 I draw this figure from the Credit Suisse Global Wealth Report, 2019.

41 Zak Cope, *The Wealth of (Some) Nations: Imperialism and the Mechanics of Value Transfer* (Pluto Press, 2019).

42 This figure comes from various reports by Global Financial Integrity.

43 This figure is based on estimates in the 1999 UN Trade and Development Report. The report indicates that $700 billion in potential revenues is lost each year in the industrial export sector, and more than this amount in the agricultural export sector.

44 I gleaned this insight from Dan O'Neill. See for instance: Rob Dietz and Daniel W. O'Neill, *Enough is Enough: Building a Sustainable Economy in a World of Finite Resources* (Routledge, 2013).

45 Data on global fossil fuel subsidies is from the IMF, and data on global military expenditure is from the World Bank.

46 Mariana Mazzucato, 'The entrepreneurial state,' *Soundings* 49, 2011, pp. 131-142.

第五章　通往后资本主义世界的道路

1 International Resource Panel, *Global Resources Outlook* (United Nations Environment Programme, 2019).

2 Bringezu, 'Possible target corridor for sustainable use of global material

resources.' Nations need to get down to at most 8 tons of material footprint per person (Bringezu suggests a target of 3-6 tons per person by 2050). That means the US needs to reduce material use by 75%, the UK by 66%, Portugal by 55%, Saudi Arabia by 33%, etc., according to data for 2013 from materialflows.net. For more on the scale of necessary reductions across a variety of impact indicators see Hickel, 'Is it possible to achieve a good life for all?'

3 Joel Millward-Hopkins et al. 'Providing decent living with minimum energy'; Michael Lettenmeier et al. 'Eight tons of material footprint'.

4 Markus Krajewski, 'The Great Lightbulb Conspiracy,' *IEEE Spectrum*, 2014.

5 Data on appliance lifespans comes from 'How long should it last?' Whitegoods Trade Association. The WTA says that 'the average lifespan has dropped from over ten years to under seven years and it is not unusual for cheaper appliances to only last a few years'. In the 'Study of Life Expectancy of Home Components', the National Association of Home Builders indicates that without planned obsolescence major appliances can last two to five times longer.

6 Data on global smartphone sales and global smartphone penetration comes from statista.com.

7 Alain Gras, 'Internet demande de la sueur,' *La Decroissance*, 2006.

8 Andre Gorz, *Capitalism, Socialism, Ecology*, trans. Chris Turner (London: Verso, 1994).

9 Robert Brulle and Lindsay Young, 'Advertising, individual consumption levels, and the natural environment, 1900-2000,' *Sociological Inquiry* 77(4), 2007, pp. 522-542.

10 Data on global advertising expenditures comes from statista.com.

11 Elizabeth Cline, 'Where does discarded clothing go?' *The Atlantic,* 2014.

12 Data from twenty-seven European countries from 1980 to 2011 shows an inverse relationship between advertising spending and citizens' sense

of happiness and satisfaction. Nicole Torres, 'Advertising makes us unhappy,' *Harvard Business Review*, 2020.

13 I gleaned this insight from Noam Chomsky, from a 2013 interview conducted by Michael S. Wilson.

14 *Global Food: Waste Not, Want Not*, Institute of Mechanical Engineers, 2013.

15 These calculations simply assume halving total agricultural emissions (26% of global total) and land use (4.9 billion hectares). 'Food is responsible for one-quarter of the world's greenhouse gas emissions,' Our World in Data, 2019; 'Land use,' Our World in Data, 2019.

16 'Grade A Choice?' Union of Concerned Scientists, 2012.

17 I say 'in most cases' because while the vast majority of beef is consumed as a commodity, there are some Indigenous or traditional pastoral communities (such as the Maasai in Kenya) that rely on cattle for subsistence.

18 Elke Stehfest et al., 'Climate benefits of changing diet,' *Climatic Change* 95(1-2), 2009, pp. 83-102.

19 Joseph Poore and Thomas Nemecek, 'Reducing food's environmental impacts through producers and consumers,' *Science* 360(6392), 2018, pp. 987-992.

20 Marco Springmann et al., 'Health-motivated taxes on red and processed meat: A modelling study on optimal tax levels and associated health impacts,' *PloS One* 13(11), 2018.

21 In the US, house sizes have grown from 551 square feet per person in 1973 to 1,058 square feet per person in 2015, US Census Bureau.

22 Fridolin Krausmann et al., 'Global socioeconomic material stocks rise 23-fold over the 20th century and require half of annual resource use,' *Proceedings of the National Academy of Sciences* 114(8), 2017, pp. 1880-1885.

23 Bringezu, 'Possible target corridor for sustainable use of global material resources.'

24 Multiple polls in the United States indicate strong majority support for a federal job guarantee. In the UK, it's 72% (YouGov, 2020).

25 For more on how a job guarantee could work, and how to fund it, see Pavlina Tcherneva, *The Case for a Job Guarantee* (Polity, 2020).

26 This research is reported in Kyle Knight, Eugene Rosa and Juliet Schor, 'Could working less reduce pressures on the environment? A cross-national panel analysis of OECD countries, 1970- 2007,' *Global Environmental Change* 23(4), 2013, p. 691-700. It's interesting to note that the extra happiness accruing from free time is not positional, in contrast to happiness associated with income, so its benefits are durable. This same article reports on studies showing that people who work shorter hours have higher levels of well-being than those who work longer hours.

27 Anders Hayden, 'France's 35-hour week: Attack on business? Win- win reform? Or betrayal of disadvantaged workers?' *Politics & Society* 34(4), 2006, pp. 503-542.

28 This research is reported in Peter Barck-Holst et al., 'Reduced working hours and stress in the Swedish social services: A longitudinal study,' *International Social Work* 60(4), 2017, pp. 897-913.

29 Boris Baltes, et al., 'Flexible and compressed workweek schedules: A meta-analysis of their effects on work-related criteria,' *Journal of Applied Psychology* 84(4), 1999.

30 Anna Coote et al., '21 hours: why a shorter working week can help us all flourish in the 21st century,' New Economics Foundation, 2009.

31 François-Xavier Devetter and Sandrine Rousseau, 'Working hours and sustainable development,' *Review of Social Economy* 69(3), 2011, pp. 333-355.

32 See for example what happened in France when it shifted to a thirty-five-hour week: Samy Sanches, 'Sustainable consumption à la française? Conventional, innovative, and alternative approaches to sustainability and consumption in France,' *Sustainability: Science, Practice and Policy*

1(1), 2005, pp. 43-57.

33 David Rosnick and Mark Weisbrot, 'Are shorter work hours good for the environment? A comparison of US and European energy consumption,' *International Journal of Health Services* 37(3), 2007, pp. 405-417.

34 Jared B. Fitzgerald, Juliet B. Schor and Andrew K. Jorgenson, 'Working hours and carbon dioxide emissions in the United States, 2007-2013,' *Social Forces* 96(4), 2018, pp. 1851-1874.

35 This idea was articulated by Theodor Adornoand Max Horkheimer in *Dialectic of Enlightenment* (New York: Herder and Herder, 1972).

36 Lawrence Mishel and Jessica Schieder, 'CEO compensation surged in 2017,' Economic Policy Institute, 2018.

37 Sam Pizzigati, *The Case for a Maximum Wage* (Polity, 2018).

38 Pizzigati, *The Case for a Maximum Wage*.

39 World Inequality Database.

40 YouGov, 2020.

41 'Social prosperity for the future: A proposal for Universal Basic Services,' UCL Institute for Global Prosperity, 2017.

42 Frank Adloff describes this as an 'infrastructure of conviviality'. See his article 'Degrowth meets convivialism', in *Resilience*.

43 Walasek and Brown, 'Income inequality and status seeking: Searching for positional goods in unequal US states'.

44 And opportunities to learn and develop new skills such as music, maintenance, growing food and crafting furniture would contribute to local self-sufficiency. Samuel Alexander and Brendan Gleeson show how this works in their book *Degrowth in the Suburbs: A Radical Urban Imaginary* (Springer, 2018).

45 Kallis, *Limits*, p. 66.

46 There is evidence of this from studies done in Canada, Italy and the UK, reported in Stratford, 'The threat of rent extraction'.

47 Graeber, *Debt*.

48 Graeber, *Debt*, p. 82.

49 Johnna Montgomerie, *Should We Abolish Household Debts?* (John Wiley & Sons, 2019).

50 I discuss this history in detail in *The Divide*.

51 Some cities and regional governments have experimented with 'citizens' debt audits' whereby people decide collectively which debts can be cancelled without social fallout, and which should be repaid. In order to prevent a lending crisis, cancellations should be conducted in a phased manner, and a parallel public banking system should be established that is ready to lend and keep up confidence even if over-exposed banks go under.

52 Graeber, *Debt*, p. 390.

53 Thanks to Charles Eisenstein for this analogy.

54 Louison Cahen-Fourot and Marc Lavoie, 'Ecological monetary economics: A post-Keynesian critique,' *Ecological Economics* 126, 2016, pp. 163-168.

55 Mary Mellor, *The Future of Money* (Pluto Press, 2010).

56 *Escaping Growth Dependency* (Positive Money, 2020); Stephanie Kelton, *The Deficit Myth: Modern Monetary Theory and How to Build a Better Economy* (Hachette UK, 2020); Jason Hickel, 'Degrowth and MMT: A thought experiment', 2020 (www.jasonhickel.org/blog/2020/9/10/degrowth-and-mmt-a-thought-experiment).

57 Oliver Hauser et al., 'Co-operating with the future,' *Nature* 511(7508), 2014, pp. 220-223.

58 This data on lobbying comes from the Centre for Responsive Politics.

59 Raquel Alexander, Stephen W. Mazza, and Susan Scholz, 'Measuring rates of return on lobbying expenditures: An empirical case study of tax breaks for multinational corporations,' *Journal of Law & Politics* 25, 2009.

60 Martin Gilens and Benjamin I. Page, 'Testing theories of Ameri-canpolitics: Elites, interest groups, andaveragecitizens,' *Perspectives on politics* 12(3), 2014, pp. 564-581.

61 Simon Radford, Andrew Mell, and Seth Alexander Thevoz, "Lordy Me!' Can donations buy you a British peerage? A study in the link between party political funding and peerage nominations, 2005-2014,' *British Politics*, 2019, pp. 1-25.

62 Ewan McGaughey, 'Democracy in America at work: the history of labor's vote in corporate governance,' *Seattle University Law Review* 697, 2019.

63 'Media Ownership Reform: A Case for Action,' Media Reform Coalition, 2014.

64 Ashley Lutz, 'These six corporations control 90% of the media in America,' *Business Insider*, 2012.

65 Elinor Ostrom, *Governing the Commons: The Evolution of Institutions for Collective Action* (Cambridge University Press, 1990).

66 I gleaned this idea from the Greek-French philosopher Cornelius Castoriadis.

第六章 物物相关

1 Interviewed by ethnographer Knud Rasmussen in the early twentieth century.

2 Lourens Poorter et al., 'Biomass resilience of Neotropical secondary forests,' *Nature* 530(7589), 2016, pp. 211-214.

3 Susan Letcher and Robin Chazdon, 'Rapid recovery of biomass, species richness, and species composition in a forest chronosequence in northeastern Costa Rica,' *Biotropica* 41(5), pp. 608-617.

4 In what follows I draw on ethnographic material discussed by Philippe Descola in *Beyond Nature and Culture* (University of Chicago Press, 2013).

5 Graham Harvey, *The Handbook of Contemporary Animism* (Rout- ledge, 2014).

6 Following Graham Harvey, I'm referring here to Martin Buber's distinction between I-thou and I-it paradigms.

7 For this I draw on the work of Eduardo Viveiros de Castro and his notion

of 'perspectivism'. See, for instance, 'Cosmological deixis and Amerindian perspectivism,' *Journal of the Royal Anthropological Institute*, 1998.

8 Hannah Rundle, 'Indigenous knowledge can help solve the biodiversity crisis,' *Scientific American,* 2019.

9 For more on Spinoza's naturalism, see Hasana Sharp, *Spinoza and the Politics of Renaturalization* (University of Chicago Press, 2011).

10 David Abram, *The Spell of the Sensuous: Perception and Language in a More-Than-Human World* (Vintage, 2012).

11 This research is reported by Carl Zimmer, 'Germs in your gut are talking to your brain. Scientists want to know what they're saying,' *New York Times*, 2019.

12 Jane Foster and Karen-Anne McVey Neufeld, 'Gut-brain axis: how the microbiome influences anxiety and depression,' *Trends in Neurosciences* 36(5), 2013, pp. 305-312

13 John Dupré and Stephan Guttinger, 'Viruses as living processes,' *Studies in History and Philosophy of Science Part C: Studies in History and Philosophy of Biological and Biomedical Sciences* 59, 2016, p. 109-116.

14 Ron Sender, Shai Fuchs and Ron Milo, 'Revised estimates for the number of human and bacteria cells in the body,' *PLoS Biology* 14(8).

15 John Dupré, 'Metaphysics of metamorphosis,' *Aeon,* 2017.

16 Robert Macfarlane, 'Secrets of the wood wide web,' *New Yorker*, 2016.

17 Brandon Keim, 'Never underestimate the intelligence of trees,' *Nautilus*, 2019. On plant learning and memory, see Sarah Lasko, 'The hidden memories of plants,' *Atlas Obscura,* 2017.

18 Andrea Morris, 'A mind without a brain. The science of plant intelligence takes root,' *Forbes,* 2018.

19 Josh Gabbatiss, 'Plants can see, hear and smell - and respond,' *BBC Earth,* 2017.

20 Keim, 'Never underestimate the intelligence of trees.'

21 Chorong Song et al., 'Psychological benefits of walking through forest

areas,' *International Journal of Environmental Research and Public Health* 15(12), 2018.

22 Jill Suttie, 'Why trees can make you happier,' *Thrive Global*, 2019. I credit Suttie's work with pointing me to many of the studies I mention here.

23 Ernest Bielinis et al., 'The effect of winter forest bathing on psychological relaxation of young Polish adults,' *Urban Forestry & Urban Greening* 29, 2018, pp. 276-283.

24 Geoffrey Donovan etal., 'Is tree loss associated with cardiovascular disease risk in the Women's Health Initiative? Anaturalexperiment,' *Health & Place* 36, 2015, pp. 1-7.

25 Bum-Jin Park et al., 'The physiological effects of Shinrin-yoku (taking in the forest atmosphere or forest bathing): evidence from field experiments in 24 forests across Japan,' *Environmental Health and Preventive Medicine* 15(1), 2010.

26 Bing Bing Jia et al., 'Health effect of forest bathing trip on elderly patients with chronic obstructive pulmonary disease,' *Biomedical and Environmental Sciences* 29(3), 2016, pp. 212-218.

27 Qing Li et al., 'Effect of phytoncide from trees on human natural killer cell function,' *International Journal of Immunopathology and Pharmacology* 22(4), 2009, pp. 951-959.

28 Omid Kardan et al., 'Neighbourhood greenspace and health in a large urban centre,' *Scientific Reports* 5, 2015.

29 Robin Wall Kimmerer, *Braiding Sweetgrass: Indigenous Wisdom, Scientific Knowledge and the Teachings of Plants* (Milkweed Editions, 2013).

30 Marcel Mauss' book *The Gift* has been fundamental to degrowth thinking.

31 Rattan Lal, 'Enhancing crop yields in the developing countries through restoration of the soil organic carbon pool in agricultural lands,' *Land Degradation & Development* 17(2), 2006, pp. 197-209.

致　谢

据说佛陀经常用这个故事来警告世人。一对夫妇带着他们唯一的孩子穿越沙漠。因为食物供应不足，他们开始忍饥挨饿。但在不到目的地不罢休的决心驱使下，他们没有改变路线。饿到意识模糊时，他们为了保住自己的性命，决定杀死并吃掉自己的孩子。当他们终于抵达彼岸后，目的地也不再具有吸引力，自己的精神也失去了控制，内心充满了悲痛和悔恨。

人类现阶段在做什么？目标是什么？这一切是为了什么？人类生存的目的是什么？增长主义阻止我们停下来思考这些问题。它阻止人类反思我们真正希望人类社会实现哪些目标。事实上，对增长的追求模糊了人类的思想，使我们处于一种恍惚的状态。我们盲目地前进，不知道自己究竟在做什么，不知道周围发生了什么，不知道自己正在失去什么东西、失去哪些人……

去增长使人类摆脱恍惚的状态。鲁米（Rumi）在他的一首诗中写道："坐着、安静、听着，因为你喝醉了，我们在屋顶边上。"

这不是要自愿过一种痛苦的生活或严格地限制人类的发展潜力。恰恰相反，这是为了实现繁荣，让我们更加清楚地意识到自己当下正在做什么以及为什么这么做。

这种恍惚的状态对人类产生了深远的影响。若想摆脱它，就需要摆脱根植于我们意识中的陈规陋习，摆脱人类文化中的错误观念，摆脱塑造政治的意识形态。当然，这不是一件容易的事，需要勇气和自律。对于人类而言，这势必会是一段漫长的旅程。在路上的每一步，我们都需要摆脱窠臼，用全新的方式看待这个世界。

与以下这些人的私人谈话和合作让我获益匪浅。他们是乔格斯·卡里斯（Giorgos Kallis）、凯特·拉沃斯（Kate Raworth）、丹尼尔·奥尼尔（Daniel O'Neill）、茱莉亚·斯提格勒（Julia Stegner）、约翰·贝拉米·福斯特（John Bellamy Foster）、伊恩·高夫（Ian Gough）等人，还有“规则”（The Rules）团队，以及我在《卫报》、《外交政策》、半岛电视台和其他媒体合作的编辑，当然还要感谢我的经纪人佐伊·罗斯（Zoe Ross）和企鹅出版社的编辑汤姆·艾弗里（Tom Avery），感谢他为我提供一个表达想法的平台。

此外，我还从许多著作中学习并受到了很大的启发，他们的作品一直在指引我前进的道路。

此外，还有许多人为我创作本书提供了帮助。我当然不能忽略那些伟大人物给我的启示，我发现自己一遍又一遍地反思他们的话语和生活经历，寻找我创作本书的基础和方向：艾梅·塞泽尔、弗朗茨·法农、托马斯·桑卡拉、贝尔塔·卡塞雷斯、圣雄·甘地、帕特里斯·卢蒙巴、萨米尔·阿明。他们像祖先一样指引着我。

此外，我还要感谢我在教学期间所接触过伦敦经济学院、巴塞罗那自治大学、舒马赫学院、金史密斯学院等学校的学生。在很多次授课的过程中，这些学生拓宽了我的视野，让我学会了新的思考和表达方式。

我完成此书时，正值新冠疫情蔓延。我将永远记得那个不寻常的时刻。我们突然意识到经济的哪些部分是真正重要的部分，以及人类最依赖谁的工作。对我来说，这是显而易见的。我的伴侣古迪是国民医疗服务体系的一名医生。在疫情蔓延的前几周，我每天早上都会看着她走出家门，希望我的眼神里没有流露出我对她的担忧。每天晚上下班回到家后，即便她的工作比我重要且更加劳累，她仍然会要求阅读我的书稿。

我们专门安排了锻炼的时间，一起散步，在此期间，她会帮助我构思想法，突出论点，形成叙事弧线。在这一过程中，我们也亲眼见证了灰蒙蒙的冬天过去，迎来了春天的嫩叶和鲜花盛开。这本书，尤其是最后一章，见证了我们共同的知识之旅。我永远感激她的智慧、洞察力、陪伴，以及她能洞察人类文化中所有诡计的能力。她每天都在督促我进步。

2012 年年初，我和古迪在伦敦政治经济学院聆听了保罗 · 克鲁格曼（Paul Krugman）的公开演讲。克鲁格曼认为，在大萧条期间，美国需要加大政府刺激措施来恢复经济增长。在我们回家的路上，古迪内心非常怀疑：美国作为世界上最富有的国家之一，是否真的需要继续保持 GDP 的增长，许多国家的 GDP 低于美国，却在真正重要的指标上做得比美国更好。

高收入经济体真的需要永远保持增长吗？增长最终的目标是什么？对于古迪的疑问，我只是用一句常见的口头禅加以回应：增长对经济的稳定至关重要。但这个问题着实让我不安。我依然记得，我说完这句话后我们两个都没有说话，我发现我只是在重复别人告诉我的事情，自己并没有真正地思考。那次谈话开启了我为期 8 年创作此书的旅程。

没有什么比这个问题更有力量了。